요약 설교와 예화

하나님이 기뻐하시는 교회

윤종식 지음

도서출판 **현대**

발행일 2022년 09월 08일
지은이 윤종식
발행인 한희성
발행처 도서출판 현대
등록일 2020.08.25
주 소 서울시 종로구 대학로 3길 12, 2층
전 화 010-7919-1200 / 02-722-8989
이메일 hd7186@naver.com

ISBN 979-11-971694-7-2

정 가 15,000 원
편집 디자인 도서출판 현대

잘못 만들어진 책은 교환해 드립니다.
저자와 출판사의 허락 없이 책의 전부 또는 일부 내용을 사용할 수 없습니다.

서문

　설교는 고난이요 영광의 면류관입니다. 그러나 하나님의 말씀을 가장 잘 전달해야 하는 것이 목회자가 해야 될 일입니다. 본 설교집은 저자가 매 주일 설교를 요약하여 주보에 실린 내용들을 엮어 보았습니다. 지난 35년 동안 목회를 하면서 가장 어려운 것이 설교였습니다.

　김장로 입맛에 맞게 해야 하고 이권사 입에 맞게 해야 하고 남전도 회장, 여전도 회장, 모든 성도들의 입에 맞게 설교를 하려고 하니 너무나 설교가 어려웠습니다. 원고를 작성하고 몇 번씩 찌어버리고 다시 수정하고 설교를 해도 김장로가 은혜 받으면 이권사가 시험에 들고, 박집사가 은혜 받으면 정집사가 시험에 들고, 설교 때문에 많은 스트레스를 받다가 기도하는 중에 하나님이 **'설교는 내 말을 전하는 것이니 편하게 설교하라'**는 음성을 듣고 설교에서 자유함을 얻게 되었습니다. 설교는 사람의 눈치를 보고 하는 것이 아니라 하나님의 음성을 전달하는 것입니다. 말씀에는 과감이 없어야 합니다. 기도하여 성령이 주시는 영감으로 원고를 작성하고 기도하고 또 기도하고 설교하면 시험에 드는 성도가 없습니다.

　본인이 목회하면서 느낀 것은 내가 기도한 것만큼 성도들이 은혜를 받는 것을 체험했습니다.

　원고는 무조건 외우고 기도는 충분히 하고 말씀 선포는 담대히 하면 은혜를 받습니다.

　은혜로운 설교는 설교자인 내가 내 설교에 은혜가 되어야 합니다. 그러면 성도들도 은혜를 받습니다. 부족한 종이 목회의 동역자들에게 조금이나마 도움이 되고자 책을 펴내게 되었습니다.

　이 책이 나오기까지 나의 설교를 들어 주신 모든 성도님들과 사랑하는 아내와 자녀들에게 감사를 표하며 모든 영광을 하나님께 드립니다. 할렐루야

2022년 7월 31일
윤종식 목사

— 축천사 —

하나님은 예레미야에게 "너는 내입이 될 것이라(렘15:19)"고 말씀하셨습니다.
설교자는 하나님의 대언자입니다.

제자들이 피 묻은 그리스도의 복음을 전함으로
황무지에서 장미꽃이 피어나듯 가슴마다 생명의 역사로
환희와 죄용서의 감격을 누리게 했습니다.

부흥사요 교수요 총회장을 두 번이나 지내시는 동안 수많은 사람들로부터
존경과 사랑을 받으셨던 윤종식목사님의 요약설교집은
하나님 은혜의 발자취요 헌신의 보고서입니다.

이데올로기의 혼란한 바람 속에서도 세상이 몰고 온 시린 눈물에도
식지 않는 헌신의 불을 가슴에 지피고 흔들림 없이
선한 향기를 느낄 수 있는 신의의 윤종식목사님 였습니다.

주님을 위해 사랑의 땀방울, 헌신의 핏방울, 기도의 눈물방울이
꽃으로 피어나고 온 세상 가득한 향기로운 열매로 맺었습니다.

목회자들에게는 설교의 위기를 벗어나게 하는 참고서가 되고
부흥사, 신학생, 평신도들에게까지도 승리의 삶을 살도록
돕는 양서가 될 줄 확신하며 추천하는 바입니다.

경기도성시화운동본부
대표회장 오범열목사

목차

- ■ 서문 …………………………………………… 3
- ■ 추천사 ………………………………………… 4
- 하나님이 기뻐하시는 교회 ………………… 8
- 하나님을 기쁘시게 하는 성도 …………… 10
- 하나님의 저울에 달아보기 ………………… 12
- 하나님을 만나는 예배 ……………………… 14
- 그리스도인의 명절 ………………………… 16
- 행복한 삶에 이르는 길 …………………… 18
- 십자가를 지는 생활 ………………………… 20
- 가장 고귀한 만남 …………………………… 22
- 버러지 같은 너 ……………………………… 24
- 십자가를 지라 ……………………………… 26
- 부활하신 예수님 …………………………… 28
- 하나님과 화목하라 ………………………… 30
- 나와 동행하시는 하나님 ………………… 32
- 참된 믿음 …………………………………… 34
- 기적을 창조하는 믿음 …………………… 36
- 벧엘로 올라가라 …………………………… 38
- 행복한 사람 ………………………………… 40
- 아브라함의 가정 …………………………… 42
- 행복 이렇게 만듭시다 …………………… 44
- 시한부 인생 ………………………………… 46
- 너는 말씀의 사람이 되라 ………………… 48
- 하나님이 좋아하시는 것 ………………… 50
- 묵은 누룩을 내어 버리라 ………………… 52
- 그리스도인의 풍성한 삶 ………………… 54
- 아브라함이 믿는 하나님 ………………… 56
- 응답받은 한나의 기도 …………………… 58
- 여호와를 의뢰하는 자 …………………… 60
- 하나님을 감동시킨 사람 ………………… 62
- 복된 가문을 만들자 ……………………… 64
- 예수님의 향기 ……………………………… 66
- 너희가 믿을 때에 ………………………… 68
- 아직 기회가 있습니다 …………………… 70
- 새벽기도의 축복 …………………………… 72
- 좋은 신앙인이 되려면 …………………… 74
- 신앙의 리모델링 …………………………… 76
- 진정한 감사 ………………………………… 78
- 은혜에 감사하는 삶 ……………………… 80
- 살아온 삶에 감사합시다 ………………… 82
- 믿음의 선한 싸움을 싸우자 ……………… 84
- 천국과 지옥 ………………………………… 86
- 큰 기쁨의 좋은 소식 ……………………… 88
- 영원한 나라에 들어갈 사람 ……………… 90
- 내 생각이 나를 다스린다 ………………… 92
- 염려하십니까? ……………………………… 94
- 세상을 사랑하지 말라 …………………… 96
- 감사와 찬양 ………………………………… 98

목차

새 일을 행하시는 하나님 ·············· 100
하나님의 자비와 사랑 ·················· 102
깨달아야 은혜가 넘친다 ·············· 104
한 해를 잘 달려 왔습니다 ············ 106
새 부대를 준비하자 ····················· 108
응답받는 기도를 하자 ·················· 110
임마누엘 되시는 예수 ·················· 112
마라와 엘림의 사건 ····················· 114
사르밧 과부의 기적 ····················· 116
요단강을 건너라 ·························· 118
여리고를 무너 뜨리라 ·················· 120
천국이 가까왔느니라 ·················· 122
깨어 기도하라 ····························· 124
뒤 돌아보지 맙시다 ····················· 126
십자가의 능력 ····························· 128
나는 부활이요 생명이라 ············· 130
다급한 일을 만날 때 ··················· 132
거룩한 땅의 그루터기 ················· 134
하나님을 오해하지 말자 ············· 136
복음을 전파하신 예수님 ············· 138
그리스도인의 가정 ····················· 140
좋은 소문이 나는 교회 ··············· 142
보배로운 성도의 삶 ···················· 144
에벤에셀의 하나님 ····················· 146
너의 기도를 들었노라 ················· 148
하나님은 우리의 도움이시라 ······ 150

첫 사랑을 회복하는 교회 ············ 152
예수님 안에서 삶의 기쁨 ············ 154
믿음의 감사절 ····························· 156
믿음은 바라는 것들의 실상 ········ 158
세상 속의 그리스도인 ················· 160
여호와 닛시의 믿음 ···················· 162
하나님을 의지합시다 ·················· 164
하나님은 우리의 피난처다 ········· 166
내가 약한 때가 강함이라 ············ 168
신앙의 성숙 단계 ························ 170
사는 길과 죽는 길 ······················ 172
회복이 필요한 때 ························ 174
지혜로운 건축자 ························· 176
야곱의 신앙을 본받자 ················ 178
하나님을 잘 섬기는 가정 ············ 180
동행하시는 하나님 ····················· 182
새벽기도의 축복 ························· 184
기도의 줄을 잡자 ························ 186
고난은 잠든자를 깨운다 ············· 188
감사하는 자가 되자 ···················· 190
복음이 열매 맺으려면 ················· 192
새 언약의 백성 ··························· 194
네 이웃을 사랑하라 ···················· 196
왜 거듭나야 하는가? ·················· 198
마라의 쓴물(시험) 앞에서 ·········· 200
복음의 능력 ································ 202

목차

우리를 향한 하나님의 생각 ···········204	열두 제자의 파송과 사명 ···········256
말씀의 능력 ·····························206	물가에 심겨진 사람들 ··············258
그 날에 응답하리라 ····················208	모든 것에 감사하라 ··················260
하나님 앞에 나아가자 ·················210	에벤에셀의 하나님 ···················262
성경 말씀과 친해지기 ················212	계명의 참된 의미 ····················264
죽음 이후의 삶 ·························214	고난을 넉넉히 이기려면 ············266
일을 행하시는 하나님 ················216	하나님을 떠난 착각 인생 ············268
영생을 얻는 길 ·························218	기도하고 감사하는 삶 ···············270
너의 길을 여호와께 맡기라 ·········220	여호와 이레의 하나님 ···············272
말씀으로 살리라 ·······················222	은혜를 앞세워 살자 ··················274
장애물을 넘어서자 ····················224	변화된 우리의 신분 ··················276
나를 불쌍히 여기시는 하나님 ······226	성도가 마땅히 지켜야 할 3가지 ···278
스트레스로부터 해방되자 ···········228	참 좋은 나의 친구 ····················280
혼인잔치의 비유 ·······················230	위대한 결단 ···························282
간절한 기도의 능력 ···················232	믿음의 달리기 ························284
주님이 가신 십자가의 길 ············234	기도 응답의 은혜 ····················286
나는 부활이요 생명이라 ·············236	감사하며 삽시다 ······················288
내 삶에서 바꾸어야 할 것 ············238	이렇게 기도하라 ······················290
묶은 땅을 갈아엎고 파종하라 ·····240	하나님의 마음에 드는 기도 ········292
기름그릇에 담긴 은혜 ···············242	감사가 있는 신앙 ····················294
하나님이 기뻐하시는 가정 ··········244	세겜에서 벧엘로 ······················296
주님을 기뻐하시는 교회 ·············246	하나님의 마음에 합한 사람 ········298
하나님의 길을 가는 사랑의 가정 ···248	응답하시는 하나님 ···················300
나의 앞날이 주의 손에 있아오니 ···250	믿음으로 결단한 선한 열매 ········302
성령충만한 삶의 특징 ···············252	너 하나님의 사람아 ··················304
우리가 지향하는 교회 ···············254	

하나님이 기뻐하시는 교회
(롬4:17~22)

하나님은 하나님의 일을 이루시기 위해서 믿음의 사람을 찾으시고, 믿음의 사람을 통하여 역사하신다.

하나님은 믿음의 사람과 긍정적인 사람과 말씀에 순종하는 사람과 함께 하시고 그들에게 복을 주신다. 아브라함은 하나님께 인정받은 믿음의 사람으로서 우리에게 믿음의 본을 보여주었다.

1. 죽은 자를 살리시는 하나님
1) 하나님 말씀에 주저하지 않고 순종한다.
2) 하나님은 절망을 희망으로 바꾸어 주신다.
3) 믿음은 힘을 발휘하는 능력이다.

2. 바랄 수 없는 중에 바라는 믿음
1) 인간의 지식의 한계를 뛰어 넘는 믿음이다.
2) 하나님께 인정받는 믿음이다.
3) 믿음의 기도를 하나님께 드려야 한다.

3. 믿음이 약해지지 않음
1) 불가능한 상황에도 믿음이 약해지지 않았다.
2) 후퇴하는 믿음은 믿음이 아니다.
3) 우리는 믿음으로 비전을 이루는 사람이다.

4. 능히 이루심을 믿음
1) 가장 어두울 때를 지나야 새벽이 온다.
2) 절대 긍정의 믿음으로 전진해야 한다.
3) 큰 믿음의 용사로 하나님께 인정받아야 한다.

우리는 한 번 뿐인 인생을 살아가는 동안 오직 큰 믿음의 일꾼으로 살아야 한다. 역경의 때 더욱 강해지는 믿음으로 하나님께 영광 돌리는 성도들이 되시기를 주님의 이름으로 축원합니다.

♣ 소경된 화가 ♣

　시각장애인 화가인 박환 집사님이 있다. 입이나 발로 그림을 그리는 구족화가는 종종 있지만, 앞을 못 보는 시각장애인이 시각예술인 그림을 그리는 경우는 드물다. 박환 집사님은 본래 개인 전시회를 열 정도로 왕성하게 활동하던 화가였다. 그런데 불의의 교통사고로 양쪽 시력을 완전히 잃었고 빛조차 볼 수 없는 1급 시각장애인이 되었다. 사고 이후 화가로서의 생명이 끝났다고 생각하여 박환 집사님은 절망 속에서 죽고 싶은 마음뿐이었고 몇 개월 동안 방안에서 홀로 울기만 했다.
　그러나 박환 집사님은 포기하지 않고 다시 일어섰다. 혼자 밥 먹기도 힘든 상황이었지만 포기하지 않고 다시 그림을 그리기 시작했다. 그는 눈이 보이지 않는 상황에서 어떻게 하면 그림을 그릴 수 있을까를 고민하다가 실과 핀을 생각했다. 실과 핀을 캔버스에 꽂아 손으로 더듬으며 구도를 잡았다. 그리고 오직 손가락 감각만으로 물감의 양을 조절하며 채색을 했다.

　그러다 보니 한 그림을 완성하기 위해서는 많은 시간이 필요했다. 결국 9개월 동안 노력한 끝에 박환 집사님은 눈이 보이지 않는 상황에서 그림을 완성했다. 이후 포기하지 않고 계속 그림을 그려서 자신의 이름으로 작은 전시회를 열었다. 그는 믿음으로 하루하루를 이겨내며 이렇게 고백했다.

　"제게 힘들고 좌절되고 고통스러운 날들이 수도 없이 다가오지만, 그것을 이겨내려고 애쓸 것입니다. 그래서 그림도 더 열심히 그리고, 또한 여러 사람들과 함께 희망을 찾아가려고 끝까지 그림을 그릴 것입니다. 젊은 날의 소망처럼 내일도 큰 힘인 희망을 좇아 달려갈 것입니다. 오늘도 저를 건강하게 지켜주시고 그림 앞에 서게 해주심을 하나님께 감사드립니다!"

하나님을 기쁘시게 하는 성도
(히11:1~6)

하나님의 기쁨거리가 되는 성도가 있고 하나님의 근심거리가 되는 성도가 있다. 하나님은 믿음 있는 성도를 가장 기뻐하신다.
하나님을 경외하고 하나님을 찾는 것이 이 세상 어느 것 보다 가치가 있다. 하나님은 믿음 가진 자를 기뻐하시고 믿음 가진 자를 복을 주신다.

1. 하나님 말씀을 신뢰하고 말씀을 사랑하는 것이다.
1)하나님의 말씀을 믿는 것이 믿음이다.
2)성도는 말씀의 원리에 의해서 살아야 한다.
3)성도는 말씀의 힘으로 살아가야 한다.

2. 순종하며 사는 것이 하나님이 기뻐하는 믿음이다.
1)말씀을 잘 순종하는 성도가 되어야 한다.
2)믿음은 하나님 말씀에 대한 순종이다.
3)주어진 상황에 순종하는 것이 믿음이다.

3. 경건하게 사는 것이 하나님이 기뻐하는 믿음이다.
1)하나님과 동행하는 것이 하나님을 기쁘시게 한다.
2)하나님과 동행하는 것은 경건하게 사는 것이다.
3)하나님 수준으로 경건하게 살아야 한다.

경건하게 살겠다고 결심하면 길이 열린다. 절대로 미리 포기하거나 미리 핑계거리부터 만들지 말아야 한다. 현재 주어진 상황에서 얼마든지 거룩한 신자로 살아갈 수 있다. 최선을 다해 하루하루 살다보면 하나님과 동행하는 생활, 하나님을 기쁘시게 하는 믿음의 사람이 된다. 하나님은 믿음 있는 성도를 가장 기뻐하신다.
하나님을 기쁘시게 하는 성도들이 되시기를 주님의 이름으로 축원합니다.

♣ 세상 조건 + 믿음 ♣

어느 교회 권사님이 목사님에게 이런 부탁을 했다.
"목사님! 우리 아들을 위해서 기도 좀 해주세요." "어떤 기도를 원하십니까?" "목사님도 아시다시피 우리 아들은 공부도 할 만큼 해서 이제 박사가 되었고 돈도 벌만큼 벌어 놓았고 살만큼은 되었습니다. 결혼도 잘했고, 건강도 좋습니다. 그런데 우리 아들에게 믿음이 없습니다. 제가 바라는 소원은 우리 아들에게 이제는 '믿음이나(?)' 생겼으면 좋겠습니다."
그 권사님은 믿음을 중요시 여기는 것 같은데 사실은 믿음이란 것이 자신의 삶에 맨 마지막 순위였던 것이다.
그런 사람을 하나님이 기뻐하실까?

목사님에게 어느 집사님이 믿음이 좋은 처녀 있으면 소개시켜 달라고 했다. 그래서 "어떤 처녀를 소개할까요? 어떤 조건의 아가씨를 원하십니까?" 물으니 "다른 것 필요 없고 믿음 하나만 좋으면 됩니다"라는 것이다. 믿음 하나만 좋으면 된다고 해서 진짜 믿음 좋은 처녀를 소개시켜 주었는데 반응이 시원찮았다.
'목사님이 우리 집안을 어떻게 보고 그런 처녀를 소개시켜 주었나?'하는 말이다.
그래서 목사님이 따졌다. "아니 집사님이 믿음만 좋으면 된다고 하지 않았나요?" "그래도 기본은 되어야지요." "그러면 도대체 그 기본은 무엇입니까?" 했더니 하는 말이 "대학은 기본으로 나와야 하고, 재산도 기본(아파트 한 채)은 있어야 하고, 얼굴도 호감 줄만큼 예뻐야 하고"
세상 조건 다 가진 처녀를 구하더라는 이야기였다.
결국 세상조건 + 믿음(덤으로)이었다. 결코 믿음만이 아니었다.

하나님의 저울에 달아보기

(단5:28~31)

인생은 시험의 연속이다. 인생을 마칠 때도 마지막 시험이 있다.
그 때 내 인생을 평가할 것이다. 사람들의 평가도 중요하지만 하나님의 평가가 영원한 내세에까지 영향을 주기 때문에 정말 중요하다.
사람은 반드시 죽고, 그 죽음 이후에는 심판이 있다. 인생 마지막 시험에 꼭 합격하고 좋은 점수를 받는 승리의 인생이 되어야 한다.

1. 벨사살에게 내려진 심판 : 메네 메네 데겔 바르신

   1) 벨사살은 신성모독을 했다.
   2) 하나님 앞에 인간은 두려워할 수밖에 없다.
   3) 하나님은 모든 인생에게 심판을 내리신다.

2. 모든 인생에게 내려질 심판 : 정죄 심판, 상급 심판

   1) 모든 인생에게 내려지는 심판은 두 가지다.
   2) 예수를 믿는 자는 정죄심판에서 벗어난다.
   3) 성도들에게는 상급 심판의 날이다.

3. 하나님의 저울에 달아보기 : 내 인생은 과연?

   1) 하나님의 저울에 내 인생을 달아보라.
   2) 하나님의 심판은 갑자기 이뤄진다.
   3) 정죄심판을 피하고 상급심판에 대비해야 한다.

부끄러운 구원을 받으면 곤란하다. 나 자신의 인생을 하나님의 저울에 달아보아야 한다. 하나님의 저울에 내 인생을 달아본다면 괜찮은가? 구원받을 수 있는가? 구원 받으셨다면 상급 받을 수 있겠는가?
우리 각자가 결단할 몫이다.
언제 하나님의 저울에 달아봐도 합격 판정을 받을 수 있는 저와 여러분 되시기를 주님의 이름으로 축원을 드립니다.

♣ 세 가지 저울 ♣

침략의 영웅 바벨론의 느부갓네살 왕의 아들 벨사살은 부왕에 이어 제국의 왕으로 등극했다. 사치와 쾌락으로 젊음을 탕진하던 그는 1000명의 귀족을 초청하여 질펀하게 술판을 벌리고 성전의 집기에다는 술을 따라 마시며 음탕한 우상을 노래하며 즐겼다.

그때 벽에 커다란 손가락이 나타나 "**메네 메네 데겔 우바르신**"이라고 썼는데 그것은 하나님의 저울에 달아 모자람이 보였다는 뜻으로 벨사살은 그날 밤 적의 침략을 받아 죽고 나라는 점령당하는 비극이 일어났다.

사람을 달아 보는 세 가지 저울이 있다.

첫째, 자신의 저울에 달아보는 것이다.
  정직함과 성실함과 양심의 저울이다.

둘째, 남의 저울에 달아 보는 것이다.
  세상 사람이 내 모습을 볼때 예수의 모습이 보여야 한다.

셋째, 하나님의 저울에 자신을 달아보는 것이다.
  하나님의 심판대 앞에 선다면 과연 나의 무게는 어느 정도
  되겠는가?

이제 자신의 저울에 정직해야 하고 남의 저울에 겸손하고 하나님의 저울에 모자람이 없는 성도가 되어야 한다.

하나님을 만나는 예배
(사6:6~8)

　예배는 하나님과 1:1 만남이다.
　몸도 마음도 시간도 헌금도 하나님께 드리는 것이다. 하나님이 사람을 창조하신 목적이며 우리를 구원하신 목적이다. 예배 형식은 다양할 수 있지만 하나님을 만나는 사건이 일어나야 한다.
　하나님을 만나면 하나님은 우리를 변화시켜 주신다.

1. **임재하시는 하나님을 만나야 한다.**
   1) 하나님을 만나는 예배자가 되어야 한다.
   2) 하나님은 우리에게 가까이 계신다.
   3) 하나님을 찾는 사람을 만나 주신다.

2. **하나님 앞에서 자신을 보아야 한다.**
   1) 하나님을 볼 때 자신의 실체도 보게 된다.
   2) 하나님 앞에 깊은 회개를 해야 한다.
   3) 예수님의 보혈은 우리 죄를 깨끗하게 씻어주신다.

3. **소명과 헌신이 있어야 한다.**
   1) 진정한 행복은 하나님이 부르신 자리로 나가는 것이다.
   2) 자신을 드리고 헌신해야 한다.
   3) 은혜의 감격으로 가슴이 뜨거울 때 귀가 열린다.

　세상의 잡다한 소리들, 욕심을 부추기는 마귀의 속삭임에 하나님을 찾는 사람들의 소리를 들으시는 하나님은 '어찌할꼬~' 하고 즉각적으로 대답하신다.
　하나님의 탄식소리를 들을 귀가 열려 하나님을 만나는 예배자가 되고 하나님을 만나 새롭게 되시기를 주님의 이름으로 축원합니다.

♣ 건물 없는 교회 ♣

건물이 없었던 교회에서 어느 날 참 어려운 시기를 맞이하게 되었다.

교회는 부흥하고 있었으나 예배처소가 없어 공원에서 예배를 드려야 하는 상황인데 토요일과 주일에 예배를 드리는 이 교회는 찬양과 워십이 중심이 되는 소위 현대적인 교회였다.

그런데 비가 오기 시작했다. 전자악기를 사용해야 하는 이 교회에서 비가 온다는 것은 예배에 치명적인 일이었다.

목사님은 기도하기 시작했고, 예배를 위한 기도이기에 하나님께서 들어주시리라는 확신도 있었다고 한다. 하지만 예배 내내 비는 내리고, 준비한 예배를 드릴 상황이 아니었다고 한다.

서러움으로 눈물을 흘리며 하나님께 기도할 때 그의 마음속에 들리는 물음을 들었다.

"너는 지금까지 계속해서 예배를 드리기 위해 비가 오지 않게 해달라고 기도했지만, 한 번도 이 예배 가운데 나와 함께 해달라는 기도를 하지 않는구나. 아무리 비가 오지 않는다 해도 내가 이 자리에 함께하지 않는다면 그것이 예배일 수 있겠니?"

그 순간 그의 사역이 바뀌었다고 한다.

그리스도인의 명절
(고전5:6~8)

설날은 추석과 함께 우리 민족의 큰 명절에 속한다.

설날은 묵은해에서 분리되어 가는 과정으로 아직 완전히 새해에 통합되지 않았기 때문에 익숙하지 못한 날이라는 것이다. 이스라엘 민족들은 성전에서 하나님께 예배드리고 말씀을 나누는데 시간을 보냈다.

1. 이스라엘 최대의 명절 유월절
1)구약에서 복음의 진리는 유월절 어린양이다.
2)예수 그리스도는 우리의 유월절 양이 되신다.
3)무교절은 유교병을 절대로 먹지 말아야 한다.

2. 그리스도인은 누룩과 같은 죄악을 버려야 한다.
1)묵은 누룩은 괴악하고 악독한 누룩과 같은 죄악들이다.
2)유교 병을 먹는 자는 내어 쫓으라.
3)누룩을 제거하고 거룩한 삶을 살아야 한다.

3. 그리스도인은 순전하고 진실하게 살아야 한다.
1)구원 받은 성도는 성결하게 살아야 한다.
2)죄를 멀리하고 성결한 삶을 살면 금 그릇이 된다.
3)신앙과 인격의 생명력은 진실한데 있다.

성도들에게 지켜야 할 영적인 유월절이 있으니 곧 우리의 유월절 양으로 희생하신 예수 그리스도로 말미암아 마귀와 죄와 사망에서 구원받은 성도들이 지켜야 명절이다. 이스라엘 백성들은 무교절을 일주일 동안 지켰다. 일주일은 성도의 일평생을 상징하는 기간이다.

괴악하고 악독한 누룩 같은 죄악을 멀리하고 기쁘고 즐겁게 설 명절을 지키듯, 구원의 기쁨과 감격으로 명절을 지키듯이 일생을 성결함과 진실함으로 살아가는 성도들이 되시기를 주님의 이름으로 축원합니다.

♣ 설의 유래 ♣

설날은 추석과 함께 우리 민족의 큰 명절에 속한다.

설날의 유래를 살펴보면 낯설다는 말의 어근인 '설'에서 왔다. 그래서 설날은 '새해에 대한 낯섦'이라는 의미와 '아직 익숙하지 않는 날'이란 뜻을 동시에 가지고 있다. 즉 설날은 묵은 해에서 분리되어 가는 과정으로 아직 완전히 새해에 통합되지 않았기 때문에 익숙하지 못한 날이라는 것이다.

설과 관련한 기록은 삼국시대부터 찾아볼 수 있다.

고구려에서는 해마다 음력 정초가 되면 강가에 모여서 놀았으며 이 날에는 돌팔매 놀이와 눈 끼얹기 같은 편싸움 놀이를 하였는데 서로 쫓고 쫓기다가 그쳤다. 이것은 상무적 기풍이 강한 고구려 사람들이 설날에 편을 갈라 돌팔매 놀이와 눈 끼얹기 놀이 같은 활기 있는 놀이를 하면서 즐겁게 명절을 쇠었다는 것을 말해준다.

유구한 역사 동안 민족의 대명절로 지켜오던 설은 구한말인 1895년 양력이 채택되면서 신정과 구별되는 구정으로 빛이 바래기 시작했고, 일제 강점기에는 설을 쇠는 사람들이 핍박을 당하는 사태에까지 이르렀다.

설날이면 학생들의 도시락을 조사해서 제사음식을 싸온 학생들에게 벌을 주는 일도 있었다. 그 후 1985년에 설날을 **'민속의 날'**로 정하여 설의 명칭을 되찾아 오늘에 이르게 되었다.

행복한 삶에 이르는 길
(계3:20~22)

세상에는 사람 세 종류의 사람이 살고 있다.

하나님을 믿기를 거부하는 불신앙의 사람, 믿는 것도 믿지 않는 것도 아닌 뜨뜻미지근한 사람, 예수 그리스도를 개인의 구세주로 영접하고 입으로 신앙 고백함으로 구원의 확신을 가진 사람이 있다. 자신의 영적인 상태가 몇 번째에 해당되는지를 돌이켜 확고한 구원의 확신을 가져야 한다.

1. 행복을 잃어버린 인생
1) 인간은 모두 죄인이다.
2) 인간은 반드시 심판을 받게 된다.
3) 인간이 받아야 할 형벌은 곧 지옥이다.

2. 행복의 다리가 되어주신 예수
1) 인간의 선행이나 노력으로는 구원을 받을 수 없다.
2) 인간을 구원할 해결책이 하나님께 있다.
3) 예수님만이 유일한 구원의 다리가 되신다.

3. 행복한 삶을 얻는 길
1) 믿음으로 현재 영생을 얻었다.
2) 믿음으로 미래 심판의 이르지 아니한다.
3) 믿음으로 과거의 사망에서 생명으로 옮겨졌다.

선택권은 나에게 있다. 지금 내가 진심으로 구원의 다리가 되시는 예수께서 내 마음에 들어오시기만 하면 그로 말미암아 나를 죽음에 이르게 하는 죄를 속죄함 받고 나를 궁극적으로 파멸에 이르게 하는 죽음에서 영원한 생명으로 구원을 얻게 된다. 예수 그리스도를 나의 마음에 모셔드리기를 원하신다면 그 마음에 믿는 바를 입술로 시인하는 신앙고백을 하면 된다.

하나님의 나라를 함께 이뤄가는 거룩한 백성이 되시기를 주님의 이름으로 축원합니다.

♣ 스티브 잡스의 마지막 고백 ♣

　세계적으로 널리 알려진 애플의 창업자 스티브 잡스는 모든 젊은이들이 꿈꾸는 이상적인 인물이다. 엄청난 부와 명예를 소유했던 사람이었다. 그럼에도 불구하고 그는 그것으로 죽음을 이기지 못했다. 그가 병상에서 남긴 마지막 고백을 들어보면 인간에게 진정한 행복이 무엇인가를 깊이 생각하게 한다.

　"사람들이 보기에 내 인생은 성공의 상징이었다. 하지만 일터를 떠나면 내 삶에 즐거움은 많지 않았다. 결국 부는 내 삶의 일부가 되어버린 하나의 익숙한 사실일 뿐이다. 지금 병들어 자리에 누워 지난날을 회상하니 그 모든 것들은 결국 닥쳐올 죽음 앞에 무의미한 것들이었다.
　이제 나는 깨달았다.
　생을 유지할 적당한 부를 쌓았다면 그 이후에는 부와 무관한 것을 더 가치 있는 것들을 추구해야 한다는 것을... 끝없이 부를 추구하는 것은 결국 나 같은 비틀린 자아만을 남기게 된다.
　현재의 우리의 삶은 시간이 지나면 결국 죽음의 커튼이 내려오는 순간을 맞이할 것이다.
　가족 간의 사랑을 소중히 여기라, 배우자를 사랑하라, 친구들을 사랑하라, 너 자신에게 잘 대해주어라. 또 타인에게 잘 대해주어라"
　이와 같은 스티브 잡스의 마지막 말은 무엇을 뜻하는 것일까?
　인간 최고의 가치는 부가 아니라 **'사랑'**이라는 말이 아닌가?
　어느 누구에게나 죽음은 반드시 오며 죽음은 모든 것들을 쓰나미와 같이 한순간에 휩쓸어가 버린다.
　감히 죽음 앞에 나설 수 있는 사람은 아무도 없고 결국 모든 사람이 다 항복 하고야 만다.

십자가를 지는 생활
(막15:21~27)

부활절은 춘분이 지나고 만월 후 첫 주일이다.

사순절은 부활절 이전 주일을 제외한 40일 동안 지키는데 예수님의 십자가를 묵상하며 자신의 신앙을 돌아보는 절기며 신앙의 업그레이드 기회다.

진정한 십자가 신앙을 회복함으로 참 그리스도인의 삶을 살아가야 한다.

1. 예수 그리스도의 십자가
1) 예수님의 십자가는 대속의 십자가다.
2) 예수님의 순종과 사명의 십자가다.
3) 인생의 최우선순위는 구원과 영생이다.

2. 십자가 신앙
1) 십자가 신앙은 대속의 십자가를 믿는 신앙이다.
2) 십자가 신앙은 순종과 사명의 십자가를 지는 신앙이다.
3) 참 그리스도인은 십자가를 져야 한다.

3. 십자가를 지는 신앙
1) 십자가를 믿는 신앙에서 지는 신앙이 되어야 한다.
2) 예수님의 십자가는 값비싼 희생이다.
3) 우리는 하나님의 자녀인 동시에 천국의 상속자다.

힘들고 위험하고 부담도 되지만 주님의 뜻이기에 순종하고 사명을 감당해야 한다. 사순절을 보내면서 단순히 십자가를 믿는 신앙에 머물지 말고 순종과 사명의 십자가를 지는 신앙으로 성숙해지기고 내가 질 십자가는 과연 무엇인가? 잘 찾아내서 감당해야 한다.

큰 기쁨을 맛보고 하나님이 예비하신 더 큰 축복과 영광으로 나아가는 성도들이 되시기를 주님의 이름으로 축원합니다.

♣하나님의 고귀한 뜻♣

스위스에서 있었던 실화다. 한 버스가 손님을 싣고 관광지에서 돌아오는 길이었다. 산악 지대인데 마지막 고개를 막 넘어서려는 순간 운전사는 브레이크에 이상이 생긴 것을 발견하게 된다.

브레이크가 고장 난 채 내리막길에 접어든 버스는 속도가 점점 빨라졌는데 그 앞으로 급경사의 구불구불한 커브 길이 나 있었다.

승객들이 흥분해서 소리를 지르고 난리가 났다. 하지만 운전사는 침착하게 커브 길을 한 개 두 개 잘 운전해 나갔다. 마침내 마지막 커브 길을 통과했고 승객들은 환호성을 질렀다.

이제는 마을길을 지나 반대편 언덕으로 올라가면서 멈추면 되겠다고 생각하는 순간이었다. 멀리 아이들이 길에서 놀고 있는 모습이 보이는 것이었다.

깜짝 놀란 운전사는 경적을 울리며 피하라고 경고했다. 모든 어린이들이 피했는데 한 아이가 그 자리에서 우물거리고 있었다.

운전사는 승객들을 살려야 할지 그 아이를 살려야 할지 갈등하다가 결국 그 아이를 쳤고, 버스는 건너편 언덕에서 멈춰 섰다.

운전사는 그 아이에게로 뛰어갔지만 이미 죽어 있었다.

사람들이 **"살인자! 살인자!"**라며 운전사에게 야유했다.

운전사는 아무 말 없이 고개를 묻고는 아이를 안은 채 흐느끼며 옆의 오솔길로 걸어들어 갔다. 사람들은 그 뒤를 쫓아가면서 계속 야유했다.

그 때 한 청년이 가로막고 외쳤다. "그만 좀 하세요. 저 아이는 운전사의 아들이란 말이요!" 그 운전사는 많은 승객들을 구하기 위해 자신의 아들을 희생시켰던 것이다.

마찬가지로 하나님은 놀라운 사랑으로 독생자를 십자가에 못 박아 희생시키셨다. 그리고 예수님 자신은 아버지 하나님의 고귀한 뜻에 순종하고 십자가 대속의 사명을 감당하셨다.

가장 고귀한 만남
(눅5:5~11)

세상은 넓은 바다와 같은 곳이며 교회와 성도는 하나님의 약속을 믿고 그 바다를 항해하는 것과 같다.

바다는 언제 폭풍을 만나게 될지 알 수 없다. 사람의 힘은 너무 작은 것이기에 동역자가 있어야 힘을 얻을 수가 있다.

교회와 성도는 세상을 깨워 세상을 복되게 세워야 한다.

1. 하나님을 만나는 자리가 있어야 한다.
1) 잘못 세워가는 자리가 더 재미가 있다.
2) 생명으로 인도하는 문은 사람들이 좋아하지 않는다.
3) 하나님을 만나는 삶을 살 때 세상을 깨우는 교회가 된다.

2. 말씀을 통해 지혜를 얻어야 한다.
1) 하나님을 만나는 자리는 예배하는 자리이다.
2) 하나님의 길과 생각은 사람의 길과 생각보다 높다.
3) 하나님의 말씀은 인간의 삶을 새롭게 열어주신다.

3. 하나님이 이름값을 하도록 세워주심을 믿어야 한다.
1) 하나님이 역사의 주관자가 되신다.
2) 하나님은 우리에게 기회를 주시고 있다.
3) 하나님은 성도를 세워주셔서 이름값을 하게 하신다.

우리의 미래 속에 준비되어 있는 세상을 하나님께서 우리를 통해 세상을 깨우는 자로 세워 더 좋은 세상 속에 살아가게 하신다.

하나님은 성도가 살아가는 세상을 복되게 보시고 그 세상을 성도를 통해 열어가기를 원하신다는 것을 믿고 세상을 깨우는 자로 세우며 살아가시기를 주님의 이름으로 축원을 드립니다.

♣예수님을 만난 경험♣

한 주정뱅이가 있었다. 노름으로 재산을 날리고 부인과 자식들에게 폭행을 일삼는 사람이었다. 그런 그가 교회에 나가게 되었다.

그를 아는 사람들은 고개를 가로 저으며 '저런 사람이 교회를 다녀봤자 달라질 게 있겠어?'하며 회의적이었다.

어느 날 한 친구가 그에게 물었다. "교회에서 목사님이 무어라 가르치시던가?" "착하게 살라고 하기도 하고 뭐 그런 말씀을 하신 것 같기도 한데 잘 모르겠어."

친구가 또 물었다. "그럼 성경은 누가 썼다던가?"

그는 당황하며 대답했다. "글쎄, 잘 모르겠는걸."

친구가 다시 여러 가지 질문을 했지만 그의 대답은 모두 신통치 않았다. 그러자 친구는 답답하다는 듯이 물었다.

"도대체 교회에 다닌다면서 자네가 배운 것이 뭔가?"

그러자 그는 자신 있게 대답했다.

"그런 건 잘 모르겠는데 확실히 달라진 것이 있다네. 전에는 술이 없으면 못 살았는데 요즘은 술 생각이 별로 나질 않아. 그리고 전에는 퇴근만 하면 노름방으로 달려갔는데 지금은 집에 빨리 가고 싶고, 전에는 애들이 나만 보면 슬슬 피했는데 지금은 나랑 함께 저녁식사를 하려고 기다린다네. 그리고 아내도 전에는 내가 퇴근해서 집에 가면 나를 쳐다보지도 못했는데, 지금은 내가 퇴근할 무렵이면 대문 앞까지 나와 나를 기다린다네."

예수님을 개인적으로 만난 경험, 그 경험을 말로 설명하기는 어렵다.

그러나 예수님과의 만남을 경험한 사람은 행동과 생활과 대인관계가 달라진다. 이러한 경험적 만남이 없는 사람은 지적 만족으로 공백을 채우려 하지만 그분과 진실한 만남을 경험한 자는 새로운 삶을 얻는다.

버러지 같은 너
(사41:14~16)

이 세상에 완벽한 사람은 존재하지 않다.
우리는 서로에게 실망하며 살아간다. 사랑만을 나누어야 할 부모 자녀 지간에도 미움과 갈등이 존재한다.
모든 관계의 최우선 순위를 주님께 두고 살아가야 한다.

1. 우리들의 자화상은?
1) 일생을 살다보면 큰 어려움을 만날 때가 있다.
2) 예수님을 만나면 우리의 모습은 바뀌게 된다.
3) 생각하고 행동하면 반드시 기적이 일어난다.

2. 주님의 도우심이 필요하다.
1) 마음이 무너져 좌절하고 낙심하지 말아야 한다.
2) 주님의 음성을 듣고, 절대 긍정의 믿음을 가져야 한다.
3) 하나님만이 우리의 구속자가 되신다.

3. 우리를 변화시켜 주시는 하나님이시다.
1) 벌레같이 무기력한 백성을 새 타작기로 삼으신다.
2) 하나님의 강력한 도구로 변화되어야 한다.
3) 산 같은 문제들을 다 쳐부수는 능력을 주신다.

우리가 새로운 삶을 살지 못하도록 우리를 가로막는 부정적인 생각과 습관이 있다면 하나님의 능력으로 물리쳐야 한다. 승리는 하나님께 있다. 하나님께서는 우리가 세상을 변화시키는 하나님의 도구로 쓰임받기를 원하신다.
날마다 하나님께서 주시는 승리의 기쁨으로 살아가는 우리 모두가 되시기를 주님의 이름으로 축원합니다.

♣하나도 버릴 것이 없다♣

조금 깨지고 금이 간, 못생긴 물 항아리 하나가 있었다.

주인은 그 항아리를 다른 온전한 것들과 함께 물을 길어오는 데 사용했다. 깨진 항아리는 늘 주인에게 미안했다.

'내가 온전치 못해 주인님에게 폐를 끼치는구나, 나로 인해 그 귀하게 구한 물이 새어 버리는데도 나를 아직도 버리지 않으시네.'

어느 날 깨진 항아리가 주인에게 "주인님 어찌하여 온전한 항아리를 구하지 않으시나요. 저는 별로 가치가 없는 물건인데요."

주인은 아무 말도 하지 않은 채 그 물 항아리를 지고 계속 집으로 걸어갔다. 그러다가 조용하고 부드럽게 말했다.

"얘야 우리가 걸어온 길을 보아라."

길가에 예쁜 꽃들이 아름다운 자태를 자랑하듯 싱싱하게 피어 있었다.

항아리가 주인에게 "주인님! 어떻게 이런 산골의 길가에 이렇게 예쁜 꽃들이 피어 있을까요."라고 물었다.

주인은 빙그레 웃으며 말했다.

"메마른 산 길가에서 너의 깨어진 틈으로 새어 나온 물을 먹고 자란 꽃들이란다."

이 세상에 존재 이유가 없는 것은 단 하나도 없다.

풀 한 포기, 돌멩이 하나도 그 자리에 있는 이유가 있다.

하물며 인간이야 어떻겠는가?

자신의 존재에 큰 의미를 갖지 않았다면 조금 더 자신을 귀하고 자랑스럽게 여기고 살아야 한다.

십자가를 지라
(눅23:26)

고난주간의 주제는 십자가요, 그 결론은 부활이다.

십자가에 관한 태도에 따라 그 사람이 멸망 당하기도 하고 구원 받기도 한다. 교회의 존재목적은 예수 그리스도의 십자가 증인이 되는 일이다. 십자가를 모르면 예수 그리스도를 알 수 없고, 기독교를 알 수 없다. 하나님의 사랑과 공의도 알 수 없다. 그렇기에 기독교는 십자가의 종교다.

1. 십자가는 무엇인가?
1) 십자가는 고대 페르시아에서 시작되었다.
2) 십자가는 고통의 상징과 부끄러움의 상징이다.
3) 십자가는 부활의 능력이다.

2. 십자가의 종류
1) 저주의 십자가-사망의 십자가가 있다.
2) 회개의 십자가, 용서받은 십자가, 구원받은 십자가.
3) 구원의 십자가-죄사함을 주시기 위한 십자가가 있다.
4) 사명의 십자가-내 몫의 십자가가 있다.

3. 억지로 지었던 십자가
1) 하나님께 쓰임 받는 축복이다.
2) 온 가족을 구원했다.
3) 순종하지 못하면 복종이라도 하라.

회개하고 주님께 구원을 간청해서 구원받았던 강도의 십자가를 기억하면서 우리의 허물을 자백하고 주님 앞으로 나아가자.

그러면 죄용서의 은총이 임한다. 예수님께서 달리신 구원의 십자가, 용서의 십자가를 바라보며, 우리를 어렵고 힘들게 만드는 사람들을 용서할 수 있도록 하나님께 기도하자.

구레네 시몬처럼 주님을 위해 대신 져야 할 사명의 십자가, 내 몫의 십자가를 바르게 지고 나아가는 귀한 은혜가 이 고난주간이 있기를 주님의 이름으로 축원합니다.

♣겸손하게 십자가를 지라♣

낙타는 하루를 시작하고 마칠 때마다 주인 앞에 무릎을 꿇는다고 한다. 즉, 하루를 보내고 일을 끝마칠 시간이 되면 낙타는 주인 앞에 무릎을 꿇고 등에 있는 짐이 내려지길 기다리며, 또 새날이 시작되면 또 다시 주인 앞에 무릎을 꿇고 주인이 얹어 주는 짐을 짊어지는 것이다.

주인은 낙타의 사정을 잘 안다. 그렇기 때문에 낙타가 짊어질 수 있을 만큼만 짐을 얹어 준다.

낙타는 주인이 얹어 주는 짐을 마다하지 않는다.

낙타는 당신입니다. 그리고 주인은 하나님이시다.

하나님은 당신의 형편을 누구보다도 잘 아신다.

그리고 당신이 짊어질 수 있을 만큼 당신에게 짐을 얹어 주신다.

이때 당신은 어떤 모습으로 짐을 받으십니까?

낙타와 같은 겸손한 모습입니까?

새에게 날개는 무거우나 그것 때문에 날 수 있고, 배는 그 돛이 무거우나 그것 때문에 항해 할 수 있다.

그리스도인에게 십자가는 짐이 되나 그것이 그리스도인으로 하여금 천국으로 향하게 만든다.

부활하신 예수님
(요20:15~18)

예수님께서 죄와 사망의 권세를 깨뜨리시고 부활하셨다.

예수 그리스도의 부활은 역사적 사실이며 변하지 않는 진리다. 예수님께서 부활하셔서 온 인류에게 꿈과 희망과 영원한 생명을 주셨다. 누구든지 예수님을 믿기만 하면 모든 죄와 절망에서 자유함을 얻고 영생의 축복을 받는다.

1. 슬픔에 처한 인간
1)사람의 절망은 말씀을 잊어버리게 한다.
2)믿음의 사람은 부활하신 예수님을 바라봐야 한다.
3)죽음은 끝이 아니고 새로운 시작이다.

2. 희망의 메시지
1)절망의 세상에 예수님께서 빛으로 오셨다.
2)우리는 영의 눈을 뜨고 주님을 바라봐야 한다.
3)예수님의 음성이 우리의 희망이다.

3. 우리에게 주신 사명
1)기쁜 소식을 전하는 사명을 맡기셨다.
2)땅 끝까지 복음을 전하는 증인의 삶을 살아야 한다.
3)기쁜 소식을 전하는 사명자로 살아야 한다.

슬피 울고 있는 막달라 마리아에게 예수님께서 찾아가셔서 그녀의 슬픔을 걷어내 주신 후에 사명을 맡기신 것처럼 오늘 절망에 처한 우리를 찾아오셔서 우리의 절망을 다 걷어주시고 우리의 눈물을 닦아주시고 우리에게 꿈과 희망을 주시고 사명을 주셨다.

우리에게 들려주시는 예수님의 음성을 듣고 순종하는 우리 모두가 되기를 주님의 이름으로 축원합니다.

♣선교사의 장례식 설교♣

　지금으로부터 131년 전인 1885년 4월 5일은 부활 주일이었다. 부활 주일날 아침 인천 제물포항에 미국에서 파송된 언더우드선교사님과 아펜젤러선교사님이 발을 디뎠다. 아펜젤러 선교사님은 제물포에 첫발을 딛고 이렇게 기도했다. "우리는 부활절 아침에 이곳에 왔습니다. 그날 사망의 권세를 이기신 분께서 이 백성을 얽어맨 결박을 끊으사 하나님의 자녀로서의 자유와 빛을 주옵소서!"

　그는 미국 뉴저지에 있는 드루 신학교를 졸업하고 감리교 최초의 선교사로 이 땅에 왔다. 그는 배재학당과 정동교회를 세우고, 출판과 성서 번역에 큰 공헌을 하는 등 많은 사역을 했다. 그런데 1902년에 목포에서 열리는 성경 번역 위원회에 참석하기 위해 배를 타고 가던 중 배가 침몰했고, 선실에 갇힌 조선인들을 구하다가 순교했다. 그의 순교는 헛되지 않았다.

　그의 딸 엘리스 아펜젤러와 아들 헨리 아펜젤러가 그의 뒤를 이어서 한국 교회를 섬겼다. 그리고 그의 기도문대로 한국 교회는 유례없는 부흥을 이루었고, 현재 미국 다음으로 많은 2만4000명이 넘는 선교사를 세계 곳곳에 보낸 선교 대국이 되었다. 순교하기 얼마 전 그는 동료 선교사의 장례식에서 이렇게 설교했다.

　"우리는 수많은 육체가 부활의 아침을 기다리는 강가에 우리의 막벨라(묘지)를 두기 위해 일상의 바쁜 일들을 멈추고 모였습니다. 우리는 이 땅에서 이방인이며 순례자임을 인식해야 합니다. 죽음에는 순서가 없습니다. 몇 주 전 아픔으로 고생하던 한 형제가 주님 품 안으로 갔고 지금 또 한 형제가 우리의 곁을 떠났습니다.

　잠자는 것에 관하여 근심하는 형제들이여! 마치 아무런 희망도 없는 다른 사람처럼 근심하지 마십시오. 사망에서 부활하신 예수님께서 주 안에서 잠자는 자들을 데리러 오실 것이며, 우리는 주님과 영원히 함께 있을 것입니다!"

하나님과 화목하라
(욥22:21~23)

대한민국은 극심한 갈등 사회다.
이념이 다른 상대를 적으로 간주하고 계층 갈등이 여전하며 최근에는 갑질 논란으로 사회가 요동치기도 한다. 우리 사회의 갈등 원인은 미약한 사회적 안전망과 절대 빈곤인의 증가와 상대에 대한 무관심 때문이다. 갈등은 인간의 본성이다. 낚시 바늘의 꼬부라진 부분을 '미늘'이라고 한다. 미늘이 없어야 관계가 풀리고 화목할 수가 있다.

1. 하나님과 화목해야 한다.
   1) 하나님과 화목하는 것이 우선되어야 한다.
   2) 하나님과 화목한 자는 땅과 화목한 자이다.
   3) 우리는 화목하게 하는 직분을 가지고 있다.

2. 하나님과 화목하면 복이 임합니다.
   1) 하나님과 화목한 결과는 평안이고 복이 임한다.
   2) 하나님과 불화하면 절대로 평안이 없다.
   3) 화목이란 관계가 회복된 상태를 가리킨다.

3. 하나님께 돌아가면 모든 것이 회복됩니다.
   1) 하나님께 돌아가면 새로 지음 받은 존재가 된다.
   2) 하나님의 사랑의 핵심은 회복하게 하는 힘이다.
   3) 하나님의 나라는 완전한 회복이다.

우리가 돌아가기만 하면 하나님은 받아주시고 회복시켜 주신다.
하나님께 돌아가면 화목하고, 평안하고, 복을 주신다.
우리 모두가 하나님께 돌아가서 새로 지음을 받아 우리의 육체적 영적 모든 삶이 회복되는 회복의 은혜를 누리기를 간절히 축원합니다.

♣염라대왕이 사표를 냈다.♣

최근에 한국 사람들 때문에 염라대왕이 사표를 냈다는 말이 있다.
염라대왕이 빨리 오라고 하니까 '못 간다고 전해라'고 버티기만 한다.
그런데 어쩌다 한국 사람이 왔는데 얼굴을 고쳐서 못 알아보겠더란다.
또 다른 사람이 와서 지옥에 보냈더니 "시원하다" 하면서 계란 까먹고 코골고 잠자고 있더란다. 그래서 한국사람 때문에 사표를 냈다고 한다.

염라대왕이 권위도 없고 자격도 없으니 오라면 못 간다고 버티는 것이다. 하나님께서 오시라면 두말 말고 간다고 전해야 한다.
염라대왕은 말의 권위도 없나 보다.
얼굴도 못 알아볼 만큼 실력도 없나 보다. 그래서 오라고 하더니 자기가 갔다. 그래서 '개그콘서트'에도 요즘 나오지 않는다.

찬송가에는 "어서 돌아오오 어서 돌아만 오오"라는 찬송이 있다.
가사에는 "밤마다 문 열어놓고 마음 졸이시며 나간 자식 돌아오기만 밤새 기다리신다오"라는 말이 있다.
우리가 어서 돌아가야 한다.
돌아가기만 하면 하나님은 받아주시고 회복시켜 주신다.

나와 동행하시는 하나님
(눅24:13~17)

이 세상을 사는 모든 사람은 나그네와 같이 외로운 인생길을 살아간다. 외로운 인생길에 우리의 곁을 떠나지 않고 언제나 우리와 동행하시는 분이 예수 그리스도다. 온 세상이 우리를 떠나가도 주님께서는 절대로 우리를 떠나지 않으시고 한평생 우리와 동행하시며 우리를 인도해주신다.

1. 엠마오로 가는 두 제자
1) 두 제자는 절망으로 가득했다.
2) 누구나 예기치 않은 내리막길을 걸어갈 때가 있다.
3) 절망으로 낙심할 때가 주님의 은혜를 받을 때다.

2. 동행하시는 예수님
1) 예수님은 영원히 우리와 함께하신다.
2) 예수님은 자신의 목숨보다도 우리를 더 사랑하신다.
3) 보혜사 성령님이 우리와 지금도 함께하고 계신다.

3. 새 힘을 주시는 예수님
1) 예수님은 우리가 스스로 깨닫게 하신다.
2) 예수님은 우리의 마음에 성령의 감동을 주신다.
3) 예수님은 인생의 폭풍 한가운데 거기에 계신다.

우리는 인생의 동행자가 되시는 예수님께 소망을 두어야 한다. 절대로 우리는 혼자 이 세상을 살아가고 있는 것이 아니다. 외로운 인생길을 걸어가는 것이 아니다. 우리가 어디에 있든지, 어떤 상황에 있든지 예수님께서 늘 우리와 동행하고 계신다.

더 이상 내리막길 인생을 사는 것이 아니라 성령으로 충만하여 예수님의 사랑의 증인으로 살아가는 우리 모두가 되기를 주님의 이름으로 축원을 드립니다.

♣작곡자 빌 게이더♣

복음성가의 빌리 그레이엄이라 불리고 '살아계신 주'라는 찬양의 작곡자로 유명한 빌 게이더(Bill Gaither)가 있다.

그가 1964년에 작곡한 He touched me(주 붙드네)라는 찬양이 있다. 이 찬양은 1970년대 미국을 휩쓴 찬양이 되었고, 한때 찬양대원으로 섬겼던 엘비스 프레슬리가 이 찬양을 앨범에 수록하여 불러서 1972년에 그는 이 찬양으로(그래미 시상식)를 수상했다.

이 찬양은 외로움에 처한 많은 사람들에게 큰 위로를 주었다.

빌 게이터 역시 많은 어려움을 이기고 정상에 올라섰을 때 이런 고백을 했다. "꿈이 산산조각 났을 때, 희망이 다 사라졌을 때, 아무 데도 갈 곳 없을 때, 당신은 어떻게 할 것인가? 그때에는 언제나 변함없이 당신을 사랑하시는 분께 달려가라. 하나님의 계획은 나의 계획보다 더 원대하다!"

이 찬양은 "험한 나그네 세상 길/ 나의 맘이 곤할 때/ 사랑스런 주의 손길/ 오 나의 맘을 두드리네/ 주 붙드네/ 오 날 붙드네/ 넘치는 기쁨/ 내 맘에 근심 걱정 나 없겠네/ 날 언제나 붙드네"라는 가사로 시작한다.

이 찬양의 고백처럼 주님께서는 언제나 우리와 동행해 주신다.

우리를 지키시고 보호해주신다. 위로와 용기를 주신다.

그러므로 우리는 동행해 주시는 예수님을 바라보며 절망의 순간에서도 절대 긍정과 절대 감사로 살아가야 한다.

참된 믿음
(단3:16~18)

예수님께서 세상에 계실 때 가장 많이 강조하신 것이 믿음이다.

믿음이 없이는 구원 받을 수 없고 하나님의 자녀가 되지 못하며 세상에서 승리하거나 사명 감당도 할 수 없을 뿐 아니라 하나님이 약속하신 그 무엇도 누릴 수 없기 때문이다.

참된 믿음이란 무엇일까?

1. 하나님 외엔 다른 신을 섬기지 않는 것이다.
 1)신앙만큼은 양보할 수 없었다.
 2)하나님 한 분에게 목숨 바쳐야 참 믿음이다.
 3)매일 개인 부흥회하는 삶이 되어야 한다.

2. 하나님과 그의 말씀을 온전히 믿는 것이다.
 1)체험이 없어도 말씀을 믿어야 한다.
 2)하나님께서 책임져 주실 것을 믿은 것입니다.
 3)우리가 붙잡아야 할 것은 하나님의 말씀이다.

3. 참 믿음이란 조건 없는 믿음이다.
 1)참 믿음은 조건이 없는 믿음이다.
 2)감사하지 못하는 이유는 조건이 많기 때문이다.
 3)자족하는 마음 없이는 경건생활은 불가능하다.

주님은 고난을 피하시려면 얼마든지 피할 수 있었지만 오직 하나님만 경외하고 오직 그 말씀에 순종하기 위해서 십자가를 지시고 그리 아니하실 지라도의 믿음 가지고 올라가셨다.

우리는 목숨 바쳐 부지런히 신앙생활하고 말씀 확신과 말씀 순종에 생명 걸고 구원해 주신 것만도 감사하고 그리 아니하실 지라도의 겸손한 마음 가지고 온전히 믿음으로 살아가는 참 믿음의 사람이 다 되시길 주님의 이름으로 축원을 드립니다.

♣하나라도 있을 때 감사하자♣

이지선 자매는 이화여대 4학년에 다니다가 도서관에 가서 공부하고 집에 가다가 교통사고를 만났다. 차가 부딪히면서 불이 났다. 그 안에서 나오지 못하고 모두 다 타버렸다. 뼈고 살이고 다 무너졌다.

7개월 동안 수술만 11번을 했다. 나와 보니 얼굴은 고릴라 같고, 코끼리 같았다. 하나도 제대로 있는 것이 없고, 알아 볼 수 있는 곳이 하나도 없더라는 것이다. 그렇지만 이지선씨가 주님을 바라보고 있었기에 그 영혼은 태우지 못한 것이다. 그 심령에 하나님의 낙인은 아직 살아 있었던 것이다. 그래서 감사하며 사는 것이다. 감사하면서 오늘 간증하며 살아가는 것이다. 이런 어려움을 당하고 감사할 것을 여러 곳에서 찾았다.

손가락이 다 나가고 여덟 개의 손가락 밖에 없다. 여덟 개의 손가락이 다 잘려 나갔는데 손톱이 얼마나 소중한지 이제 깨달았다.

손톱이 있다는 것이 얼마나 감사한 것을 더 깨달았다. 엄지손가락 손톱이 딱 하나 성한 것이 남았는데 이 하나로 10인 역을 다 하는 것이다.

이 한 손가락 가지고 모두 다 일하는데 그 손가락 하나를 남겨주신 것이 얼마나 감사한지, 이 손가락 하나 가지고 감사하는 것이다. 눈썹이 지금도 하나도 없다. 그래서 물이 전부 눈으로 들어간다. 그래서 눈썹이 쓸모없는 줄 알았는데 눈썹 하나하나가 그렇게 소중한 줄 몰랐다. 이제야 깨달았다.

막대기처럼 되어버린 오른 팔, 휘어지지도 않는다. 항상 뻗어 있는데 관절이 구부러지도록 만들어 주신 하나님의 은혜가 그렇게 귀한 줄 그 전에는 몰랐다. 이렇게 저절로 이런 줄 알았지 하나님께서 늘 휘어지도록 사용하게 하신 것이 그렇게 고마운 줄은 이렇게 굳어져 있는 다음에 깨달았다.

우리는 남들이 부러워하는 감사의 조건이 자신에게 얼마나 많은지 모르고 지내고 있다.

하나라도 없어지게 전에 하나님께 감사하자.

기적을 창조하는 믿음
(막5:25~29)

사람들은 고난을 만났을 때 자신의 힘, 지식, 경험을 의지하며 문제를 해결해보려고 한다.

그러나 절망에 빠진 인간이 다시 일어설 수 있는 길은 절대 희망이 되신 예수님을 만나는 것뿐이다. 우리는 세상의 헛된 것을 의지하지 말고 오직 예수님 한 분만을 바라보아야 한다.

1. 사람을 찾아다닌 여인

1) 긴 투병 생활로 몸과 마음이 지쳐있었다.
2) 하나님을 떠난 인생은 해결책이 없다.
3) 인생의 마지막은 하나님의 역사의 시작이다.

2. 예수님을 찾아온 여인

1) 예수님께서는 병든 몸과 영혼을 고쳐주신다.
2) 예수님을 만나서 기적이 일어났다.
3) 절대긍정의 믿음으로 주님께 나아갔다.

3. 기적을 체험한 여인

1) 예수님의 옷자락에 손을 대었다.
2) 기적은 믿음으로 주님께 매달리면 일어난다.
3) 절대 긍정의 믿음의 사람이 되어야 한다.

절대 절망의 상황에서 예수님의 옷자락을 붙잡는 믿음을 가졌던 여인처럼 큰 믿음, 절대 긍정의 믿음의 사람이 되어 주님께서 치료하시고 회복하시는 기적을 체험하는 우리 모두가 되기를 주님의 이름으로 축원합니다.

♣기적 중에 기적♣

농어촌에는 새벽기도회가 새벽 4시부터 시작되는 교회들이 많다.
그날도 평소처럼 새벽 3시에 나가 교회의 불을 켰다.
그런데 깜짝 놀랐다. 어떤 사람이 강단 아래 웅크리고 앉아 있었다.
일단 모르는 척하고 성단에 올라가 조용히 기도를 하고 있었다.
그러나 왠지 약간의 위협을 느꼈다.
'혹시 범죄자가 아닌가?' 막상 기도회를 시작하고 그가 얼굴을 드는 것을 보고 다시 놀랐다. 아랫마을에 아홉 가지 병이 들어서 아랫목에 누워 살던 아저씨였다. 아내가 행상을 해서 다섯 명의 자녀와 함께 사는 아저씨였다. 그날 새벽은 말씀도 제대로 전하지 못하였다. 자꾸만 그 아저씨가 불쌍하게 생각되어서였다.

예배가 끝나자 그의 손을 덥석 잡았다. 그리고 기도했다. 그의 눈물이 나의 손등에 떨어지는데 사람의 눈물이 그렇게 차다는 것을 처음 알았다. 그리고 그는 돌아갔다. 그 후 서너 시간 뒤 교회 마당에서 사람들이 웅성거렸다.

그 아저씨가 완전히 치유를 받았다고 감격하여 교회에 다시 왔고 동네 사람들이 구경을 하려고 모여든 것이다.

그는 이렇게 말했다. "자살을 하려고 나뭇가지에 밧줄을 묶어 놓고 죽으려는 찰나 그래도 내가 죽는다고 신고라도 하려고 하여 새벽기도를 나왔다가 이런 기적이 일어났습니다."

그러나 이러한 은혜를 받고도 그는 예수를 믿지 않았다.
기적의 체험과 예수 믿는 것은 같은 것이 아님을 그때 알았다.
그렇다면 예수를 믿는 것보다 더 큰 기적이 있는가?
예수를 믿는 것이 기적 중에 큰 기적이다.
영혼이 영생을 얻기 때문이다.

벧엘로 올라가라
(창35:1~7)

　교회는 하나님이 기뻐하시는 교회로 거듭나야 한다.
　인간적인 잘못된 모습을 모두 벗어 버리고 하나님이 기뻐하시는 교회가 될 때 비로소 하나님이 교회를 통해 영광을 받으실 것이고 하나님의 뜻을 세상에 펼치실 것이다. 벧엘로 올라가라는 것은 영적으로 회복하라는 뜻이다. 회개함으로 다시 거듭나라는 것이다.

1. 응답하시는 하나님
　1)야곱은 하나님께 기도했다.
　2)하나님은 야곱의 기도에 응답해 주셨다.
　3)낙심하지 말고 기도로 벧엘에 올라가야 한다.

2. 함께하시는 하나님
　1)마음속에 하나님이 함께 하신다는 약속을 간직하라.
　2)다가와 손 내미시는 하나님이 함께 계심을 믿으라.
　3)하나님이 우리와 함께 하시는 하나님 되심을 믿으라.

3. 보호하시는 하나님
　1)하나님만이 우리들을 보호하실 수 있다.
　2)하나님이 도우시는 곳에 피할 길이 있다.
　3)하나님만이 우리의 피난처와 보호자가 되신다.

　벧엘의 하나님께 나아가는 자는 복이 있다. 벧엘이 하나님의 집이며 하나님이 계시는 곳이다. 세겜은 하나님의 집이 아니며 하나님이 계시는 곳이 아니다. 세겜을 떠나 하나님이 계시는 벧엘로 올라가야 한다. 세상 것을 과감하게 버리는 결단을 통해 하나님이 계신 벧엘로 올라가야 한다.
　우리를 보호해 주시는 하나님이 계신 벧엘로 올라가는 복된 성도들이 다 되시기를 주님의 이름으로 축원합니다.

♣필라델피아의 백만장자♣

　토요일에 사장이 직원들을 불러놓고 "배가 들어왔는데 내일이 주일이지만 나와서 일을 해주기 바란다"라고 말했다.
　그때 지라드라는 청년이 앞으로 나오더니 "저는 내일 나올 수 없습니다. 교회에 가야 합니다."
　사장은 "그러면 해고될 수밖에 없는데"라고 했다.
　지라드는 "그래도 할 수 없죠.
　나이 많은 어머니를 모시고 교회에 가야 합니다."
　그러자 사장은 "그러면 넌 오늘부로 해고다."라고 했다.
　이 일이 있은 지 한 달 후에 사장의 친구였던 은행장이 전화를 걸었다.
　"은행의 지점을 만들려는데 자네 직원 가운데 지점장을 할 사람이 있으면 추천하게나"
　사장은 해고한 지라드 청년을 추천했다.
　이 사실을 은행장이 알고 "자네가 한 달 전에 해고했다며?
　그 사람을 나에게 추천하는 이유가 뭔가?"
　"지라드는 소신이 있는 사람이야.
　믿음을 지킴으로 오는 불이익을 두려워하지 않는 사람이지.
　틀림없이 좋은 지점장이 될 걸세."
　그 후 스티븐 지라드(Stephen Girard)는 금융업으로 크게 성공을 하고 필라델피아의 백만장자가 되었다.

행복한 사람
(신33:29)

부와 권세와 지혜와 명성을 한 몸에 지녔던 솔로몬 왕은 전도서1장 2절에 말하기를 "헛되고 헛되며 헛되고 헛되니 모든 것이 헛되도다."라고 했다.
짧은 한 구절에 헛되다는 말을 다섯 번이나 반복하고 있는데 행복한 사람이란 어떤 사람일까?

1. 구원받은 사람이다.

1) 하나님이 주시는 구원을 받은 사람이다.
2) 영원한 생명을 얻은 사람이다.
3) 양자의 영을 받은 사람이다.

2. 여호와께서 도우시는 사람이다.

1) 주님 앞에 열심히 나오는 사람이다.
2) 힘써 기도하는 사람이다.
3) 하나님의 힘을 의지하는 사람이다.

3. 여호와께서 영광스럽게 하신 사람이다.

1) 하나님은 승리의 개가를 부르게 하신다.
2) 하나님의 심정을 닮게 하신다.
3) 하나님에 대한 말씀을 복음이라고 한다.

하나님의 도우시는 사람은 그 누구도 그 무엇도 해할 수 없다. 그러므로 하나님이 도우시는 사람은 승리의 영광을 누리게 되는 것이다. 혹시 지금 어려움에 처해 있다면 그것은 연단의 과정일 뿐이다. 그러므로 하나님의 자녀인 우리는 행복한 사람이다.
하나님의 넘치는 사랑과 보호와 축복을 받아 누리는 행복한 성도가 되시기를 주님의 이름으로 축원을 드립니다.

♣지금은 기도할 때♣

탈무드에 이러한 이야기가 있다.
두 나무꾼이 하루 종일 장작을 팼다.
한 사람은 쉬지도 않고 하루 종일 장작을 팼다.
그러나 다른 한 사람은 1시간 일하고 10분 쉬고, 다시 1시간 일하고 10분 쉬고, 이렇게 쉬엄쉬엄 일을 했다.
그런데 저녁이 되어 두 사람이 패놓은 장작을 보니 쉬면서 일한 나무꾼의 장작이 훨씬 더 많았다.
약이 오른 나무꾼이 묻는다.
"도대체 어찌된 일인가?
나는 한 시도 쉬지 않았고, 자네는 쉬엄쉬엄 일했는데, 어떻게 자네 장작이 더 많을 수 있는가?"
그러자 다른 나무꾼이 대답했다.
"나는 쉬면서 도끼날을 갈았다네."
아무리 바빠도 기도의 날을 갈아야 한다.
성공하기 어려울 때 낙심하지 말고 기도해야 한다.
성공이 눈앞에 보일 때에도 자만하지 말고 기도해야 한다.
성공했다고 생각할 때에도 기도는 계속해야 한다.
기도는 내가 이룬 것을 지키는 최고의 방법이기 때문이다.

지금, 바로 지금이 기도할 때이다.
인간의 노력만으로는 한계가 있다.

아브라함의 가정
(창12:1~3)

사람은 세상에서 세 사람을 잘 만나야 한다.
1) 부모를 잘 만나야 한다.
2) 스승을 잘 만나야 한다.
3) 배우자를 잘 만나야 한다.

아브라함은 복된 사람이다. 아브라함은 부모를 잘 만난 것도 아니고, 좋은 스승도 없지만 아브라함에게는 아름다운 아내가 있었다. 사라는 얼굴이 무척 예쁜 사람이며, 마음씨도 착한 여인이었다.

아브라함의 가정은 몇 가지 특징이 있다.

첫째, 아브라함의 가정은 순종하는 가정이었다.
  1) 하나님의 말씀에 절대 순종하는 가정이었다.
  2) 아브라함은 하나님의 명령에도 즉시 순종했다.
  3) 하나님은 우리 인생의 감독이시다.

둘째, 아브라함의 가정은 섬김의 가정이었다.
  1) 나그네를 보고 강권하여 집에 모셔 들였다.
  2) 대접을 받고자 하면 먼저 대접하라.
  3) 섬김은 신앙생활의 꽃이며 신앙생활의 최고봉이다.

셋째, 아브라함의 가정은 서로 존중하는 가정이었다.
  1) 사라는 남편 아브라함을 주(主)로 섬겼다.
  2) 사라는 한마디 말없이 남편의 뜻을 따랐다.
  3) 아브라함도 아내 사라의 뜻을 존중했다.

아브라함의 가정은 하나님의 말씀에 절대 순종의 삶을 살았으며, 이웃을 정성껏 섬기며 살았고, 부부가 서로 존중하며 살았다.

아브라함의 가정을 본받아 "나는 당신 때문에 너무 행복합니다."라고 말할 수 있는 복된 가정이 되시기를 주님의 이름으로 축원합니다.

♣팥죽 두 그릇의 열매♣

충청도에서 이런 일이 있었다.

팥죽 장사를 하는 할머니가 팥죽을 팔고 있는데 한 청년이 지나가다가 그 팥죽을 보며 입맛을 다셨다.

먹고 싶은데... 배가 고픈데 돈이 없는 것 같았다.

할머니가 그 청년을 불렀다.

"돈 없어요. 돈 없어도 괜찮아.

얼마나 배가 고픈가?"하면서 팥죽 한 그릇을 퍼 주었다.

다 먹고 나자 한 그릇을 더 주었다.

"감사합니다. 감사합니다."하고 그 청년이 떠났다.

그 후 10여년이 지난 어느 날, 한 말쑥한 신사가 팥죽 할머니를 찾아왔다. 할머니는 그곳에 없었다.

신사는 수소문 끝에 병이 들어 오두막집에 누워 있는 할머니를 찾았다. 그 신사가 바로 10년 전에 팥죽을 얻어먹었던 청년이었다.

일본에 있는 재벌 친척에게 많은 유산을 물려받아 억만장자가 되었다.

그의 기억 속에 배가 몹시 고팠던 그때, 팥죽을 먹게 해주신 할머니를 잊을 수가 없었다. 그 은혜를 갚기 위해 찾아온 것이다.

그는 할머니에게 그 동네의 일등 전답 수십 마지기를 사드리고 좋은 집을 지어드리고 할머니를 보살펴드릴 가정부도 들여 주었다고 한다.

팥죽 두 그릇의 열매였다.

행복 이렇게 만듭시다.
(빌4:4~7)

하나님이 우리에게 주신 가정은 행복해야 한다.

행복이 가정의 모든 목적은 아니지만 행복하지 않으면 좋은 가정이 아니다. 문제는 행복은 어디에서 오며 어떻게 얻느냐다. 사람들이 생각하는 행복의 가장 큰 오해는 행복은 먼 훗날 우리에게 다가온다는 것이다.

행복은 멀리 있는 것이 아니라 지금, 여기 있다.

1. 행복은 기쁨으로 시작한다.
1) 행복은 현재 누려야 한다.
2) 행복은 내가 믿고 선택할 때 온다.
3) 행복은 항상 기뻐해야 찾아온다.

2. 좋은 관계 속에서 행복은 자란다.
1) 관용이 행복의 중요한 요소이다.
2) 내가 상처를 받지 않기로 다짐해야 한다.
3) 부부는 둘이 끝까지 가는 것이 중요하다.

3. 기도가 행복을 완성한다.
1) 기도하면 행복하게 된다.
2) 바꿔진 내가 상대방을 보면 행복해 진다.
3) 항복하면 행복해 진다.

믿음이 있어야 행복하고 기도해야 행복하다. 행복은 항상 기뻐하는 것이고 지금 여기 있으며 환경이 아니라 마음의 태도다. 행복은 우리가 하나님 바라볼 때 오고, 하나님의 눈으로 세상을 바라볼 때 커진다. 우리의 삶속에서 하나님께 항복한 만큼 세상에서도 행복해진다.

우리 가정의 삶 속에 행복이 충만하시기를 주님의 이름으로 축원을 드립니다.

♣마음의 창♣

한 부부가 새로운 동네로 이사를 했다.
어느 날 아침을 먹던 중 아내가 창밖을 내다보다가 이웃집 사람이 빨래를 널고 있는 것을 보았다. 그런데 빨래가 매우 우중충하고 더럽다.
그래서 말했다.
"저 여자는 빨래하는 것을 모르나봐. 옷이 더럽네."
매일 창으로 내다보던 아내는 같은 이야기를 반복했다.
"어쩌면 저렇게 빨래를 못하지? 빨래하는 법을 모르나?"
그런데 몇 주 뒤 아내는 깜짝 놀랐다. 이웃집에 널린 빨래가 갑자기 깨끗해진 것이다.
아내는 깜짝 놀라 남편을 불렀다.
"여보, 이리와 봐. 믿을 수가 없어. 빨래가 깨끗해졌어."
그때 남편이 미소를 지으며 말했다.
"그래? 내가 오늘 아침 유리창을 깨끗이 닦았거든"
그동안 아내는 더러운 창을 통해서 남의 집 빨래를 보고 있었던 것이다. 빨래가 더러운 것이 아니라 창이 더러워서 빨래가 더러웠던 것이다.
우리 가정의 행복은 어디에 있을까?
혹시 우리 곁에 아주 가까이 있는 것은 아닐까?
그런데 우리 마음의 눈이 어두워 그것이 잘 보이지 않는 것 아닌가?
우리 가정의 행복은 언제 올까?
먼 미래가 아니라 지금 여기에 있는 것 아닌가?
다만 내 마음의 창이 더러워 잘 보이지 않는 것이다.

시한부 인생
(눅13:1~5)

사람은 누구나 시한부 인생을 살고 있다.

모든 사람은 마침내 죽으리라는 사실을 다들 잘 알지만 언제 죽을지를 정확하게 모를 뿐이다. 왜 사람은 죽어야만 하는가? 모든 사람은 처음부터 죄인의 신분으로 태어났다.

시한부 인생에서 우리가 해야 할 가장 중요하고도 가장 급선무가 되는 일이 무엇인가?

1. 빌라도가 갈릴리 사람들을 살해한 사건
1)예수님은 구원의 복음을 전하셨다.
2)망하기 전에 반드시 회개해야만 한다.
3)하나님은 긍휼하심이 풍성하시다.

2. 실로암에서 망대가 무너진 사고
1)하나님 앞에서 모든 사람은 죄인들이다.
2)사고를 거울삼아서 회개할 기회로 삼아야 한다.
3)우리에게 회개할 기회를 주신다.

3. 시한부 인생의 진정한 참사
1)우리 모두는 시한부 인생을 살고 있다.
2)진정한 참사는 회개하지 않고 망하는 것이다.
3)죄인임을 깨닫고 예수님을 믿어야 한다.

해를 받은 사람이 우리보다 죄가 더 있기 때문이 아니다. 하나님 앞에서 우리 모두는 죄인이다. 단지 하나님이 우리를 긍휼히 여기시고, 우리에게 회개할 기회를 주신 것이다.

우리 모두가 하나님의 독생자인 예수님을 믿어서 아무도 멸망하지 않고 영생을 얻기를 간절히 소망하며 주님의 이름으로 축원을 드립니다.

♣죽음을 준비하는 인생♣

인생을 살면서 여러 가지 준비를 해야 하는데 가장 중요한 것은 죽음에 대한 준비다. 죽음을 안다는 것은 인간이 하나님께로 부터 받은 축복 중 하나다. 왜냐하면 죽는다는 사실이 삶을 바르고 보람되게 살도록 채찍질 하기 때문이다.

몽테뉴는 수상록에서 "인간 생애의 목적은 죽음이다. 그래서 사람이 죽음을 멀리하거나 잊어버리려 하는 것은 산다는 목적을 잃어버리는 어리석음이다"고 했다.

사실 신앙도 죽음을 알기에 더 철저해지고, 소망도 죽음의 제한을 받기에 더 고귀한 것이다. 사랑도 죽음이란 이별을 알기 때문에 더욱 충실해지는 것이다.

바울은 "나는 날마다 죽노라"고 고백했다.(고전15:31)

그는 죽음을 미래의 막연한 사건으로 인식하지 않고, 오늘의 사건으로, 그리고 순간마다의 사건으로 인식했다.

누구든지 죽음을 오늘의 사건으로 인식하고 산다면 그 삶은 엄청나게 달라질 것이다.

죽음 앞에 선 사람은 거짓이 없다.

헛된 욕심을 부리지 않는다.

겸손하고 착해진다.

모든 것을 용서하고 이해한다.

바울이 날마다 죽었다면 우리 같은 사람은 매 시간마다 죽어야 할 것이다.

필요하다면 매 시간이 아니라, 매 분, 매 초라도 죽으리라.

너는 말씀의 사람이 되라
(왕상2:1~4)

사람은 죽을 때 가장 진실하고도 의미 있는 말을 남기고 간다.

삶은 예측할 수 없다. 미래의 주인이신 그리스도를 믿고 사는 사람이 살아있는 생명의 유언을 준비하며 산다. 말씀대로 살고자 하는 사람은 말씀의 권위와 영광과 말씀의 능력을 알 것이다.

1. 무엇을 유언으로 남겨줄까?
1) 너는 강한 사람이 되라.
2) 너는 말씀의 사람이 되라.
3) 네가 어디로 가든지 형통할지라.

2. 자녀 세대가 살 세상은?
1) 어떻게 변할지 예측할 수도 없다.
2) 사람이 인공지능 로봇에 밀려난다.
3) 현재의 인류는 종말을 맞이할 수도 있다.

3. 너는 말씀의 사람이 되라.
1) 역사의 주관자는 하나님이다.
2) 하나님의 말씀은 영원토록 진리다.
3) 하나님의 말씀 속에 답이 있다.

세상은 예측할 수 없이 빠르게 변하는데 우리는 어떻게 살아야 할까?

말씀대로 살아야 한다. 말씀의 사람이 되면 세상이 얼마나 많이 변한다 해도 하나님이 형통하게 하신다.

말씀의 사람이 되어 형통하게 되시기를 주님의 이름으로 축원을 드립니다.

♣말씀대로 살고자 하면♣

미국 시카고에서 기독교 회의가 열렸다.

그 회의에 러시아 교회에서 3명이 참석한 적이 있었다.

성경에 오류가 없다는 것을 우리가 어떻게 변증할 수 있느냐? 하는 사안을 가지고 사흘 동안 토의를 하는데 러시아 교회 3명은 전혀 아무 말을 안 했다고 한다.

마지막에 그들에게 소감을 얘기하라고 했더니 이런 말을 했다.

"나는 여러분들이 사흘 동안 이 회의를 여는 이유를 이해하지 못하겠습니다. 말씀대로 살다 보면 오류가 없다는 것을 저절로 알텐데... 그런 것 가지고 뭘 회의를 하고 앉아 있습니까?" 말을 듣고 참석한 사람들이 너무나 숙연해졌다.

말씀대로 살고자 하는 사람은 말씀의 권위와 영광과 말씀의 능력을 알 것이다.

R. A. 토레이 목사님이 이런 말을 했다.

"성경에 많은 번역이 있는데 이 세상에 가장 위대한 성경 번역이 있다면 그것은 내 삶으로 성경을 번역하는 것이다."

하나님의 말씀대로만 살면 우리는 세상의 온갖 역경 속에서도 하나님의 말씀을 붙잡고 살아갈 수 있다.

말씀과 삶이 일치될 때 비로소 우리는 그리스도인으로써 진정한 삶을 살아갈 수 있다. 하지만 하나님을 믿으면서도 그 말씀에 의지하지 않는 사람은 결국 비참한 삶을 살 수밖에 없다.

하나님을 의지하는 삶을 살 것인가? 아니면 비참한 삶을 살 것인가?

그것은 바로 우리는 의지에 달려 있다.

하나님이 좋아하시는 것
(삼상15:17~23)

하나님이 가장 좋아하시는 것은 하나님이 가장 좋아하시는 것을 먼저 하면 된다.

반대로 하나님이 가장 싫어하시는 것만 골라서 하면 하나님께 미움을 받고 하나님이 이미 주신 좋은 복도 빼앗기게 된다.

하나님께 계속 사랑받고 더 큰 복을 받아 누리게 되려면

1. 하나님은 말씀을 청종하고 순종하는 것을 가장 좋아하신다.
1) 청종이란 귀를 기울여 잘 듣고 따르는 것이다.
2) 말씀을 잘 들으면 영혼이 살아난다.
3) 귀로만 듣지 말고 마음과 생각으로 들어야 한다.

2. 아담은 불순종함으로 모든 사람을 다 죄인으로 만들었다.
1) 예수님은 순종의 본이 되셨다.
2) 심판은 하나님의 초청을 거절하고 불순종함 때문이다.
3) 우리는 절대적으로 하나님께 순종할 의무가 있다.

3. 불순종한 사울은 하나님께 버림받았다.
1) 악신에 사로잡혀 늘 괴롭힘을 당하는 삶을 살았다.
2) 질투와 시기와 분노의 종이 되어 불행한 사람으로 변했다.
3) 사울은 멀리 있지 않고 내 안에 있다.

하나님이 가장 좋아하시는 것은 우리의 청종과 순종이다. 마귀 사단은 교묘하게 우리로 하여금 하나님의 말씀에 청종하지 못하도록 순종하지 못하도록 방해하고 욕심의 소리가 크게 들리게 한다.

하나님께 능동적으로 순종하는 사람이 되어 하나님을 기쁘시게 하고 하나님이 주시는 좋은 복을 계속 풍성하게 받아 누리게 되기를 주님의 이름으로 축원합니다.

♣하나님의 기쁨을 위해 달리는 사람♣

올림픽 금메달리스트인 영국 출신의 두 육상 선수인 에릭 리델과 해롤드 아브라함을 다룬 영화 <불의 전차>가 있다.
두 사람 모두 육상을 사랑했지만 그 방법은 서로 달랐다.
아브라함은 무엇인가 쫓기면서 달렸다.
자신의 능력을 증명하기 위해 의무감에 사로잡혀 재미없는 삶을 살았다.
반면에 리델은 육상을 피할 수 없는 운명으로 생각했다.
그는 "내가 달릴 때 하나님이 기뻐하시는 것 같아"라고 늘 이야기했다.
리델은 자유라는 은총을 받은 사람이었다.
리델이 달리는 모습을 볼 때마다 아브라함은 "저 친구는 야생동물처럼 달려. 저 친구를 보면 기운이 빠져"라고 중얼거렸다.
"목표점을 향해 달리는 힘이 어디에서 오냐고?
그야 내면에서 오는 거지"
리델은 항상 하나님을 기쁘시게 하려는 마음으로 달렸다.
사람들은 그를 '하나님의 기쁨을 위해 달리는 사람'이라고 불렀다.
그는 후에 중국 선교사가 되어 중국으로 가서 복음을 전하다가 1944년 일본군 치하의 한 수용소에서 뇌종양으로 세상을 떠났다.
세상을 떠난 다음에 그의 아들은 "하나님을 사랑하는 사람에게 결코 마지막 만남이란 없다"고 했다.

하나님을 기쁘시게 하는 아름다운 삶을 산 사람이었고 그의 아들 역시 그러했다.

묵은 누룩을 내어 버리라
(고전5:6~8)

참혹하기 짝이 없는 이 세상에서 그래도 착한 양심단체가 있다면 그것은 바로 오늘의 참된 교회일 것이다.

그리스도의 공동체인 교회는 정결하고 거룩하게 보존되어야 한다.

이것을 설명하기 위해 누룩의 비유를 사용했다. 교회는 악의 요소가 없는 새 반죽이라는 의미에서 출애굽 시에 유월절의 무교병과 연관시켰다.

유월절은 누룩 없는 떡을 가지고 지켜야 한다.

1. 누룩의 의미는 무엇인가?
1) 누룩은 그리스도의 복음을 가르친다.
2) 누룩은 죄를 상징한다.
3) 누룩은 외식을 상징한다.
4) 묵은 누룩의 상징이다.

2. 적은 누룩의 위험성이다.
1) 죄는 모양이라도 버려야 한다.
2) 누룩은 엄청난 발효시키는 능력을 가지고 있다.
3) 그리스도인들은 하나님의 표준으로 사고해야 한다.

3. 누룩을 내어 버려야 한다.
1) 거듭난 자들은 묵은 누룩을 내어 버리라.
2) 더 이상 누룩 있는 떡을 먹지 말라.
3) 예수님이 새 유월절을 제정하신 것이다.

성도들은 믿기 전에 지니고 있던 죄의 습성을 버리고 흉내라도 내지 말아야 한다. 묵은 누룩과 괴악하고 악독한 누룩을 버려야 한다.

오직 순전함과 진실함의 누룩 없는 떡으로 새 사람으로서의 새 일을 할 수 있는 능력이 이미 주어졌다는 사실을 믿고 거룩한 성도의 삶이되시기를 주님의 이름으로 축원을 드립니다.

♣하나님의 기쁨을 위해 달리는 사람♣

우리말에 "제 버릇 개 못 준다."는 말이 있다.
"세 살 버릇이 여든까지 간다"는 말이 그 말이다.
교육자 호레이스만은 "습관은 밧줄과 같아서 매일 짜고 있고, 이미 짜여 있는 습관은 파손되지 않는다."고 했다.
감리교회 설립자인 존 웨슬리목사의 어머니 웨슬리 수산나는 "자녀들에게 될 수 있으면 좋은 습관을 갖도록 훈련하라"고 했다.
<조선일보>에 글을 쓰고 있는 이규태님은 한국 사람이 버려야 할 습관을 줄줄이 열거했다. 몇 개만 골라 보면 "공짜 좋아하는 버릇, 서두르는 버릇, 외제 좋아하는 버릇, 신용을 지키지 못하는 버릇, 헐뜯기 좋아하는 버릇, 불구자를 얕보는 버릇, 형식 갖추기를 좋아하는 버릇, 학력에 집착하는 버릇, 남이 하니까 나도 하는 버릇"...등 공감할 수 있는 버릇을 많이 지적했다.
작곡가 하이든은 프레드리히 대제가 준 반지를 끼고 흰 종이에만 곡을 쓰는 습관이 있었다고 한다.
바그너는 완전히 정장을 하고 작곡을 하는 습관이 있었고, 모차르트는 장구를 치면서 작곡을 했다고 한다. 롯시니는 술에 취해야만 작곡을 하고, 크리스토퍼 그럭은 아무도 없는 들판에 앉아서 작곡을 했다. 모두가 습관이다.
우리말 사전에 "습관은 한 가지 일이 반복됨으로 마음과 몸에 길들여진 성질"이라고 정의하고 있다.

성경에 "낮에와 같이 단정히 행하고 방탕과 술 취하지 말며 음란과 호색하지 말며 쟁투와 시기하지 말고 오직 주 예수 그리스도로 옷 입고 정욕을 위하여 육신의 일을 도모하지 말라"고 정욕의 잘못된 습관을 제거하라고 하고 있다.

그리스도인의 풍성한 삶
(고후8:1~5)

고린도후서는 사도바울이 고린도 교회에 보낸 마지막 편지다.
바울은 박해가 일어나서 이 지역을 떠나야 했다. 오래 머물지 못하고 잠시 복음을 전하고 떠났지만 정말 귀한 교회들이 세워져있었다. 고린도 교회는 1년 6개월이나 되는 긴 시간 사역했지만 오히려 이 마게도냐 지역의 교회들에게 배워야 할 정도였다. 고린도 교인들에게 도전을 받고 본을 삼으라고 마게도냐 교회의 아름다운 모습을 전하고 있다.

1. 풍성한 은혜를 받았다.
1)풍성한 삶은 풍성한 은혜로부터 시작한다.
2)풍성한 은혜는 풍성한 삶의 근본 원인이다.
3)간수가 받은 은혜는 구원의 은혜다.

2. 풍성한 기쁨을 얻었다.
1)환난과 시련 속에서도 넘치는 기쁨을 맛본다.
2)외적인 기쁨(겉 사람이 맛보는 기쁨)이다.
3)내적인 기쁨(속사람이 맛보는 기쁨)이다.

3. 풍성한 헌신을 했다.
1)어려운 가운데 헌금을 풍성하게 했다.
2)자원해서 자발적으로 헌금을 했다.
3)풍성한 은혜 안에 있었기 때문이다.

우리가 은혜를 받았으면 그 은혜가 흐르게 해야 한다. 그것이 풍성한 헌신으로 나타나야 한다. 그래서 교회가 부흥하고, 주변 어려운 이웃들이 그 은혜의 혜택을 받을 수 있게 해야 한다. 그리스도인들은 풍성한 은혜를 체험하며, 풍성한 은혜로 환난 중에서도 기쁨을 맛보고 살 수 있고, 풍성한 은혜를 풍성한 헌신으로 갚으며 살아야 한다.
풍성한 은혜가 넘쳐 흐르기를 주님의 이름으로 축원을 드립니다.

♣누려야 할 풍성한 삶♣

어떤 청년이 호화 여객선을 타고, 세계 이곳저곳을 여행하게 되었다. 그런데 비싼 배표를 사느라 돈이 부족했다. 그래서 2주일간 먹을 양식을 나름대로 준비해서 배에 탔다. 그런데 돈 많아 보이는 다른 사람들은, 식사 때마다 뷔페를 즐기기도 하고, 고급 음식을 마음껏 즐기고 있었다. 목적지에 배가 도착한 후 선장이 인사를 했다.

"행복한 여행이 되셨는지요?" "네, 좋은 구경을 하기는 했지만, 돈이 모자라서 식사를 제대로 하지 못하느라고 배가 많이 고팠습니다." 그때 선장이 안타까운 표정으로 말했다. "이 배 안에 있는 모든 뷔페와 엄청난 음식들이 배 값에 이미 포함되어 있었습니다."

오늘 많은 사람들이 이 청년처럼 자신이 마땅히 누려야 할 풍성한 삶을 누리지 못하고 살아가고 있다.

무엇이든지 관심을 가지면 저절로 그 쪽으로 눈과 귀가 열리고 집중하게 마련이다. 불평에 관심을 갖고 살면 그 인생 바구니에는 비난과 원망, 분노가 가득 차 있다.

어떤 사람은 똑같은 인생을 살면서 불평보다는 은혜에 관심을 갖고, 은혜를 구하며, 겸손하게 하나님 앞에 허리를 굽힌다. 그 인생 바구니에는 기쁨과 감사, 열정과 배려로 가득 차 있을 수밖에 없다.

이 하나님의 은혜는 놀랍게도 길에 널린 돌처럼 많다.

중요한 것은 그 은혜에 관심을 갖고, 반드시 허리를 구부려야 한다는 사실이다. 출세와 명예, 재물이 우리 인생을 복되게 만드는 요소가 될 수 없다.

먼저 하나님 은혜를 사모하며 허리를 굽히며 겸손하게 은총을 구할 때 우리의 삶은 풍성한 인생으로 채워진다.(딤전1:14)

아브라함이 믿는 하나님

(롬4:17~25)

아브라함은 선민 이스라엘의 조상이며, 영적으로는 모든 믿는 자들의 조상이기도 하다. 아브라함은 하나님의 인정을 받은 신앙인으로서 하나님께서 그를 벗이라고 부르셨다.

우리가 아브라함처럼 하나님을 섬기려면 먼저 아브라함이 하나님을 어떤 분으로 믿었는지 알아야 한다.

1. 아브라함이 믿은 하나님은 약속의 하나님이다.

1) 성경은 우리에게 주신 약속들을 기록한 책이다.
2) 하나님은 우리를 존귀한 존재로 대우하셨다.
3) 하나님의 약속 위에 믿음의 집을 세워야 한다.

2. 아브라함이 믿은 하나님은 전능하신 하나님이다.

1) 약속을 이행하려면 그만한 능력이 있어야 한다.
2) 아브라함은 약속하신 대로 이루어 주실 것을 믿었다.
3) 죽음은 모든 가능성에 마침표를 찍는 것과 같다.

3. 아브라함이 믿은 하나님은 영생하시는 하나님이다.

1) 영혼의 구원이 믿음의 궁극적인 목적이다.
2) 아브라함은 영생의 복을 누리기를 소망했다.
3) 기독교의 믿음은 내세 지향적인 믿음이다.

그리스도인들은 가장 복 받은 사람들이다. 진실한 믿음을 가진 성도들은 세상일에 마음을 두지 않고 언제나 영원한 천국을 사모하고 천국에 보화를 쌓아 두는데 힘쓴다.

우리는 아브라함의 자손답게 신실하게 약속을 이행하시며, 전능하셔서 능치 못함이 없으시며, 영생하시는 하나님을 믿고 순종함으로 아브라함의 복을 받아 누릴 뿐 아니라 이웃에게 축복의 통로가 되시기를 예수 그리스도의 이름으로 축원합니다.

♣ 죽음은 새로운 시작이다. ♣

고백교회 설립자 중 한 분인 디트리히 본회퍼 목사님은 제2차 세계대전 중 히틀러 암살 계획에 가담한 죄목으로 2년간 옥중생활을 하다 1945년 4월 플로센뷔르크 강제수용소에서 처형되었다.

히틀러 정권에 모두가 입을 다문 그 때에 분연히 일어서서 양심의 입을 열었던 신앙인이자 신학자였다.

그분은 교수대로 끌려가기 전 이런 말을 남겼다.

"이것이 마지막입니다. 그러나 나에게 있어선 삶의 시작입니다."

신앙과 행동이 일치되는 삶을 살았던, 그러면서 행동하는 신앙인의 모습을 보여줬던 그분이 남긴 말은 '죽음이 곧 삶의 시작'이라는 것이다.

그리스도인에게 죽음은 끝이 아니라 새로운 시작이다.

가을까지 온 야산을 화려하게 물들였던 이름 없는 들꽃도 자신의 소임을 다하며 고독한 겨울 품으로 사라진 듯 보이지만 그것으로 끝나지 않는다.

만물이 생동하는 새 봄에 봄기운을 타고 다시 그 자리에 새싹을 틔워낸다. 그리고는 다시 아름다운 꽃을 사방에 뽐내며 보는 이로 하여금 행복한 미소를 짓게 한다.

부활의 소망을 간직하면서 교회에 갇혀 있는 신앙이 아닌 행동하는 신앙인이 되어야 한다.

그것이 예수 그리스도의 부활을 믿는 체험적인 신앙인의 마땅한 신앙고백이다.

응답받은 한나의 기도
(삼상1:11)

신앙생활에서 가장 중요한 것은 믿음이다.

믿음은 하나님 말씀을 듣고 읽어야 한다. 말씀과 병행되어야 하는 것이 기도다. 시험과 환란이 닥쳐왔을 때 말씀과 기도가 있는 사람은 말씀을 붙들고 기도하면서 그 시험을 이겨낸다.

1. 응답받는 기도는 통곡의 기도다.
1) 한나는 울면서 먹지도 않고 기도했다.
2) 히스기야 왕은 통곡하며 기도했다.
3) 인생의 무거운 짐을 하나님께 내려 놓으라.

2. 응답받는 기도는 서원의 기도다.
1) 서원은 반드시 지켜야하는 하나님과의 약속이다.
2) 서원은 성취를 확신하며 간절히 바라는 기도다.
3) 주시옵소서의 기도가 아니라 드립니다는 기도다.

3. 응답받는 기도는 믿음의 기도다.
1) 기도를 들으심에 대한 확신의 기도다.
2) 믿음 안에서 하나님의 음성을 듣는 기도다.
3) 기도는 영혼의 호흡이며, 하나님과의 대화다.

인생의 문제는 내가 가지고 있으면 눈물이요, 원통함뿐이다. 내 가슴에 품고 있는 모든 문제를 주님께 맡기라. 요행을 바라지 않는 온전한 믿음의 기도를 해야 한다. 통곡의 기도, 서원의 기도, 믿음의 기도에 하나님께서는 반드시 응답해 주신다.

우리 모두 기도를 통하여 신비한 하나님의 응답을 체험하시는 성도님들이 되시길 축원합니다.

♣기도 응답의 시기♣

　영국의 한 아버지가 아들을 데리고 공원에 산책하러 갔다.
　아들과 산책을 하다가 문득 자기가 급한 일을 처리해야 할 것이 생각이 났다. 그래서 아들을 공원 벤치에 앉혀 놓고 "여기서 잠깐만 기다리고 있어.
아빠가 얼른 다녀올게"라고 말하고 회사로 돌아왔다.
그는 바쁜 일들을 막 열심히 처리했다.
그런데 시간이 생각보다 길게 걸렸다. 그만 아들과의 약속을 깜빡 잊고 5시간이 지나 밤 10시가 되었다.
그는 깜짝 놀라서 공원을 달려가면서 아들이 그 자리에 있을까?
걱정이 됐다. 그런데 놀랍게도 아들은 그 자리 그 벤치에 그대로 앉아서 아빠를 기다리고 있었다.
얼마나 반가운지 아들을 꼭 껴안아 주면서 "아들아! 너무 훌륭하구나. 너 어떻게 5시간 동안 배도 고픈데 집에도 가지 않고 아빠를 기다렸니?"
"저는요, 아빠가 꼭 오실 줄로 알았어요.
아빠는 약속을 어긴 적이 없으니까요."
그 이야기를 듣자 아들이 정말 대견스러웠다.
우리도 하나님의 약속을 믿고 기다림으로 인내를 배워야 한다.
우리는 너무 조급하다.
기도하고도 당장 응답이 없으면 기도를 안 한다.
오늘 기도하고 내일 응답하시기를 바라는 너무 성급함이 있지 않은가?
하나님께서는 우리의 기도를 시간을 두고 응답 하신다.

여호와를 의뢰하는 자
(렘17:5~11)

개인의 역사나 인류의 역사를 보면 하나님 앞에서 악을 행하고 자기들의 힘만 의지했던 사람과 민족은 하나님에 의해 심판을 받았다.

여호와를 의뢰하는 사람은 언제 어디서나 어떤 환경에서든 문제를 해결해주시고 더 큰 은혜를 내려주신다.

1. 여호와를 의뢰하면 복을 받으리라.

1) 복을 받고 누리는 자가 되어야 한다.
2) 복은 인간의 의지와 노력으로 얻어지는 것이 아니다.
3) 하나님을 의뢰하는 자는 복이 있다.

2. 여호와를 의뢰하면 두려워하지 않으리라.

1) 하나님의 능력으로 두려움을 물리치게 된다.
2) 여호와를 의뢰하는 자는 가뭄을 두려워하지 않는다.
3) 존재의 근원을 창조주 하나님께 두어야 한다.

3. 여호와를 의뢰하면 걱정이 없으리라.

1) 영원히 함께하시는 하나님을 의지해야 한다.
2) 뿌리를 하나님께 내려야 한다.
3) 하나님만 의뢰하여 승리의 기쁨을 누리자.

누구를 의지하며, 무엇에 인생을 걸고 살까? 인생의 참된 주권자이신 하나님을 바라보자. 하나님만이 희망이다. 자신의 힘을 의지할 것인가 아니면 하나님을 의뢰할 것인가는 양자택일의 문제이며 결코 병행할 수 없다. 자신을 믿는 자는 하나님을 의지하지 않기 때문이다. 그리스도인은 여호와 하나님을 의뢰해야 한다.

여호와를 의뢰함으로 모든 걱정이 없어지는 삶을 살아가는 복된 성도들이 다 되시기를 주님의 이름으로 축원합니다.

♣ 천사 의사 박준철 ♣

우리나라에 처음으로 인체조직을 기증하고 떠난 의사의 이야기다. 이 책은 아름답게 살려고 했던 남편을 회고하며 아내인 송미경 집사가 눈물로 기록한 것이다.

박준철은 평소 지인들로부터 '천사 의사'로 불렸다.

생전에 의사로서 성심어린 치료뿐만 아니라 의료봉사에도 전념했던 그는 마지막 길에서까지 자신의 온몸을 다 주고가 많은 사람들의 눈시울을 적셨다. 박준철 집사는 2009년부터 국제 의료봉사 단체 자비호에 한 달간 승선하여 의료오지 아프리카에서 주기적으로 의료봉사와 선교를 하며 환자들을 돌보았다. '돈벌이보다는 가난하고 어려운 환자를 치료해 주는 것이 의사의 자부심'이라는 사명감을 갖고 늘 '좋은 의사가 되고 싶다'는 소신을 밝혀왔던 그는 2011년 45세에 갑자기 심근경색으로 쓰러져 하나님 품에 안겼다.

그러나 죽음조차도 그의 영혼 사랑을 막지 못했다.

살아서 주변의 소외된 이웃에서부터 멀리 아프리카까지 아픈 이들을 찾아 봉사하던 그는 사후에 인체조직을 기증함으로 150명의 환자들에게 새 삶을 주었던 것이다.

이를 계기로 인체조직 기증에 대한 운동이 확산되고 있다.

인체조직 기증은 장기를 제외하고 뼈, 연골, 근막, 피부, 양막, 인대, 건, 심장판막, 혈관, 각막 등을 기증하는 것이다. 장기기증보다 훨씬 더 하기 힘든 일이다. 동료들은 그의 영혼 사랑을 이렇게 말한다.

"박준철 과장은 아프리카 해외 의료선교에서 만난 아이들과 사람들을 위해 점심을 금식하며 그들을 위해 기도하던 참 의사였습니다."

그는 하나님의 선하심과 사랑을 맛보고 체험했기에 이와 같은 놀라운 사랑을 실천할 수 있었다. 세상을 떠났지만 그의 사랑은 여전히 남아 세상을 살리는 희망이 되고 있다.

이분이야말로 진정 하나님을 믿고 의뢰하던 자의 모습이 아닌가?

하나님을 감동시킨 사람
(대하1:1)

솔로몬만큼 권세와 부귀와 영광을 누린 사람은 그 이전에도 이후에도 없었다. 솔로몬이 예배를 통해 하나님께 감동을 드렸기 때문이다.

하나님은 솔로몬에게 복을 부어 주신 것처럼 복 주시고자 감동적으로 예배하는 자를 찾으신다.

1. 감사의 예배가 하나님께 감동을 드린다.
1)하나님이 솔로몬과 함께 하셨다.
2)축복과 감사는 뗄 수 없는 관계다.
3)범사에 감사하면 축복 받은 자로 살게 된다.

2. 최선을 드린 예배가 하나님께 감동을 드린다.
1)하나님을 사랑하는 진정이 담겨져 있어야 한다.
2)자신이 드릴수 있는 최선을 다해서 드려야 한다.
3)예수님의 눈에 가장 아름다운 사랑의 헌신이다.

3. 하나님께 내가 드릴 수 있는 최선이 무엇일까?
1)최선을 드리는 결단을 보여 주어야 한다.
2)아름다운 헌신만이 인생을 아름답게 한다.
3)최소한의 헌신과 헌금을 드리는 예배가 되어야 한다.

예배의 자리는 감동받기 원하시는 하나님을 만나는 복된 자리다.

예배의 시간은 복 주시기 원하시는 하나님의 눈에 띄는 아름다운 시간이다. 우리의 마음에 풍성한 감사와 풍성한 사랑을 채워야 한다.

하나님께 큰 기쁨을 드리는 성도들이 되시기를 주님의 이름으로 축원을 드립니다.

아름다운 헌신

일본에 그리스도인 사회사업가였던 이시이 쥬지라는 사람이 어느 날 맹인 한 사람이 그를 찾아와 자기의 우울증을 호소하며 어떻게 밝게 사는 비결이 없겠느냐고 물었다.

이시이는 그에게 "점자 성경을 읽을 수 있느냐"고 물었다.

"읽지 못한다"고 대답했다. 다시 물었다.

그러면 "안마를 할 수 있느냐?"고 '예'라고 대답했다.

"교회는 나가냐"고 물었다. '그렇다'고 대답을 했다.

그러면 "십일조를 드리냐"고 물었다. '못하고 있다'고 대답했다.

그러면 두 가지 실천을 해보라고 말했다.

첫째, 안마해서 얻은 수익에서 하나님께 감사한 마음으로 첫째 십일조를 드릴 것,

둘째, 두 번째 십일조로 당신보다 더 불쌍한 이웃들을 구제하고 섬겨보라고 했다.

그런데 그가 한 달 후에 이시이를 찾아와 "선생님, 제 일생에 한번도 가져보지 못한 행복감과 기쁨이 제 마음에 넘쳐 납니다."라고 고백을 했다.

이시이는 이 맹인에게 할 수 없는 것을 요구한 것이 아니라 할 수 있는 것을 그리스도의 정신으로 할 수 있도록 안내한 것뿐이었다.

아름다운 헌신만이 인생을 아름답게 하는 것을 기억하자.

복된 가문을 만들자
(시112:1~5)

추석하면 떠오르는 생각이 많이 있다.

우리는 집에 가고 싶어 한다. 그것은 하나님께서 우리 마음 깊은 곳에 고향을 찾아가는 칩(chip), 귀소본능의 칩(=영혼)을 넣어두셨기 때문이다. 영혼의 고향은 하나님의 품이다. 우리 영혼의 고향인 하나님의 품에 안겨 평안을 누리는 복된 추석이 되시길 축복합니다.

1. 말씀을 크게 즐거워하라.
1) 말씀을 즐거워하는 사람은 평안을 누린다.
2) 말씀을 즐거워하는 성도가 복 있는 사람이다.
3) 말씀을 즐거워하는 가문이 복된 가문이다.

2. 말씀을 즐거워하는 사람이 받는 복
1) 그 집에 부와 재물이 가득하게 된다.
2) 의로운 삶이 후손 대대로 이어진다.
3) 모든 일이 형통하게 된다.

3. 은혜를 베풀라.
1) 복 있는 사람이 먼저 은혜를 베푼다.
2) 성도 주변의 사람들이 축복을 받아야 한다.
3) 은혜를 베풀면 기쁨이 찾아온다.

말씀을 크게 즐거워하는 사람이 복 있는 사람이다. 자신이 복을 받고 후손이 복을 받는 복된 가문이 된다. 그 복을 이웃에게 흘러 보내고 은혜를 베풀며 살아야 한다. 내가 말씀을 크게 즐거워하고, 내가 받은 은혜를 베풀면, 나에게서부터 복된 가문이 시작된다.

복된 가문의 첫 문을 우리 대에서 열어가는 은혜가 있기를 주님의 이름으로 축원합니다.

♣ 어머니의 마음 ♣

미국 로스앤젤레스(LA)에서 실제로 일어난 일이다.
일찍 남편을 잃고 딸과 함께 살고 있는 여인이 있었다.
그녀는 딸에게 모든 사랑과 헌신을 쏟아부었다.
그런 어머니의 잔소리와 가난이 딸은 너무 싫었다. 하루속히 이 지긋지긋한 환경에서 벗어나고 싶었다. 결국 집을 나와 '거리의 여자'로 전락하고 말았다.
어머니는 딸이 어느 도시에서 술집 여자로 일한다는 얘기를 들었다.
딸이 있을 만한 도시의 모든 골목에 딸의 사진이 아닌, 자신의 사진이 담긴 포스터를 붙여놓았다.
"이런 어머니가 딸을 찾습니다."
혹여 딸의 얼굴이 노출돼 마을 사람들로부터 '못된 아이'로 취급받지 않도록 하기 위한 배려였다.
어머니는 자신을 희생해서 딸의 명예를 지켰다.
딸은 분명히 어머니를 알아볼 수 있지만, 사람들은 그 딸이 누군지 알 수가 없다. 이틀 후 딸이 찾아와 눈물로 회개했다. 그리고 고백했다.

"어머니 얼굴이 나를 수렁에서 건져주었어요."

이것이 어머니의 마음이다. 이것이 부모의 마음이다.
이것이 예수님의 마음이다.
그분들은 자신을 희생해서 우리를 구원해 준다.
이제 곧 추석이다. 부모님께 따뜻한 전화라도 드리자.
그 사랑과 은혜를 한 번쯤 생각해보자.
여러분의 어머니도 가출한 딸의 어머니와 똑같은 마음을 가진 분이다.

예수님의 향기
(고후2:14~17)

　냄새는 아무리 숨기려고 해도 숨길 수 없다.
　사람마다 독특한 냄새가 나는데 물질적인 냄새도 있지만 인격적인 냄새도 있다. 그 사람이 풍기는 독특한 분위기가 있다. 냄새가 좋으면 향기라고 부르고, 나쁘면 악취라고 부른다.
　그리스도인들에게도 독특한 냄새가 난다.

1. 예수 그리스도의 향기
　1)그리스도인의 정체성은 예수님의 냄새를 풍기는 것이다.
　2)예수님께 신앙고백을 해야 그리스도인이다.
　3)그리스도인은 의의 열매가 열려야 진짜다.

2. 예수 향기를 발하는 사람
　1)성숙한 그리스도인은 향기로운 열매를 맺는다.
　2)향기를 풍기는 것은 그 마음속에 예수님이 계신 증거다.
　3)그리스도인은 인격의 향기가 나야 한다.

3. 삶 자체로 실천하는 전도
　1)인격의 향기가 있으면 복음을 증거 하게 된다.
　2)우리는 예수의 향기를 발하는 사람이 되어야 한다.
　3)성도들이 향기를 발하면 향기 나는 교회가 된다.

　명품 향수는 밖에서 뿌리는 것이라 잠시 후에는 사라진다. 예수 향기는 내면에서 배어나온다. 그 향기가 나 자신을 행복하게 하고 우리 가정을 작은 천국으로 바꾸어 주며 세상을 변화시킬 수 있다.
　이 말씀을 마음에 명심하고 예수 향기를 풍기며 살아가는 복된 성도들이 되시기를 주님의 이름으로 축원을 드립니다.

♣ 성숙한 그리스도인 ♣

미국의 16대 대통령 링컨의 이야기다.

그는 신실한 크리스천으로 고매한 인격자였다.

그도 본래 성격이 과격했다. 하지만 신실한 신앙생활 가운데 성품이 변화된 것이다.

그는 정적들에게조차 존경을 받았다.

그가 서거했을 때 가장 눈물을 많이 흘린 사람들도 과거의 정적들이었다.

한번은 이런 일이 있었다.

반대쪽 당인 민주당 소속 상원의원 스티븐 더글라스가 링컨을 면전에서 비난하면서 이중인격자라는 뜻으로 그가 두 얼굴의 사나이라고 말했다. 그러자 그는 이렇게 응수했다.

"만약 여러분이 두 얼굴을 갖고 있다면 이런 얼굴을 하고 다니겠습니까?" 자신의 얼굴이 못생긴 것을 언급하며 완곡하게 비판의 말에 반박한 것이다. 그 말을 듣고 장내에 폭소가 터졌고, 더글라스도 웃으면서 자신의 잘못을 인정했다.

그 후 그는 링컨의 협조자가 됐다고 한다.

전혀 화를 내지 않고도 승리한 멋진 모습이다.

이것이 바로 인격의 향기를 풍기는 성숙한 그리스도인의 모습이다.

너희가 믿을 때에
(행19:1~2)

예수님을 믿고 난 다음 날마다 승리하며 살아가는 신앙생활의 비결은 성령충만에 있다.

예수님의 제자들이 성령충만 받은 결과 초대교회가 탄생했고, 그때로부터 성령시대가 열리게 되었다. 성령 충만을 받으면 이와 같은 놀라운 역사가 지금도 일어나게 된다.

1. 성령 충만한 삶
1) 너희가 믿을 때에 성령을 받았느냐?
2) 승리의 삶을 살아가려면 성령 충만을 받아야 한다.
3) 성령 충만 받고 권능 받아 복음의 증인이 되다.

2. 예수님 중심의 삶
1) 예수의 이름으로 세례를 받았다.
2) 속 사람은 성령으로 세례를 받아야 한다.
3) 성령으로 충만해질수록 예수님을 닮아가게 된다.

3. 말씀으로 열매 맺는 삶
1) 복음을 전할 때 부흥이 일어났다.
2) 말씀과 성령은 함께 역사하신다.
3) 성령 충만하면 새사람을 옷 입게 된다.

우리는 성령 충만함을 받아야 한다. 성령 충만 받으면 우리 모두 쓰임 받을 수 있다. 우리를 통해 가정이 변화되고, 지역사회가 변화되고, 대한민국이 변화되는 놀라운 역사가 일어나야 한다.

날마다 예수님을 닮아가고, 예수님을 증거하며, 주님의 말씀에 순종하여 많은 열매를 맺게 되시기를 주님의 이름으로 간절히 축원합니다.

♣ 가장 살기 좋은 도시 ♣

미국 LA 에코파크에 위치한 드림센터의 공동설립자요, 앤젤러스 템플의 매튜 바넷 목사님은 LA에 성령의 불을 일으킬 위대한 교회를 세우는 것을 목표로 1994년 20살 나이에 빈곤층이 모여 살며 치안이 매우 나빴던 지역인 LA 에코파크에서 교인 39명과 함께 첫 예배를 드렸다.

개척 초기에 많은 어려움이 있었지만 성령의 역사로 지금은 매주 평균 3만 5000명 이상이 함께 예배드리는 대형 예배 공동체로 성장했다.

드림센터에는 매년 수천 명의 자원봉사자가 찾아와 200여 개가 넘는 다양한 사역으로 매주 5만 명을 섬기고 있으며, 약 600명이 상주하며 봉사하고 있다.

이로 인해 한때 가장 범죄율이 높았던 에코파크 지역은 '가장 살기 좋은 50개 도시' 중 하나로 변모했다.

바넷 목사님의 사역을 통해 LA 에코파크 지역에 "술 취하지 말라 이는 방탕한 것이니 오직 성령으로 충만함을 받으라"라는 에베소서 5장 18절 말씀이 성취되었다.

성령운동으로 지역사회를 변화시키고 부흥을 경험하고 있는 그는 이렇게 고백한다. "LA의 술집과 나이트클럽, 세상의 어두운 세력들은 새벽에도 잠을 자지 않습니다. 그런데 교회는 잠을 자고 있습니다.

진정한 교회는 어두운 세상을 향해 꺼지지 않는 불을 밝혀야 합니다.

드림센터는 24시간 열려 있습니다. 매일 한결같이 열려 있습니다.

월요일부터 토요일까지는 크리스천들이 믿는 것을 직접 보여 줄 수 있는 기회입니다.

우리가 주일예배를 드릴 때 듣는 말씀을 정말로 모두 믿고 있다면, 그것은 우리의 행동으로 나타나야 합니다.

그런 변화를 통해 세상은 우리가 믿는 것을 부정할 수 없을 것입니다!"

아직 기회가 있습니다.

(마21:28~32)

그리스도인들은 다 하나님의 포도원에 가서 일하라는 명령을 받은 하나님의 포도원 일꾼들이다.

이 포도원은 하나님 나라인데 우리는 하나님의 나라를 지키는 자, 즉 하나님 나라의 경호원들이다. 그 책무가 대단하다. 우리의 부족한 삶을 도구 삼아 이 나라와 열방을 구원하시기를 원하신다.

우리는 맏아들인가? 아니면 둘째 아들인가?

1. 하나님 말씀 앞에 결단해야 한다.
1) 용서받지 못할 죄인은 반드시 심판하신다.
2) 교회의 퇴조현상은 복음의 능력이 약하기 때문이다.
3) 육체의 욕망을 따라 사는 사람은 하나님과 멀어진다.

2. 하나님의 말씀을 존중해야 한다.
1) 맏아들은 일시적으로 아버지를 만족케 했다.
2) 둘째 아들은 자신의 행동을 뉘우쳤다.
3) 신앙의 척도는 말씀에 대한 순종이다.

3. 하나님의 포도원의 일꾼으로 평생을 헌신하자.
1) 포도원은 하나님의 교회를 말한다.
2) 교회를 통해서 복음은 세계로 전파되고 있다.
3) 모든 일보다 우선순위가 명령이다.

아직 기회는 있다. 그동안 여러 가지 이유로 하나님의 말씀에 순종하지 않고 자기 의지대로 살았다면 지금이라도 하나님의 뜻을 먼저 생각하는 삶으로 뉘우치고 나아가야 한다.

하나님이 주신 기회를 놓치지 말고, 붙잡고 아버지의 뜻대로 순종하여 먼저 하나님의 나라에 들어가는 여러분이 되시길 주님의 이름으로 축원을 드립니다.

♣ 꿀벌 같은 사람 ♣

책에서 흥미로운 내용을 읽었다.
저자는 사람을 곤충에 빗대어 세 종류로 구분했다.
첫째는 거미 같은 사람
거미는 거미줄을 쳐 놓고 걸려들기만을 기다린다. 자신은 땀 흘리거나 수고하지 않고 남의 것을 빼앗아 먹는 사람이다.
둘째는 개미 같은 사람
부지런하고 근면한데 자기중심적으로 사는 사람이다.
내가 일한 것으로 내가 누리고 즐긴다는 일차원적 사고로 살아간다.
셋째는 꿀벌 같은 사람
꿀벌은 열심히 날아다니며 꿀을 모은다. 그리고 이 꽃 저 꽃을 날아다니며 수술과 암술을 붙여주어 열매를 맺게 도와준다. 자신의 일을 열심히 하면서 주변 사람들에게 도움을 주는 그런 사람이다.
많은 사람들이 꿀벌 같은 사람을 그리워하지만 꿀벌이 되려는 사람은 많지 않다. 오히려 우리 마음속에서는 거미처럼 사는 인생을 꿈꾼다. 그러나 거미처럼 사는 사람이 많아지면 그 사회는 폐허만 남게 된다.
우리가 사는 세상의 평화는 꿀벌 같은 사람들의 희생과 나눔으로 이어진다. 모두가 꿀벌이 될 수는 없을지라도 꿀벌처럼 사는 사람들을 응원할 수는 있다.
많이 가진 사람보다 많이 나누는 사람이 존경받는 사회, 우리가 함께 꿈꾸는 사회길 기대한다.

새벽기도의 축복
(마21:28~32)

새벽기도는 예수님의 생활이셨다.

성도가 새벽기도에 참석하지 못하는 이유는 자신의 빈곤한 영적상태를 보여 주는 것이다. 예수님은 분주함과 과중한 일과 중에도 중요한 활동은 새벽에 기도하시는 일이었다. 육신적으로 쉼이 필요함에도 불구하고 새벽에 일어나신 이유는 무엇일까?

첫째, 하나님과의 만남이 필요했기 때문이다.
1) 새벽의 황홀함은 경험하지 못한 사람은 알지 못한다.
2) 새벽은 하나님과 깊은 대화를 하기 좋은 장소다.
3) 예수님은 오랫동안 대화를 나누셨다.

둘째, 세상의 유혹을 이길 수 있기 때문이다.
1) 새벽기도하는 사람은 중심이 박힌 사람들이다.
2) 세상 유혹이나 충동에 쉽게 흔들리지 않는다.
3) 자기의 사명을 깨닫는 것을 제2의 탄생이라고 한다.

셋째, 영적인 에너지를 공급 받기 때문이다.
1) 마귀를 제압할 수 있는 능력은 기도밖에 없다.
2) 기도하면 능력있고, 기도 안하면 능력이 없다.
3) 한국 교회의 성장의 원동력은 새벽 기도에 있다.

새벽기도는 축복이 숨어 있습니다. 성공하고 싶은 사람, 복 받고 싶은 사람, 자신의 삶을 New Life로 바꾸고 싶은 사람, 참된 예배자로서 살기를 원한다면 새벽기도에 도전해 보라. 보다나은 신자다운 신자가 되려면 남보다 더 많은 기도 생활이 있어야한다. 하나님의 뜻대로 살고자 하는 사람은 결단력이 있어야 한다.

이 땅에서의 마지막 날 아침에도 새벽기도를 드리고, 숨지는 그 시간도 기도하면서 찬송하면서 마치시게 되기를 주님의 이름으로 간절히 축원합니다.

♣ 새벽기도를 해야 하는 이유 ♣

1) 예수님께서 하셨기 때문에 해야 한다.
2) 하나님은 처음 것을 기뻐하시므로 해야 한다.
3) 새벽은 만나를 거두는 시간이다.
4) 새벽은 난관이 무너지는 시간이다.
5) 새벽은 전도의 능력을 받는 시간이다.
6) 새벽은 마귀를 쫓아내고 능력을 받는 시간이다.
7) 새벽은 주님을 만나는 시간이다.

새벽기도회 인도가 무척 싫은 어떤 목사님이 할 수 없어서 시간을 때우는 정도로 인도했다. 새벽기도회 참여하는 교인 수가 점점 줄더니 나중에는 어떤 할머니 한 분만 남았다.

그런데 비오는 어느 날 와보니 그 할머니도 나오질 않았다.

화가 머리끝까지 치민 이 목사님은 "도대체 어떤 놈이 새벽기도회 제도를 만들어 놓았담?" 하고 성경을 내 던지며 소리를 지르고 내려오는데 무엇이 그의 뒤통수를 내리치는 것 같았다.

내던진 성경이 펼쳐진 곳을 보니 성경 구절에 시선이 가서 자세히 보니 "새벽 미명에 오히려 예수께서 일어나 나가 한적한 곳으로 가서 거기서 기도하시더니"(막1:35)라고 되어 있지 않은가!

그 목사님은 회개하고 또 회개해 새벽기도회를 잘 인도하는 목사가 되었다.

좋은 신앙인이 되려면
(민12:4~9)

예수께서 모든 죄악을 담당하셨다는 말씀의 의미를 깨닫고 예수 그리스도를 구주로 영접하고 거듭나기 위해서는 예수님만 바라보아야 한다.

우리 모두 좋은 신앙인이 되기를 소망해야 한다.

좋은 신앙인이 되려면 어떻게 해야 할까?

1. 항상 예수님을 바라보아야 한다.
 1)우리가 살면서 무엇을 보고 사느냐가 매우 중요하다.
 2)예수 그리스도를 바라봄으로 상한 마음이 치유된다.
 3)신앙이란 믿음으로 바라본다는 뜻이다.

2. 예수님을 항상 깊이 생각해야 한다.
 1)돈을 사랑하는 사람은 늘 돈에 대한 생각을 한다.
 2)세상 것을 사랑하면 후회와 탄식이 따른다.
 3)주님을 사랑하면 칭찬과 상급이 따른다.

3.오직 예수님만을 따라가야 한다.
 1)좋은 성도는 주님의 발자취를 따라가는 사람이다.
 2)주님을 따르려면 자기를 부인하는 자가 되어야 한다.
 3)주님을 따르는 길에는 인내가 필요하다.

초대 교회 성도들은 예수를 하나님의 아들이요, 구원자이심을 고백하며 예수를 좇아갔다. 핍박이 있고 죽음의 자리에 가야 했으나 참고 인내하며 예수를 좇았다. 낙심할 상황에도 믿음을 버리지 아니하고 예수를 끝까지 좇아간 것이다.

우리 모두 주님 앞에 섰을 때 좋은 신앙인으로 인정받고 칭찬받아 상급과 면류관의 주인공이 되시길 간절히 축원을 드립니다.

♣ 두려움을 이기는 신앙 ♣

이스라엘 백성이 애굽을 떠나 홍해 앞에 이르렀다.

두려움 앞에서 그들은 세 부류로 나뉘었다. 과거를 생각하고 과거로 돌아가려는 사람들은 "우리가 애굽에 있었더라면 이런 일을 안 만났을 텐데"라며 모세를 원망했다.

두 번째 부류는 낙심하며 그대로 머물러 있는 사람들이다.

그때 하나님께서 모세를 향해 말씀하셨다.

"너는 어찌하여 내게 부르짖느냐. 이스라엘 자손에게 명령하여 앞으로 나아가게 하라. 지팡이를 들고 손을 바다 위로 내밀어 그것이 갈라지게 하라." 홍해가 육지같이 갈라졌다.

모세와 함께 발을 내디딘 사람들은 하나님의 인도하심에 따라 홍해를 건넜다.

이렇듯 사람은 세 부류가 있다.

첫째는 늘 과거에 매여 있는 사람이다.

잘못된 길에서 벗어나지 못하는 사람이다.

둘째는 현재에 매여 있고 현재의 유혹을 받아 이만하면 됐다고 생각하며 현실에 안주하려는 사람이다.

셋째는 앞을 바라보고 위를 향하여 계속 전진하는 사람이다.

하나님이 약속하신 땅을 향하여 나아가는 삶을 사는 사람이다.

우리 성도들은 어떤 삶을 살고 있는가. 어떤 길이든 유혹도 있고 시험도 있다. 그러나 저 높은 곳을 향해 가는 성도에게는 장애물이 두렵지 않다. 성령이 우리를 지키시므로 반드시 하나님의 뜻대로 수많은 열매를 맺는 날이 올 줄 믿는다.

신앙의 리모델링

(행18:24~26)

현대는 리모델링 시대다.

요즘 중년의 나이 사람들이 인생도 리모델링 한다. 생명체는 무엇이든 그냥 앉아 있으면 쇠퇴한다. 신앙도 마찬가지다. 신앙도 가만히 있으면 구태의연해지고 생명력이 떨어진다. 그냥 가만히 있으면 무력해지고 나약해지고 생명력이 없어진다. 그래서 신앙도 새롭게 리모델링해야 한다.

1. 말씀을 회복하는 일이다.
1) 말씀이 점점 사라져 가는 시대다.
2) 말씀이 회복되어야 한다.

2. 예배를 회복시키는 일이다.
1) 21세기를 가리켜서 예배의 위기시대라고 한다.
2) 생명력이 있는 예배가 되어야 한다.

3. 성례전을 회복하는 일이다.
1) 성례전은 세례와 성찬을 일컫는 말이다.
2) 성찬은 내가 하나님을 만나는 방법이다.

4. 은혜를 회복하는 일이다.
1) 나의 나됨은 순전히 하나님의 은혜다.
2) 타락한 신앙을 리모델링하고 바로 잡아야 한다.

5. 예수를 회복하는 일이다.
1) 이 세상에서 가장 존귀한 분은 예수님이다.
2) 생활 속에서 예수가 회복해야 한다.

예수님을 머리와 지식으로만 알지 말고, 말로만 예수를 찾지 말고, 이제는 예수님께 내 인생을 주관하고 이끌고 예수께 내 전부를 맡길 수 있는 그런 신앙으로 거듭나고 회복되어야 한다. 내 신앙이 리모델링 되는 축복을 누려야 한다.

내 믿음을 리모델링하고 우리 주님 앞에 귀하게 쓰임 받으시기를 예수님의 이름으로 축원합니다.

♣ 배워야 한다. ♣

논어에 있는 공자와 자로의 대화 한 토막을 소개한다.

공자는 자로에게 '육언육폐(六言六弊)를 네가 알고 있는가?'하고 물었다.

자로는 대답한다. '그런 말은 들어보지 못했는데요'

그러자 공자는 이런 말을 한다.

'어진 것을 좋아하면서 배우기를 4좋아하지 않는 폐단이 어리석음이요, 슬기로움을 좋아하면서 배우기를 좋아하지 않는 폐단은 무절제요, 신실하기를 좋아하면서 배우기를 좋아하지 않는 폐단은 도적질이요, 곧음을 좋아하면서 배우기를 좋아하지 않는 것은 가혹함이요, 용맹을 좋아하면서 배우기를 좋아하지 않는 것은 어리석음이요, 굳셈을 좋아하면서 배우기를 좋아하지 않는 폐단이 광기 부리는 것이니라.'

이것을 종합하면 항상 새 마음으로 배워야 한다는 이야기이다.

진실함도 배워야 되고, 슬기로움도 배워야 되고, 용기도 배워야 된다.

힘이라는 것도 거저 생기는 것이 아니다.

힘을 원한다면 또 배워야 된다.

계속 공부하는 자세로 임해야 한다.

그렇다면 남을 가르치는 사람은 몇 배를 더 배워야 하고 공부해야 한다.

진정한 감사

(합3:16~19)

추수감사절은 초막절(장막절)이라고 한다.

이스라엘 백성들이 광야에서 40년간 지내면서 광야에서 초막(장막)을 짓고 살면서 하나님이 지켜주신 은혜에 감사드리고, 가나안 땅에 정착한 후 농사를 지어 하나님께 감사를 드리는 절기다. 추수감사 주일을 맞아 하나님을 향한 감사가 찬양과 함께 넘쳐나야 한다.

1. 하박국 선지자는 환난의 소식을 듣고 떨었다.

1) 바벨론도 죄 때문에 심판을 받을 것이다.
2) 하나님이 뜻하신 일이 속히 이루도록 간구했다.
3) 좋은 환경에서 하는 감사는 당연한 일이다.

2. 하박국 선지자는 하나님을 바라보았다.

1) '만일'(if)의 감사는 조건이 따른다.
2) '때문에'(because of)의 감사도 이유가 따른다.
3) 그럼에도 불구하고(in spite of) 감사해야 한다.

3. 하박국 선지자는 소망으로 가득했다.

1) 비록 없을지라도 감사를 하나님께 드려야 한다.
2) 미리 선행적으로 하나님께 감사할 수 있어야 한다.
3) 진정한 감사는 신앙의 문제이다.

우리의 형편이 좋지 않아도 신실하신 구원의 하나님을 바라보고 하나님으로 말미암아 즐거워하며 기뻐하고 '비록 없을지라도'의 수준 높은 감사, 진정한 감사를 하나님께 드려야 한다.

하나님이 우리의 발을 사슴과 같게 하사 우리를 높은 곳으로 다니게 하는 하나님의 은혜와 복이 넘치기를 축원합니다.

♣ 감사와 불평 ♣

미국의 전 국무장관 콜린 파월의 이야기다.

그는 최초의 흑인 국무장관으로 유명하다.

그는 본래 뉴욕 빈민가 출신으로 인생 역전을 한 사람이다. 그의 인생이 이렇게 바뀐 것은 의외로 간단한 일이 계기가 되었다.

그가 아르바이트할 때의 일이다. 하루는 공장에서 다른 인부들과 함께 도랑을 파는데 한 사람이 삽에 몸을 기댄 채 회사가 임금을 너무 적게 준다며 불평을 늘어놓고 있었다.

그런데 그 옆에 있는 사람은 그 말에 아무 대꾸도 하지 않고 묵묵히 도랑을 파고 있었다. 수년 후 다시 그 공장에 아르바이트를 하러 갔다.

불평하던 그 사람은 여전히 삽에 몸을 기댄 채 불평을 늘어놓고 있었는데, 군말 없이 일하던 그 사람은 지게차를 운전하고 있었다.

또 수년이 흐른 후 그 공장에 갔더니 불평만 하던 그 사람은 원인 모를 병으로 장애인이 되어 회사를 그만두었다는 말을 전해 들었다. 그런데 묵묵히 일하던 그 사람은 그 회사의 사장이 되어 있었다.

콜린 파월은 그 일을 인생의 큰 교훈으로 삼았다.

그에게 인생의 가시와 같았던 나쁜 환경과 조건을 원망하지 않기로 결심했다. 그리고 매사에 긍정적인 태도를 가지고 감사하려고 노력했다.

그 결과 그는 행복한 인생으로 승리할 수 있었다.

은혜에 감사하는 삶
(딤전1:12~15)

우리의 일생은 감사의 일생이 되어야 한다.
삶에 어떤 문제와 어려움이 다가오더라도 감사해야 한다.
감사는 '십자가의 신앙'이라는 나무에 열리는 열매다.
감사할 수 있을 때 감사하는 것이 아니라 무조건 감사해야 된다.
성숙한 신앙의 모습은 풍성한 감사로 나타난다.

1. 나를 나 되게 하신 주님
　1)사람들은 자기중심적으로 생각하고 말하고 행동한다.
　2)우리는 예수님 안에서 새로운 사람이 되어야 한다.
　3)나를 충성되게 보시고 주님의 일을 맡기신다.

2. 풍성한 은혜를 베푸신 주님
　1)나를 택하시고 변화시켜 하나님의 도구로 삼으신다.
　2)그리스도인은 하나님의 은혜로 살아가야 한다.
　3)우리는 흔들릴 때마다 주님을 바라보아야 한다.

3. 갚으려도 갚을 수 없는 은혜
　1)하나님의 은혜는 너무 커서 갚을 길이 없다.
　2)하나님은 우리의 죄를 기억조차 하지 않으신다.
　3)하나님은 우리가 은혜에 반응하기를 원하신다.

　우리는 죄인 중의 괴수 같은 자다. 한평생 갚으려야 갚을 수 없는 은혜의 빚을 지고 사는 자임을 기억하며 항상 넘치는 감사의 삶을 살아가야 한다. 감사하는 자만이 하나님의 축복을 누리며 살아갈 수가 있다. 감사할 때 문제가 해결되고 기적이 일어난다.
　절대 긍정, 절대 감사로 한평생 하나님의 영광을 위해 살아가는 성도들이 되시기를 주님의 이름으로 축원합니다.

♣ 절대 감사의 삶 ♣

　황성주 박사의 저서『절대 감사』에서 감사의 삶을 살게 된 동기를 이렇게 말한다. 2010년 한 수련회에서 한 중보자가 이런 편지를 보내왔다.
　"황 박사님, 이번 수련회는 황 박사님의 참회의 눈물이 요구됩니다. 그 눈물이 닿는 곳마다 심령이 치유되며 죄악의 뿌리가 사라질 것입니다"
　그 말에 처음에는 자존심이 상했다. 하지만 금식을 하며 '성령님, 제게 숨겨진 죄악을 보여 주세요. 죄를 깨닫게 해주세요'라고 기도하자 성령께서 회개할 일을 구체적으로 보여 주셨다.
　겉은 점잖은 체하면서 안락과 사치와 음란의 마음을 가진 죄, 회사의 소유권이 하나님께 있다고 말하면서 재정을 투명하게 관리하지 못했던 죄, 권력을 남용한 죄, 자기 영광 받는 일에 집착했던 죄, 자기과시의 죄, 오만의 죄를 성령님이 다 보여 주셨고 이에 그는 눈물로 애통하면 회개했다.
　당시를 이렇게 회상한다.
　"나는 금식하면서 재를 뒤집어쓰는 마음으로 애통하며 기도했다. 성령님께서는 먼저 내게 강권하시는 강력한 은혜를 부으셨고, 그동안 의인 의식에 사로잡혔던 내가 바로 '죄인의 괴수입니다'라고 고백하도록 이끄셨다. 나는 그 많은 은혜와 계시의 말씀을 누리면서도 말씀대로 살지 못한 죄인 중의 괴수였다!"
　그가 회개하자 강력한 성령의 임재를 체험하였고, 그 결과 절대 감사의 삶이 시작되었다. 우선 감사노트를 작성하며 모든 일에 감사했더니 그 많은 사역을 하면서도 기쁘고 평안했다.
　많은 일들을 감당할 수 있었던 비결은 바로 **절대 감사의 신앙**이라고 고백했다.

살아온 삶에 감사합시다.
(고전15:10)

세상에서 정말 가슴 아픈 자리가 있다.
그것은 세상에 나를 태어나게 한 부모님은 계시는데 그 부모님의 역할이 닫혀진 채 살아가려고 한다는 것이다. 이런 자리를 복되게 세워주시려고 하나님은 성경에 요셉과 모세의 자리를 열어주신 것이다.
우리는 자신의 환경 때문에 자신의 삶 속에서 붙잡아야 하는 자리를 놓치지 않으며 살아야 한다.

1. 나답게 사는 복을 알고 삶을 열어가야 한다.
1) 사람들은 자신에 대해 관심을 갖지 않고 살아간다.
2) 사명을 위해 적극적으로 일하는 것이 행복이다.
3) 감사하는 자리는 모든 사람이 세워야 하는 자리다.

2. 자기 공로로만 세우지 말아야 한다.
1) 만물은 다 있어야 할 자리에 있어야 아름답고 편하다.
2) 성공의 땅을 내려놓고 떠나가는 것이 인생이다.
3) 나 된 것은 하나님의 은혜다.

3. 처음 받은 은혜를 끊임없이 회복하며 살아야 한다.
1) 삶의 자리를 세워주는 열쇠가 은혜의 자리이다.
2) 처음 받은 은혜 곧 처음의 사랑을 회복해야 한다.
3) 성도의 자리는 하나님의 은혜로 좋은 자리이다.

인간이 살아온 모든 자리에는 힘들이지 않고 세워진 자리는 없다. 이는 감사할 수 있는 자리가 우리 모두에게 있다는 것이다. 이 자리를 끊임없이 회복하는 지혜는 나답게 사는 복을 알고 삶을 열어가며, 자기 공로로만 세우지 말고 처음에 받은 은혜를 끊임없이 회복하며 살아야 한다.
하나님은 나 자신이 있으므로 더 좋은 일을 해 주시기를 원한다는 것을 믿고 살아가시는 복된 성도들이 되시기를 주님의 이름으로 축원을 드립니다.

♣ 세 종류의 사람 ♣

미국 서부 개척시대에 주요 교통수단이었던 마차에는 세 종류의 좌석이 있었다고 한다.

1등석과 2등석, 3등석의 요금이 각각 차이가 있었는데 이 차이는 역마차가 고장이 났을 때 드러난다.

1등석 요금을 낸 사람은 고장이 나도 그 자리에 가만히 앉아 있는 사람이고, 2등석은 마차에서 내려서 길옆에 서서 마차가 고쳐질 때까지 구경하는 사람이며, 3등석은 내려서 마부와 함께 마차를 밀고 고치는 사람이었다고 한다.

그래서 마부들은 마차가 출발하기 전에 3등석 요금을 낸 사람들이 누군가를 눈여겨보았다. 일꾼들이 제대로 역할을 해주고 도와줄 때, 역마차가 목적지까지 무사히 도착할 수 있었기 때문이다.

교회에도 세 종류의 사람이 있다.

가만히 앉아서 대접만 받으려고 하는 사람, 구경꾼, 그리고 팔을 걷어붙이고 일하는 일꾼이다.

우리가 이 세상을 살면서 누리는 여러 가지 행복이 있지만 그 중에 가장 큰 것은 자신의 사명을 발견하고 그 사명을 위해 적극적으로 일하는 행복이다.

하나님의 일을 위해 충성하는 것보다 가치 있는 행복과 보람은 없다.

"내가 달려갈 길과 주 예수께 받은 사명 곧 하나님의 은혜의 복음을 증언하는 일을 마치려 함에는 나의 생명조차 조금도 귀한 것으로 여기지 아니하노라."(행20:24)

믿음의 선한 싸움을 싸우자
(딤전6:11~1)

우리는 보통 사람이 아니다.

예수님을 믿고 하나님의 사람이 되었으므로, 그에 합당한 삶을 살아야 한다. 하나님을 기쁘시게 하는 삶을 살아야 하며, 범사에 하나님께 영광을 돌리는 삶을 살아야 한다. 하나님의 뜻을 판단의 기준으로 삼고 하나님을 기쁘시게 하는 삶을 살아야 한다.

1. 우리가 피할 것
1) 주님이 기뻐하시지 않는 모습을 피해야 한다.
2) 다른 교훈을 말하는 자들을 피해야 한다.
3) 물질에 대한 욕심에서 떠나야 한다.

2. 우리가 따를 것
1) 하나님 앞에서 의롭게 살아야 한다.
2) 하나님 앞에서 경건한 삶을 살아야 한다.
3) 예수님을 닮은 삶을 살아야 한다.

3. 우리의 싸울 것
1) 믿음의 선한 싸움을 싸워야 한다.
2) 내 속의 죄의 모습인 교만, 탐욕과 싸워야 한다.
3) 내 속의 열등의식, 좌절감, 절망과 싸워야 한다.

우리는 죄와 절망에 익숙한 옛사람을 벗어버려야 한다. 우리가 하나님의 사람답게 피할 것, 따를 것, 싸워야 할 것을 분별하고 실천할 때 하나님께서 우리 일생 동안 큰 복을 내려주신다.

우리 모두가 위대한 하나님의 사람으로 남은 인생 하나님 앞에 크게 쓰임 받게 되시기를 주님의 이름으로 축원합니다.

♣ 우리 싸움의 대상 ♣

어느날 알렉산더 대왕에게 사랑하는 친구가 사냥개 두 마리를 선물했다. 내친김에 토끼 사냥을 떠났다. 그런데 이 사냥개가 땅에 뒹굴뒹굴 뒹굴기만 하고 토끼 잡을 생각을 전혀 하지 않는다.

홧김에 산에서 내려와 버리고 말았다.

그 후에 사슴 사냥을 떠났다. 저 만큼 사슴이 나타났는데도 두 마리의 사냥개는 전혀 좇아가 잡을 생각을 하지 않고 멀뚱멀뚱 쳐다만 보고 있는 것이다.

알렉산더 대왕은 화가 났다. 그래서 활을 쏘아 사냥개 두 마리를 죽여버렸다. 그리고 얼마 후에 두 마리의 사냥개를 준 친구를 만난 자리에서 이런 저런 얘기를 하다가 "토끼 한 마리, 사슴 한 마리 잡지 못하는 그 놈의 개를 사냥개라고 내게 선물을 했느냐고?"고 말했더니 친구가 "대왕, 그 사냥개는 대왕을 위하여 사자와 호랑이를 잡을 때 쓰도록 특별히 훈련된 개들입니다."라고 말했다.

알렉산더 대왕은 사자나 호랑이를 잡도록 훈련된 사냥개의 실력을 모르고 그 사냥개들로 토끼나 잡으려고 했던 것이다

우리 그리스도인들 가운데도 자기가 어떤 존재인지를 잘 모르고 엉뚱한 싸움에 에너지를 소비하는 사람들이 있다.

성경은 우리 그리스도인들을 하나님의 병사라고 말씀한다.

우리가 싸워서 잡아야 할 적은 주변에서 나를 힘들게 하는 사람이 아니다. 내 감정을 건드리는 사람들이 아니다.

우리의 싸움의 상대는 악한 영들이다.

우리는 사단과 귀신 즉 악한 영들과의 싸우는 영적인 군사들이 되어야 하는 것이다.

천국과 지옥
(눅16:19~26)

    세상 사람들은 죽음을 두려워한다.
    왜냐하면 죽음이 끝인 줄만 알고 죽음 이후의 세계에 대해서 전혀 알지 못하기 때문이다. 그러나 그리스도인들은 죽음을 두려워하지 않는다.
    그리스도인은 죽음은 끝이 아니라 새로운 시작임을 알기 때문이다.
    오히려 죽음은 이 땅의 모든 고통을 끝내고 기쁨이 넘치는 영원한 천국으로 들어가는 새로운 출발이다.
    우리는 천국 소망을 갖고 사는 은혜를 누리자.

1. 누구나 맞이하는 죽음
   1)천국과 지옥이 모든 사람을 기다리고 있다.
   2)자신의 생명을 돈 주고 살 수 없다.
   3)죽음은 예고 없이 모든 사람에게 찾아온다.

2. 죽음 이후 예비된 세계
   1)죽음이 끝이 아니라는 사실이다.
   2)예수님을 믿지 않으면 천국에 갈 수 없다.
   3)항상 죽음을 준비하는 삶을 살아가야 한다.

3. 천국의 축복과 지옥의 형벌
   1)천국에서 진정한 평화와 위로를 얻는다.
   2)지옥은 희망이 없는 곳이다.
   3)세상에 미련을 두지 말고 천국의 소망을 갖자.

    언제나 오늘이 나의 마지막 날이라고 생각하며 주님을 가장 기쁘시게 하며 하나님의 영광을 위해 살아가야 한다.
    예수님 잘 믿고 복음의 증인이 되어서 살다가 하나님께 가시는 여러분 되시기를 주님의 이름으로 축원합니다.

♣ 천국과 지옥 ♣

한국의 대표적인 원로 목회자이자 신학자인 신성종 목사님은 장모님으로부터 질문을 받았다. "여보게! 천국은 정말 있는 건가? 내가 죽으면 천국에 갈 수 있어?" 목사님은 천국과 지옥에 대해 알고 있는 신학적, 성경적 지식으로 답을 했지만 자신도 마음에 확신이 없다는 것을 깨달았다.

매일 한끼씩 금식하면서 천국을 보여 주시라고 간절히 기도하자 하나님께서 목사님께 8일 동안 환상으로 천국과 지옥을 보여 주셨다.

목사님이 환상으로 본 지옥은 전체가 불덩어리처럼 활활 타고 있었고, 연기가 나고 냄새가 지독한 시궁창 같았다. 물이 없어서 견딜 수 없는 갈증을 느끼고, 유독물질이 차고 넘쳤다. 사람들은 손을 굽힐 수 없어 음식이 있어도 먹을 수 없어서 뼈만 앙상했으며, 서로 말이 통하지 않았다.

한편 환상으로 본 천국에는 많은 사람들이 있었는데 하나님을 중심으로 12개의 줄이 원처럼 둘러싸고 있었다. 각기 줄에 서 있는 사람들은 다음과 같았다.

①순교자들 ②이 땅에서 전도를 많이 한 성도들 ③주님으로 인해 많은 고난을 당하고 끝까지 변절하지 않은 성도들 ④이름도 빛도 없이 주님의 사랑을 몸소 실천한 사람들 ⑤가난한 사람들을 도와주고 목회자들과 성도들을 위로한 사람들 ⑥평생 주일학교 교사와 성가대원으로 열심히 봉사해 온 사람들 ⑦교회를 많이 건축하고 세운 사람들 ⑧성경을 연구하며 신학교에서 신학생들을 가르쳤던 교수들과 선교사들 ⑨농어촌의 열악한 환경 속에서 목회를 한 목회자들과 이들을 협력한 수많은 성도들 ⑩교회에서 직분 받아 충성을 다한 장로, 권사, 집사들 ⑪평생 믿기는 했으나 주님을 위해 아무것도 한 것이 없는 성도들 ⑫예수님의 오른편에서 십자가를 졌던 강도와 또 죽기 전에 믿은 성도들이 있었다.

신목사님은 천국과 지옥을 경험한 후 70이 넘은 나이에 인도 오지와 캄보디아에 선교를 가셨다.

큰 기쁨의 좋은 소식
(눅2:8~14)

메리 크리스마스는 즐거운 성탄절이 되기바란다는 뜻이다.
성탄절이 즐거운 날인 것은 예수님이 온 백성에게 미칠 큰 기쁨의 좋은 소식을 가지고 오셨기 때문이다. 모든 사람에게 기쁜 소식이다.
예수님의 탄생이 온 인류에게 왜 큰 기쁨의 좋은 소식이 될까?

1. 구원의 기쁜 소식이다.

1)예수님은 이 세상에 구원자(구세주)로 오셨다.
2)예수 그리스도를 통해서만 구원을 받을 수 있다.
3)모든 인간은 다 죄와 사망과 심판의 저주 아래에 있다.

2. 천국의 기쁜 소식이다.

1)예수님의 탄생으로 천국이 도래하게 되었다.
2)예수님은 마귀의 세력을 멸하기 위해 오셨다.
3)예수님의 오심은 천국이 역사 속에 도래한 것이다.

3. 평화의 기쁜 소식이다.

1)예수님의 탄생은 평화의 소식이요, 큰 기쁨의 소식이다.
2)예수를 믿고 구원을 받으면 천국 생활을 할 수가 있다.
3)예수님은 임마누엘 하나님으로 찾아오셨다.

타락한 인간은 예수님을 믿음으로 죄를 사함받고 구원을 받아서 하나님과 함께 살게 된다. 그리고 지상에서부터 예수님의 통치를 받으며 천국 생활을 하며 평안과 기쁨을 누리며 살게 된다.
우리 모두 성탄절과 함께 이 구원의 기쁜 소식, 천국의 기쁜 소식, 평강의 기쁜 소식을 만민에게 전하는 복된 성도들이 되시기를 주님의 이름으로 축원을 드립니다.

♣ 우편 배달부의 구원 ♣

어느 사장실에 우편 배달부가 전보를 가지고 들어 왔다.

그 사장님은 우편 배달부에게 말했다. "당신이 내게 좋은 소식을 가지고 왔으니 나도 당신에게 좋은 소식을 주고 싶습니다."

우편배달부 청년은 호기심에 그 소식이 무엇이냐고 물었다. 사장님은 소파에 자리를 권하고 차를 대접하면서 요한복음 3장 16절을 폈다. 그리고 우리를 구원하시려고 예수님께서 이 땅에 오셨다는 이야기, 그리고 그분이 우리 죄를 짊어지고 죽으셨기에 우리가 구원받았다는 이야기, 그 분을 영접하면 우리에게 영원한 천국이 있다는 이야기를 들려주었다.

우리는 이 땅에서 7~80년을 살지만 영원히 살 수 있다는 소식을 전해 주었다.

그 우편 배달부는 그 자리에서 예수님을 영접했다.

하나님께서는 우리에게 천국 백성을 모집하기를 원하셔서 우리를 필요로 하신다.

예수께서 막1장15절에 "때가 찼고 하나님의 나라가 가까이 왔으니 회개하고 복음을 믿으라" 선포하셨다.

우리 모두 예수님을 구주로 영접하여 믿고 구원을 받고 예수님의 제자가 되어서 예수님의 통치와 지배를 받음으로 마음의 천국을 이루고 가정을 복음화하여 가정 천국을 이루고 주님의 몸 된 교회에서 천국생활을 하다가 이 세상을 떠날 때 영원한 천국에 들어가도록 해야 한다.

영원한 나라에 들어갈 사람

(벧후1:8~11)

베드로는 흩어져 있는 나그네 그리스도인들에게 그들의 믿음 위에 더할 7가지 덕목과 은혜들을 말해주고 있다.

신앙의 성장과 성숙에 이른 성도들이 장차 역사 속에 예수님의 재림과 심판으로 완전히 도래하고 실현될 하나님의 나라에 넉넉히 들어갈 자가 되기 위하여 이 세상에서 어떻게 살아야 하는지를 교훈하고 있다. 성경은 주님이 재림하실 때 하나님의 나라에 넉넉히 들어갈 자가 있고 그 나라에 들어가려 하였으나 미치지 못하고 흘러 떠내려갈 자들도 있다고 했다.

1. 그리스도를 알기에 게으르지 말라.
1) 예수 그리스도를 아는 일에 더욱 열심히 하라.
2) 그리스도를 아는 것이 가장 귀중하고 값진 일이다.
3) 성경은 예수 그리스도에 관하여 기록된 하나님의 말씀이다.

2. 열매 없는 자가 되지 말라.
1) 성숙한 그리스도인으로 열매를 많이 맺어야 한다.
2) 행함이 없는 믿음은 죽은 믿음이다.
3) 맡은 자들의 추구할 것은 오직 충성이다.

3. 부르심과 택하심을 굳게 하라.
1) 소명의식과 구원의 확신을 가지고 살아야 한다.
2) 그리스도와 함께 고난도 받아야 한다.
3) 우리는 물과 성령으로 거듭난 성도가 되어야 한다.

우리 모두 그리스도를 더 깊이 알아서 닮아가며 믿음의 열매를 많이 맺고 하나님이 나를 부르시고 구원하셨다고 하는 구원의 확신과 소명의식을 끝까지 가지고 살아가야한다.

하나님의 영원한 천국에 넉넉히 들어가는 성도들이 되시기를 주님의 이름으로 축원을 드립니다.

♣끈질긴 전도의 열매 ♣

어떤 믿음 좋은 청년이 친구들과 등산을 갔다. 산 중턱에 절이 있었다. 절에서 물을 마시다가 스님을 만났다. 갑자기 스님에게 전도하고 싶은 생각이 들었다. 그래서 스님에게 종교에 대해 이야기하고 싶다고 했다. 그러자 스님이 불교신자 하나 생기는 줄 알고 같이 절로 들어가자고 했다. 이 이야기 저 이야기 하다가 이 청년이 말했다. '스님! 아무리 봐도 문제가 있네요. 스님은 훌륭하신 것 같은데 종교는 잘못 택하신 것 같아요. 교회 다녀 보세요.'

스님은 화를 내지 못하고 염불만 중얼거렸다. 절을 나오면서 이 청년이 말했다. '스님 꼭 예수 믿으세요.' 돌아와서 그 스님에게 편지를 보냈다. '스님! 예수 믿으세요. 제가 기도할께요.'

스님은 그 편지를 찢어버렸다. 그러나 포기하지 않고 일주일 후에 또 똑같은 편지를 보냈다. 스님은 또 찢어버렸다.

이 청년은 일주일에 한 통씩 꼭 편지를 보냈다. 어느덧 스님은 '이번 주에도 편지가 오겠지' 편지를 기다리고 있었다. 그렇게 2년동안 편지를 보냈다. 그러자 이 스님의 마음에 변화가 일어났다.

'아무래도 이상하다. 이것은 장난이 아니다. 이건 하나님이 하시는 일이다.' 그래서 2년 만에 스님이 답장을 했다. '한번 만나고 싶다.' 며칠 후에 빵집에서 만나 청년은 그날 저녁 부흥회에 한번 가자고 했다. 스님은 옷 때문에 사양했지만 청년은 괜찮다고 하며 스님을 모시고 부흥회에 갔다. 부흥회가 시작되었고, 부흥강사가 승복을 입은 스님을 보게 되었다. 모른 척 하고 설교하는데 자꾸만 스님 때문에 신경이 거슬렸다. 그래도 최선을 다해 말씀을 전하고 나서 담대하게 선포했다. '지금 이 시간 예수님을 자신의 구주로 영접하길 원하면 앞으로 나오십시오.'

스님이 갑자기 벌떡 일어나 강단 앞으로 걸어 나왔다. 결국 그날 스님은 예수님을 영접하고 나중에 신학교 가서 목사가 되었다. 그리고 지금은 스님만 골라서 전도하는 유명한 목사님이 되었다.

끈질긴 전도의 열매이다.

내 생각이 나를 다스린다

(고후4:13~15)

생각은 인생의 미래를 창조하는 재료다.

사람의 생각이 어떠한가에 따라 그 모습도 달라진다. 우리는 예수님이라는 보화를 담고 사는 그릇이다. 예수님의 십자가가 우리의 생각의 근원이 되어야 한다. 예수님께서 십자가에서 죽으심으로 다 이루어놓았기 때문에 십자가를 안으면 생각과 꿈과 믿음과 말이 달라지고, 이를 통해 우리 삶에 놀라운 변화의 역사가 다가오는 것이다.

1. 나의 생각이 나를 지배한다.
  1) 내 생각에 따라 나의 삶은 결정 된다.
  2) 십자가를 힘차게 끌어 안아야 된다.
  3) 꿈꾸는 사람은 승리하는 사람이 된다.

2. 예수님의 생명은 우리 영혼의 생수이다.
  1) 말씀을 통해서 마음을 변화시킨다.
  2) 나의 생각이 온통 삶을 바꾼다.
  3) 생각들을 십자가 앞에 내려놔야 한다.

3. 하나님은 성령으로 모든 것을 보이신다.
  1) 물과 성령으로 거듭나야 한다.
  2) 십자가를 끌어안으면 죄가 용서된다.
  3) 십자가 속에 영원히 사는 생명이 있다.

우리는 매일매일 믿음의 주요 또 온전하게 하시는 예수님을 바라보고, 십자가를 끌어안고 살아야 한다. 우리는 십자가의 진리를 따라 생각이 달라져야 되고, 믿음이 달라져야 되고, 삶이 변화되어야 하며, 새로운 창조가 이루어져야 한다.

생각이 달라지고, 긍정적인 생각이 되고, 꿈을 꾸어야 되고, 믿음을 품어야 되고, 입술로 긍정적 고백해 창조가 이루어지는 기적을 체험하는 성도들이 되시기를 주님의 이름으로 축원을 드립니다.

♣ 신앙의 열매 ♣

　야구는 선수가 방망이를 들고 서 있다가 투수가 공을 던지면 공을 치고 돌아오는 것인데 베이스를 1루, 2루 3루까지 돌고 홈으로 와야 1점이다.
　내가 마음이 1루까지 백번을 가도 그것은 점수가 아니다.
　내가 2루까지 백번을 가도 그것은 점수가 아니다.
　어떤 사람은 3루까지 갔다. 그러면 3분의 2를 도는 것인데 3루에서 홈으로 못 들어오면 그것은 점수가 아니다.
　우리 신앙생활이 그럴 때가 많다. 날마다 1루까지는 잘 간다. 그런데 1루 갔다가 다시 돌아온다. 이것이 길가다.
　날마다 교회에 와서 듣는다. 듣기는 듣는데 아무것도 없다.
　돌짝 밭은 2루와 같다. 듣고 기쁨으로 즉시 받기는 한다.
　그러니까 1루를 돌아서 2루까지 기쁨으로 왔는데.. 끝까지 돌아와야지 다시 거기에서 죽어버린다. 그러면 아무 열매가 없다.
　가시덤불은 3루까지 간 사람을 말한다.
　거의 다 왔다. 잘 왔다. 그런데 위에 막힌 곳이 있다. 이것을 뚫고 나와야 열매를 맺는데 여기까지 와서 끝나는 것이다.
　3루까지 백번을 가도 그것은 점수 1점도 아니다.
　아이고 그런 법이 어디 있습니까? 내가 3루까지 백번을 갔는데 글쎄 백번이 아니라 천 번을 가도 1점이 안 된다.
　돌아와서 자기가 출발했던 그 곳(홈)에 발을 디뎌야 1점이다.
　우리가 신앙생활을 스스로 속고 있는 것이다.
　1루까지는 여러 번 왔다 갔다 하는데...
　나는 지금 신앙의 열매가 있겠지?
　3루까지만 가도 안 된다. 홈까지 들어와야 한다.
　하나님의 말씀에 열매를 맺어야 된다.

염려하십니까?
(눅12:22~26)

염려 없는 사람은 없는데 염려의 종류는 아주 다양하다.

대부분의 사람들은 쓸데없는 염려를 하면서 살아간다. 문제는 이 염려는 백해무익하다. 사람을 파멸시키고 죽이는 가장 무서운 질병은 암이 아니라 염려와 근심이다. 염려는 우리의 마음과 생각을 쪼개고, 삶의 평안은 깨트리며, 우리의 삶을 질식시켜 죽이는 것이다.

예수님은 "염려하지 말라"고 하셨다.

1. 염려하지 말아야 할 것
1) 무엇을 먹을까 염려하지 말라.
2) 무엇을 입을까 염려하지 말라.
3) 무엇을 마실까 염려하지 말라.

2. 염려해야 할 것
1) 하나님의 나라를 염려하라.
2) 하나님의 의를 염려하라.
3) 염려의 내용과 방향을 바꾸라.

3. 바른 염려가 가져오는 복
1) 염려는 불신자에게나 어울리는 말이다.
2) 긍정적인 염려를 갖으라.
3) 성도의 염려는 하나님께서 채워주신다.

현실적인 일들로 고민하고 어려움을 당한다면 더더욱 이 말씀을 믿고서 현재 염려하고 고민하는 것을 내려놓고 주의 나라와 의를 먼저 구하라. 거기에 매달리면 반드시 주님의 약속이 이루어질 것이다.

생각지 못한 주님의 복을 경험하는 성도들이 되시기를 주님의 이름으로 축원을 드립니다.

♣ 록펠러의 신앙 고백 ♣

세계적인 부호였던 록펠러는 서른세 살에 백만장자가 되었고, 쉰 세 살에 세계 제일의 부자가 되었다. 그런데 그렇게 돈을 많이 벌었어도 행복하지 못했다. 그에게 병이 있었기 때문이다. '알록 피셔'라는 병으로 머리와 눈썹이 빠지고, 몸이 말라 들어가는 무서운 병이다. 돈이 많으면 뭐나? 지금 죽어 가는데요! 밥맛이 없어 밥을 먹을 수 없어서 하루에 먹는 것이라고는 고작 우유 한 컵, 크래커 과자 하나가 전부였다. 그리고 고통 때문에 잠도 못 잤다. 그런데도 사업은 얼마나 잘 되는지 하루에만 백만 불씩 수입이 늘었다.

그러던 어느 날, 담당 의사가 "앞으로 일 년을 넘기기 어려울 것 같다"고 했다. 사형선고를 받은 것이다. 그래서 더욱 고통스러워하던 어느 날, '이렇게 많은 소유를 가진들 무슨 의미가 있나'라는 생각이 들었다. 순간 침대에서 벌떡 일어나 "돈은 아무것도 아니다! 하나님만이 나의 모든 것이다!"라고 소리쳤다. 그리고 침대 아래로 내려와 무릎을 꿇고 기도하기 시작했고, 그렇게 기도하면서 밤을 새운 후 새벽을 맞았다. 바로 그때가 록펠러가 변화되는 순간이었다. 그동안 형식적인 신자였으나 진실한 그리스도인이 되는 순간이었다.

그 날 이후 그는 교회를 가도 남보다 먼저 가서 제일 앞자리에 앉아서 예배를 드리는 등 변화된 신앙생활을 시작했다. 그러다가 '예배당을 지어서 우리 성도들이 새 예배당에서 예배를 드렸으면 좋겠다'고 생각했다. 그렇게 해서 지은 예배당이 뉴욕에 있는 리버사이드 교회다. 그 후에 가난해서 치료를 제대로 못 받는 사람들을 위해 의료 재단인 록펠러 재단을 만들었다. 돈을 하나님께서 기뻐하시는 일에 쓰기 시작했다.

그런데 놀라운 일은 그렇게 하다 보니 밥맛이 되살아나고, 잠이 잘 오고, 평안과 기쁨이 넘치기 시작했다. 그리고 일 년밖에 못산다던 사람이 98세까지 장수했다. 즉 록펠러가 먼저 주님의 나라와 그의 의를 구했더니 자신도 모르는 사이에 질병이 사라진 것이다.

세상을 사랑하지 말라
(요일2:15~17)

하나님과의 깊은 사귐을 방해하는 것은 세상을 사랑하는 마음이다.
예수님을 사랑하는 자들은 이 세상과 세상에 있는 것들을 사랑하지 말아야 한다. 세상은 하나님의 생각과 정반대 편에 있기에 정상적인 그리스도인은 이 세상과 이 세상에 있는 것들을 사랑하지 않는다.
하나님을 사랑하는 것이 성도가 가야 할 길이요, 사는 길이다.

1. 세상을 사랑하지 말라.(15)
1) 피조 세계의 세상을 사랑하지 말라.
2) 세상 사랑과 아버지의 사랑이 공존할 수 없다.
3) 세상을 계속 사랑하면 그만큼 하나님의 사랑과 멀어진다.

2. 세상을 사랑하는 증거들(16)
1) 육신의 정욕은 타락한 사람의 본성이다.
2) 모든 사물을 탐닉하는 욕망을 의미한다.
3) 세상적인 것에 대한 자랑을 의미한다.

3. 세상의 것들은 다 지나간다.(17)
1) 세상과 정욕은 영원하지 않다.
2) 영원한 가치에 투자하는 지혜를 갖어야 한다.
3) 지나가는 것과 영원한 것을 올바르게 구분하라.

성도는 하나님과 세상을 겸하여 사랑할 수 없다. 세상 것들은 사단으로부터 온 것이다. 세상 것들은 스쳐 지나가는 것이다.
그러므로 이 세상과 이 세상 것을 사랑하지 말고 오직 주님만을 사랑하는 신앙이 될 수 있기를 주의 이름으로 축원합니다.

♣십자가와 세상의 지혜 ♣

오늘날의 교회는 십자가가 전해지지 않고 세상의 지혜가 난무하고 있다.

유명한 영국의 복음주의 설교자인 마틴 로이드 존스목사님이 다음과 같이 고백한 일이 있다.

"나는 지난 26년 동안 웨스트민스터 강단에서 설교하면서 십자가에 대한 설교를 충분히 해서 이제는 더 이상 십자가에 대한 설교를 할 것이 없다고 어리석게 생각한 일이 있었다.

아마 그것이 마귀가 만들어 낸 생각일 것이다.

십자가에 대한 영광스러운 메시지에 끝이 있을 수 없다.

십자가에는 언제나 이전에 아무도 보지 못했던 새롭고 참신하고 매력적이고 감동적이고 고양 시키는 그 무엇이 있기 때문이다."

신앙생활이나 교회 생활 가운데 복음에 관계되는 본질이 아니면 그것은 통과시키자. 그것은 없어도 살 수 있다.

그러나 예수는 없으면 안된다. 복음은 없으면 안된다.

우리가 지켜야 할 가치는 십자가이다.

십자가 없는 성령은 하나의 감정, 신비주의에 불과할 수 있다.

기적 자체가 종교는 아니다.

기적은 기독교뿐만 아니라 다른 종교에도 많다.

감사와 찬양
(시107:19~22)

성숙한 그리스도인은 좋을 때나 나쁠 때나 감사할 수 있어야 한다.
  좋을 때는 하나님의 은혜에 감사하고, 나쁠 때는 하나님께서 잘되게 해주실 것을 믿고 감사해야 한다. 감사와 찬양을 주님께 드릴 때 하나님께서는 영광을 받으시고 하늘 문을 활짝 여시고 놀라운 은혜와 축복을 우리에게 넘치게 부어 주신다.

1. 고난 중에 구원해 주심에 감사
1) 회개하고 부르짖으면 들으시고 응답해 주신다.
2) 예수님께 나아가면 승리의 삶을 살게 된다.
3) 고난 중에 감사하고 찬양해야 한다.

2. 말씀을 보내사 치료하심에 감사
1) 하나님은 언제나 우리에게 말씀을 통해 역사하신다.
2) 하나님의 말씀에는 놀라운 능력이 있다.
3) 말씀을 붙잡고 기도하면 기적이 일어난다.

3. 하나님의 인자하심과 행하신 일에 감사
1) 우리를 사랑해 주시는 하나님께 감사해야 한다.
2) 하나님은 인자하신 사랑의 하나님이시다.
3) 하나님과 친해지는 방법은 감사하는 것이다.

우리의 죄를 회개하고 부르짖어 기도할 때 주님께서 모든 문제를 해결해주시고 이 땅에 놀라운 하나님의 은혜와 축복이 넘쳐나게 만들어 주신다. 그러므로 우리는 주님 앞에 감사해야 하고, 고난 중에 구원해 주시기에 감사하고, 말씀으로 치료해 주시니 감사하고, 항상 우리를 사랑하시고 동행하시며 풍성한 은혜를 베풀어주시니 감사해야 한다.
  한평생 감사가 넘치는 삶을 살아가는 여러분이 되시기를 주님의 이름으로 축원합니다.

♣ 추수감사절을 주신 이유 ♣

성경은 범사에 감사하는 것이 하나님의 뜻이라고 했건만(살전5:18) 실제 상황은 그렇지 못하다. 주일 교회에 가다 교통사고를 당하기도 하고, 아이가 이유 없는 병으로 사경을 헤매기도 한다. 이런 경우 감사가 쉽게 나오지 않는다.

육으로 태어나 세상에 살고 있는 인생은 감사보다는 불평에 익숙하다. 세상에 속해 살며 세상의 습성이 배다 보니 원망과 불평의 DNA가 뇌리에 깊이 새겨졌기 때문이다.

미국의 윌 브웬 목사가 전개하고 있는 '불평 그만 캠페인'이 2006년도에 오프라 윈프리 쇼에 소개됐다.

그 교회는 캔자스시티에 있는 출석 성도 250명의 작은 교회다.

우연치 않게 그 프로를 보고는 거기서 힌트를 얻은 후 즉시 내가 시무하는 교회에 적용했다.

'불평 안하기'보다는 더 적극적이고 성경적인 '감사하기'로 바꿨다.

감사 팔찌를 제작했고 영문으로 "범사에 감사하라"는 성경 구절과 함께 갓 블레스 유(God Bless You)도 새겨놓아 모든 교회에서 누구나 부담 없이 쓸 수 있게 했다.

대학에도, 교회에도, 선교지에도, 심지어 평양에도 갔다.

이렇게 보낸 감사 팔찌가 6만 개가 넘는다. 지금도 계속 나가고 있다. 하루 3회씩 모두 60회를 감사하기 시작했다.

원망 대신 감사하기 시작하자 효과는 즉시 나타났다.

문제 가정이 변했고, 입시에 찌든 고3 학생의 학급 전체가 변했고, 노사 분규로 앓던 사업장이 더불어 변하기 시작했다.

감사하니 행복이 따랐고 축복이 임했다. 주님의 뜻은 범사에 감사하는 것이건만 완악한 인간이 워낙 감사를 안 하니

일 년에 한 번이라도 온전한 감사를 하라고 추수감사절을 주신 것이 아닌가 싶다.

새 일을 행하시는 하나님
(사42:8~9)

하나님은 우리를 시시때때로 도우시며 눈동자와 같이 지켜 보호하시는 주님이시다.

우리가 이 사실을 믿는다면 우리는 어떠한 상황에서도 하나님의 도우심을 바라며 낙심하지 않고 감사 찬양하는 생활을 하게 될 것이다. 주님은 사망 권세를 깨뜨리시고 3일 만에 부활하사 40일을 지상에 더 머무르시다가 제자들과 무리들이 보는 앞에서 하늘로 승천하셨다.

우리는 주님의 제자로서 어떠한 삶을 살아야 하는가?

1. 하나님이 쓰시는 사람들이 되어야 한다
  1)주님은 온유하고 겸손한 분이시다.
  2)주님은 약한 자를 도우면서도 진리와 공의를 세우신다.
  3)세상에 공의를 세우는 주님의 제자가 되어야 합니다.

2. 하나님의 신(성령)으로 충만해야 한다.
  1)성령은 영원부터 영원까지 존재하시는 하나님이다.
  2)성령이 충만히 임재하시는 곳은 교회다.
  3)우리는 교회 중심의 생활을 해야 한다.

3. 하나님은 우리를 통해서 새 일을 행하신다.
  1)하나님은 우리의 생각과 뜻을 넘어 새 일을 이루신다.
  2)하나님은 꿈과 비전을 주셔서 새 일을 이루어 가신다.
  3)거룩한 일에 대한 환상과 열정을 가지고 있어야 한다.

우리가 소망을 갖는 것이 참으로 중요하다. 우리는 주님의 위대한 모습을 보면서 우리들도 온유하고 겸손한 모습으로 교회 중심으로 살면서 성령 충만한 가운데 하나님의 새 일을 감당할 수 있어야 한다. 하나님께 쓰임을 받는 것이 가장 복된 삶이다.

우리 모두가 하나님의 손에 붙들려 더욱 크게 쓰임 받는 은총을 누리게 되시기를 축원을 드립니다.

♣비전, 꿈, 소망 ♣

　미국 부시 행정부에서 국무부 장관으로 막강한 힘을 사용한 흑인 여성 정치인 '콘돌리자 라이스'라는 사람이 있다.
　이분의 할아버지도 목사였고 아버지도 목사다.
　흑인이기 때문에 갖은 무시를 받고 살았다.
　노예생활을 하다가 해방되어 소작농을 했다.
　흑인은 백인에게 손을 내밀어 악수를 할 수 없었다.
　음식점에도 백인과 같이 앉을 수 없고 학교도 같이 공부할 수가 없었다. 아주 무시 받으며 자랐다.
　콘돌리자 라이스가 10살 때 부모님이 그를 대리고 수도인 워싱턴 D.C에 갔다. 백악관 구경을 하던 중 백악관의 정문 앞에선 콘돌리자가 침묵을 깨뜨리고 말했다.
　"아빠, 제가 밖에서 백악관을 구경해야 하는 건 피부색 때문이에요. 두고 보세요, 전 반드시 저 안으로 들어갈 거예요."
　백악관을 체험하고 어릴 때 소망을 품었다.
　그리고 그는 공부하여 박사학위를 받았고 25년 후 그녀는 소련과 냉전 후 통일 독일에 대한 미국의 정책을 주도하는 수석보좌관으로 조지 부시 전 대통령을 도왔고, 그리고 11년 후 백악관으로 재입성하여 국무부 장관으로 그의 아들인 조지 부시 대통령과 함께 일하였다.

　소망을 갖는 것이 참으로 중요하다.

하나님의 자비와 사랑
(딛3:4~7)

기독교 신앙은 '나는 죄인입니다'라고 고백하는 데서부터 출발한다. 이 세상에 태어난 사람 가운데 죄에서 자유로울수 있는 사람은 한 사람도 없다. 하나님께서 우리를 무조건 사랑하셔서 우리를 죄 가운데 건져 주시기 위해 예수님을 이 땅에 보내주셨다. 누구든지 예수님을 믿기만 하면 구원을 받게 된다. 이것이 바로 은혜요. 축복이요. 기적이다.

1. 긍휼을 베푸시는 하나님
  1)구원은 어떤 노력과 행위로 안 된다.
  2)하나님이 우리를 긍휼히 보셨다.
  3)기도할 때 하나님의 큰 은혜가 임했다.

2. 성령의 은혜
  1)성령의 충만함을 받아야 한다.
  2)내 힘으로 믿으면 상처가 온다.
  3)성령의 권능을 받으면 복음의 증인이 된다.

3. 상속자의 삶
  1)우리는 위대한 하나님의 자녀이다.
  2)승리자의 삶을 살도록 부름을 받았다.
  3)우리는 영광과 고난도 함께 받아야 한다.

한평생 살아가는 동안 하나님의 긍휼하심을 체험하는 주님의 귀한 일꾼들이 되어 늘 성령이 충만해 하나님의 상속자로 귀하고 아름답고 능력 있고 행복하고 범사에 하나님께 영광 돌리는 삶을 살아가는 여러분이 되시기를 주님의 이름으로 축원합니다.

♣ 하나님의 사랑과 섭리 ♣

샤르니(Charney)라 하는 한 프랑스인이 나폴레옹의 노여움을 사서 토굴 감옥에 갇히게 되었다. 그곳에서 세월이 흘러갔다. 그는 친구들에게서 버림받고 바깥세상으로부터는 완전히 잊혀진 듯이 보였다. 고독과 절망에 빠진 그는 작은 돌 조각 하나를 들어 그 쓸쓸한 독방 벽에다가 이렇게 새겼다. "아무도 돌보지 않는다."

그런데 어느 날 그 토굴 감옥 바닥에 깔려 있던 돌들 틈에서 푸른 새싹이 돋아났다. 그것은 벽 위에 뚫린 작은 창문으로 새어 들어오는 빛을 향해 뻗어가기 시작했다. 샤르니는 간수가 매일 넣어 주는 물을 조금씩 남겨 그 푸른 잎사귀에 부어 주곤 했다. 새싹이 마침내 아들다운 파란 꽃을 피우는 꽃나무가 될 때까지 자라났다.

꽃나무가 탐스러운 꽃송이를 터뜨리자 그 고독한 죄수는 전에 벽 위에 새겼던 글귀를 지우고 그 위에 다시 "하나님이 돌보신다"라고 새겨 넣었다. 이 죄수에 대한 하나님의 축복은 거기에서 끝나지 않았다. 샤르니가 갇혀 있는 독방 옆에는 또 한 사람의 죄수가 갇혀 있었는데, 그에게는 감방 면회가 허락된 어린 딸이 하나 있었다. 그 어린 소녀는 아버지를 면회 왔다가 샤르니의 감방을 들여다보게 되었다. 소녀는 물론 그 토굴 감옥 속에서 아름답게 피어난 꽃나무를 보았고, 이 소식은 곧 조세핀(Josephine) 왕비의 귀에 들어가게 되었다. 그녀는 "꽃을 진심으로 사랑하고 돌보는 사람은 결코 나쁜 사람이 될 수 없다"라는 생각을 갖고 있는 상냥하고 진실한 여인이었으므로 그녀는 곧 황제에게 샤르니를 석방하도록 설득했다.

샤르니는 그의 꽃나무를 집으로 옮겨왔다. 그리고 그의 생명이 다할 때까지 그 꽃나무를 소중하게 돌봐 주었다 한다. 토굴 감옥에서 피어난 그 꽃나무는 샤르니에게 하나님의 사랑과 섭리를 가르쳐 주었던 것이다.

깨달아야 은혜가 넘친다
(엡3:18~19)

깨닫는 것이 은혜다. 깨닫게 됨으로 충만하게 된다.

깨닫기 위해 먼저 말씀을 귀담아들어야 한다. 듣는 말씀에다 최고의 가치를 두고 성령의 비취심을 받아야 한다. 하나님의 사랑을 깨닫는 데서 은혜의 역사가 시작된다. 예수그리스도 안에 나타나신 하나님의 사랑은 인간의 지식을 초월하는 놀라운 사랑이다.

1. 하나님의 사랑은 죄인을 찾으시는 사랑이다.
1) 하나님은 죄인들을 외면하지 않으신다.
2) 하나님은 죄인들을 찾으신다.
3) 하나님의 사랑은 죄인을 부르시는 사랑이다.

2. 하나님의 사랑은 주고 또 주시는 풍성한 사랑이다.
1) 하나님의 은혜는 풍성한 은혜다.
2) 넉넉히 주시고 또 주시는 넘치는 사랑이다.
3) 하나님이 주시는 은혜는 부족함이 없다.

3. 하나님의 사랑은 아들까지 주신 사랑이다.
1) 하나님의 사랑의 절정은 아들까지 주신 사랑이다.
2) 인간의 이성이나 머리로 이해할 수 없는 사랑의 행위다.
3) 사랑을 아는 자만이 하나님을 알 수 있다.

언제나 버리지 않고, 잊지 않고 나를 사랑하시는 하나님의 풍성하신 사랑을 깨닫는 것이 바로 놀라운 은혜다. 지금도 잊지 않고 우리를 찾으시는 하나님의 사랑, 주시고 또 주시기를 원하시는 하나님의 풍성하신 사랑, 그리고 하나밖에 없는 아들까지 주신 하나님의 헤아릴 수 없는 사랑을 깨달아야 한다.

그 사랑 안에 충만함과 감격하는 귀한 믿음들이 되시기를 주님의 이름으로 축원합니다.

♣하나님의 풍성하신 사랑 ♣

어떤 사람이 천국을 방문하게 되었다.
어느 곳을 가보니 아름다운 집들이 줄을 지어 지어져 있었다.
가까이 가보니 집들마다 주인의 이름패들이 붙어 있었다.
안내하는 천사에게 자신의 이름패가 붙은 집도 있느냐고 물었다.
있다고 하면서 그냥 돌아가자고 했다.
이왕에 여기까지 왔으니 구경이나 하고 가게 해 달라고 했다.
정말 자신의 이름패가 붙은 집을 발견했다. 그런데 이번에는 천사가 집을 보았으니 그냥 가는 것이 좋겠다고 했다.
이왕에 여기까지 왔으니 집안까지 들어가고 싶다고 했다.
천사는 마지못하여 집 문을 열어주었다.
집안에는 헤아릴 수 없이 좋은 것들로 가득 차 있었다.
입구에 있는 탁자 위에 장부가 있어 보았다. 거기에 오래전 그가 기도하여 응답받은 한 번의 기록이 있었다.
하나님께서 그를 위하여 준비한 것은 많은데 그가 구하지 않아서 받지 못했다는 사실을 깨닫게 되었다.
하나님은 주실 것이 많아 오늘도 우리에게 구하라고 하신다.
이렇게 주시고 또 주시는 하나님의 풍성하신 사랑을 깨닫고 많이 구하고 많이 받아 누리는 복된 성도들이 되시기 바랍니다.

한 해를 잘 달려 왔습니다
(딤후4:17~18)

누구나 연말이 되면 만감이 교차 된다.

무엇보다 아쉬운 감정이 생긴다. 이게 조금 심해지면 후회가 된다. 인생을 마치면서 혹시 아쉬움이 있어도 최소한 후회는 없어야 한다. 그래야 인생을 잘 산 것이다.

우리 그리스도인들은 어떤 자세로 한 해를 보내야 할까요?

1. 은혜를 생각하고 감사하며 보내자.
  1)사명을 잘 감당하며 좋은 열매를 맺음을 감사하라.
  2)감사함을 마음에 채우고 찬양하며 보내라.
  3)위기마다 지켜 주신 은혜에 감사하라.

2. 마음을 넓혀 용서하며 보내자.
  1)배신감은 가장 견디기 힘든 감정이다.
  2)주님께 맡기고 용서하라.
  3)허물을 들추어내지 말고 덮어주라.

3. 상 주심을 바라보고 기대하며 보내자.
  1)면류관 시상식을 기다리는 순간을 상상해 보라.
  2)인생의 황혼을 아름답게 마무리하라.
  3)예수님의 몸인 교회를 변함없이 사랑하라.

모든 일에 마무리를 잘 하는 것은 너무 중요하다.

한 해를 돌아보며 은혜롭게 감사하며, 지난 일을 마음을 넓혀 복되게 다 용서하고 잊으며, 섭섭한 감정을 다 털어버리고, 앞을 내다보며 하나님의 상 주심을 기대하자.

한 해를 깔끔하게 마무리하고 새 해를 밝고 아름답게 희망차게 맞이하시기를 주님의 이름으로 축원을 드립니다.

♣ 축복과 시험 ♣

　마귀 삼 형제가 모여 신앙이 좋은 새댁인 김 집사를 어떻게 하면 시험에 빠트릴 수 있을지 열띤 토론을 벌였다.
　가만뒀다간 대단한 예수쟁이가 될 것이 분명하니 사전에 싹을 자르자고 목소리를 높였다.
　드디어 큰형 마귀가 행동을 개시한다. 재물을 틀어막으니 경제적으로 어려움을 겪는다. 자녀들을 흔들어 말썽꾸러기가 되게 했다.
　기가 죽을 줄 알았는데 김 집사는 새벽기도회에 나가기 시작했다.
　큰형을 비웃으며 둘째가 출동했다.
　이번에는 불신자 남편을 통해 핍박을 했다. 교회 다니면 밥이 나오느냐며 심한 박해를 했다. 눈물만 흘리는 김 집사를 보며 둘째 마귀는 의기양양했다. 하지만 이게 웬일일까?
　김 집사는 남편이 없는 틈을 타 골방에 들어가 눈물로 찬양하며 예배하기 시작했다. 되레 그녀의 믿음이 반석과 같이 단단해졌다.
　이제 막내 마귀 차례가 왔다.
　막내는 재물을 소낙비처럼 부어 주었다.
　남편의 마음에 사랑의 불을 지폈다. 좋은 집, 좋은 차, 좋은 남편에 부러움을 한 몸에 받았다.
　그런데 주님이 제일이던, 교회가 제일이던 김 집사에게 묘한 변화가 생겨났다.
　'목사님. 이번 주는 남편이 유럽 여행을 가자고 해서요.'
　'바쁜데 사람을 사서 쓰면 되죠. 필요한 경비는 다 낼께요.'
　기도 생활도 봉사 활동도 시들어 갔다.
　과연 무엇이 축복일까? 또한 무엇이 시험일까?

새 부대를 준비하자
(마9:14~17)

인간의 유한함을 알고 하나님보다 앞서지 말아야 한다.

나의 계획보다 먼저 하나님의 돌보심과 인도하심이 앞서야 한다.

무슨 일이 잘되었다고 교만하지 말고, 생각대로 안 된다고 낙심하지 말고 일의 결국을 하나님께 다 맡기고, 일의 경중이나 귀천을 가리지 말고 마음과 뜻과 정성을 다하는 최선의 삶을 살아야 한다.

1. 새 마음을 품는 온전한 성도
1) 인간의 행실은 마음에 따라 움직인다.
2) 묵은 부대를 던져 버리고 새 부대를 준비하라.
3) 행복이라는 새 바람이 불어야 한다.

2. 새 노래로 찬양하는 온전한 가정
1) 성경의 핵심 주제는 사랑이다.
2) 예수의 마음을 품고 변화된 삶을 살자.
3) 하나님은 가정을 통해 축복의 통로가 되게 하신다.

3. 다 하나님의 영광을 위한 교회
1) 그리스도의 마음을 품는 교회가 되어야 한다.
2) 새 노래로 하나님을 찬양하는 교회가 되어야 한다.
3) 우리 성산교회는 영적인 희망 발전소가 되어야 한다.

약속의 말씀을 붙들고 적극적으로 구해야 한다. 새 포도주는 새 가죽 부대에 담아서 보관해야만 온전할 수 있다. 예수님의 가르치심이 새 포도주와 같다면 그 말씀을 받는 사람들의 마음은 율법적인 사고의 옛 부대를 버리고 복음이신 예수 그리스도를 받아드릴 복음적인 사고로 전환해야 한다.

2018년에 교회와 성도들이 새 부대를 준비하는 축복이 임하시기를 주님의 이름으로 축원을 드립니다.

♣나이도 자원이다 ♣

나이 든다는 것은 즐거운 일이 아니다.
나이 먹는 것을 슬퍼하고 한탄해봤자 마음만 울적할 뿐이다.

많은 철학자들이 '운명의 사랑'(amor fati)을 권했다. 바꿀 수 없는 것은 그대로 수용하고 즐기라는 것이다. 시간의 흐름을 바꿀수 없다면 바꿀수 있는 것을 바꾸면 된다. 아직도 열려 있는 미래를 더 가치 있게 채우는 것이다.

나쁜 짓을 하는 시간과 남을 돕는데 보내는 시간의 가치가 같을 수 없다. 시간을 가치 있게 채우는데 가장 필요한 것은 지혜다.
지혜는 경험을 통해서 얻는다. 수많은 경험과 체험을 통해 지혜를 쌓아갈 수 있다. 지혜는 단순히 무엇을 할 줄 아는 것에 국한하지 않는다. 오히려 어떤 것을 하면 안된다는 것을 아는 것이 더 중요하다.

소크라테스는 "우리는 실수를 통해 배운다."고 말했다.
나는 가끔 30대에 저지른 실수 들을 회상하면서 비슷한 실수를 반복하지 않도록 노력한다. 과거의 경험은 미래를 준비하는 소중한 자원이다.

이제 그 소중한 자원으로 남은 미래를 가치 있게 채워 가라.
무의미했던 지난 시간들이 당신의 앞길을 비추는 등대가 되어 줄 것이다.

응답받는 기도를 하자
(마7:9~11)

기도가 하나님의 응답을 받기 위해서는 인내가 필요하다.
기도할 때 포기하지 말고 끝까지 기도해야 되는 이유는 기도는 영적인 전쟁이다. 기도하면 생기가 임하여서 뛰게 될 수 있다. 응답받는 기도를 하기 위해서는 뒤로 물러가면 주님이 기뻐하지 아니한다.
한 번 기도해서 응답하지 않으면 계속 기도를 해야 한다.

1. 목표를 가지고 기도하라.

1) 지도자가 되려면 목표가 뚜렷이 있어야 한다.
2) 목표가 분명히 있는 사람이 지도자가 된다.
3) 목표 있는 생활은 성공의 길로 가게 된다.

2. 하나님 앞에 죄를 회개하라.

1) 기도응답을 받기 위해서는 회개해야 된다.
2) 죄는 하나님과 우리 사이를 막는 최대의 장애물이다.
3) 깨끗한 그릇을 준비해야 응답을 주신다.

3. 꿈을 마음에 새겨라.

1) 기도를 응답받기 위해 꿈을 마음 판에 새겨야 된다.
2) 꿈은 응답의 가방이다.
3) 하나님께서 크게 채워주신다.

4. 믿음으로 나아가라.

1) 꿈을 꾸고 믿음으로 나가야 된다.
2) 긍정적인 마음에 꿈을 가지고 기도해야 한다.
3) 입으로 시인하면 우리의 믿음대로 된다.

반드시 '없는 것을 있는 것 같이' 믿고 기도해야 한다. 마음에 긍정적이고 적극적인 밝고, 맑고, 환한 마음을 가지고 좋은 꿈을 꾸어야 되고 좋은 꿈을 갖고 기도를 하면 믿음이 생기는 것이다.
좋은 꿈을 꾸는 성도들이 되시기를 주님의 이름으로 축원합니다.

♣ 소녀의 믿음 ♣

어느 마을에 가뭄이 들어 주민들이 마실 물도 없어 굉장히 괴로움을 겪는데 목사님이 하루를 정해서 아침부터 저녁까지 교인들이 교회에 다 모여서 기도를 하면 하나님께서 엘리야의 기도에 응답한 것처럼 우리 마을에도 비를 주실 것 아니겠느냐고 했다.

그래서 날짜를 정해서 교인들이 모여서 기도를 했다. 오전 기도는 응답이 잘 안 되고 기도가 삐꺽 거리고 고생스러웠으나 오후가 될수록 날씨가 흐려지더니 나중에 기도를 마칠 때에 비가 왔다.

비가 내리니까 모두 다 춤을 추며 박수를 치고 교회 안에 있는데 비가 오므로 밖으로 나갈 수는 없었다. 그런데 그때 어느 조그마한 소녀가 낡은 우산을 가지고 펴면서 밖으로 나가는 것이었다.

사람들이 다 놀랬다. 어린 소녀 한 사람만 비가 없는 것을 있는것같이 믿고, 목사님이 오늘 비가 온다고 하니까 우산을 준비했던 것이다.

그래서 "어찌하여 네가 우산을 준비했느냐?"라고 묻자

"목사님이 오후에는 비가 온다고 그랬기 때문에 안 오는 비도 기도하면 하나님이 오게 만드시므로 우산을 가져 왔습니다."라고 대답했다.

소녀가 대답을 기억하라. "목사님께서 기도하면 비가 온다고 하셨잖아요. 비가 오면 옷이 젖으니까 당연히 우산을 가지고 와야죠."

그러나 어른들은 그것을 믿지 않았다.

예수님께서는 (막11:24)'무엇이든지 기도하고 구하는 것은 받은 줄로 믿으라 그리하면 너희에게 그대로 되리라'라고 말씀하셨다.

이 소녀가 바로 예수님이 구하시던 믿음을 보여 준 것이다.

임마누엘 되시는 예수
(마1:18~21)

하나님을 섬기는 우리가 바르지 못한 삶으로 가나안과 같은 세상에서 하나님께 영광이 아니라 욕을 돌리고 있는 것 때문에 세상에서 존립의 위기를 겪고 있다.

신앙의 위기 속에서 벗어나기 위한 방법은 우리의 머리로는 불가능하고 몇 천 년의 역사가 지났지만 이러한 사건에 대한 하나님의 명령이 실제적인 해결 방법임을 교훈 받아야 한다.

1. 하나님은 말씀을 주신다.
1) 사람의 불행은 하나님의 집을 떠나면서부터 시작된다.
2) 예배하고 주님을 경외하는 삶을 하나로 살아야 한다.
3) 이중적인 삶을 사는 것이 위기를 만나게 된 원인이다.

2. 하나님을 만났던 곳으로 돌아가야 한다.
1) 너희 중에 있는 이방 신상들을 버리라.
2) 자신을 정결하게 하라.
3) 너희들의 의복을 바꾸어 입으라.

3. 하나님께서 그들을 받으시고 힘을 주신다.
1) 자신을 하나님께 맡길 때 하나님은 역사를 시작하신다.
2) 하나님께 순종한 결과 벧엘에 무사히 도착했다.
3) 과거의 신앙체험을 다시 회복하라.

모든 교회와 그리스도인들은 말씀을 잘못 사용해 사람을 죽이는 것으로 인해 세상에서 위기에 처했다. 위기 가운데 어려움을 회복해야 할 상황에서 주님은 하나님의 집으로 돌아가 예배하고 그 예배가 삶 속에서 나타나도록 격려하시는 음성을 들으라고 하신다.

하나님보다 더 귀하거나 좋게 여기는 어떤 우상이든지 버리고 신앙의 순결을 다시 회복하고 우리가 입은 예수 그리스도를 다시 바르게 고쳐 입어 하나님의 보호와 함께 하나님을 영화롭게 할 수 있는 삶이 회복 되시기를 주님의 이름으로 축원을 드립니다.

♣멸망의 바다에 구명 튜브 ♣

미국의 한 목사님께서 무신론자와 큰 논쟁을 하다 이런 제의를 했다. "우리 둘이만 논쟁하지 말고 많은 사람들 앞에서 공개 토론을 합시다. 나는 하나님께서 계심을 증명할 테니 당신은 하나님께서 계시지 않음을 증명하시오. 나는 그 증거로 교회에 나와 예수님을 믿고 잘된 사람 열 명을 데리고 올 테니, 당신은 예수님을 믿다가 예수님을 떠난 사람 중 잘된 사람 열 명을 데리고 오시오"

그래서 서로 합의를 하고 신문에 광고를 냈다.
그날 많은 사람들이 그 논쟁에 관심이 있어서 약속된 극장에 모였다.
그런데 시간이 되어도 그 무신론자가 나타나지 않았다.
예수님을 떠나 잘된 사람을 찾지 못했기 때문이다.
이 세상은 멸망의 바다에 빠져서 죽어가는 사람들과 같다.

하나님은 세상을 구조하기 위하여 교회라는 배를 멸망의 바다에 보내셨다. 교회는 멸망의 바다에서 죽어가는 사람들에게 예수 그리스도라는 구명튜브를 던지고 있다.
사람들은 교회가 던지는 예수 그리스도라는 구명튜브를 잡으면 구원을 받고 잡지 않으면 멸망하는 것이다. 이제 사람들이 멸망하는 것은 멸망의 바다에 빠졌기 때문이 아니다.

예수 그리스도를 잡지 않아서 멸망하는 것이다.

마라와 엘림의 사건
(출15:22~27)

이스라엘 자손의 출애굽 사건은 우리에게 큰 감동을 준다.
하나님께서 선민을 위하여 법도와 율례를 정하시고 그들이 하나님의 명령을 순종하는지 아니하는지를 시험하셨다. 이스라엘 자손이 마라를 떠나 엘림에 이르렀는데 거기에는 샘물 열둘과 종려나무 일흔 그루가 있었으므로 백성이 샘물 곁에 장막을 치고 머물렀다.
하나님은 모든 것을 준비하시는 하나님이시다.

1. 성도들의 지상의 삶은 광야의 여정과 같다.
1)출애굽 사건은 죄악 세상에서 구원받은 것을 상징한다.
2)광야는 종착지가 아니라 거쳐 가는 곳에 불과하다.
3)지금 우리는 광야를 통과하고 있는 것이다.

2. 예수님의 십자가는 쓴 인생을 단 인생으로 바꾸어 준다.
1)마라의 쓴 물은 인생의 쓴 맛을 의미한다.
2)십자가만이 인생의 저주를 축복으로 바꿀 수 있다.
3)하나님의 계명과 규례를 지켜야 은총을 받는다.

3. 엘림은 자기 백성에게 하나님의 사랑을 의미한다.
1)하나님은 엘림을 만나게 해 주신다.
2)성도들의 목적지는 영원한 가나안인 천국이다.
3)광야의 여정은 연단을 통해 하나님의 백성으로 삼기 위함이다.

하나님은 광야 생활을 하는 동안에 이스라엘 자손을 떠나지 않으시고 언제나 함께 하셨으며, 그들 앞서 행하시며 장막 칠 곳을 찾으시고 낮에는 구름 기둥으로 밤에는 불기둥으로 그들의 길을 인도해 주셨듯이, 예수 그리스도의 보혈로 구속받은 성도들과 함께 계시며 영원한 천국에 들어가기까지 인도해 주신다는 사실을 믿어야 한다.
영원한 가나안 복지를 향한 성도님들 모두가 낙오되지 않고 목적지에 이르게 되시기를 주 예수 그리스도의 이름으로 축원합니다.

♣ 광야 학교 ♣

어떤 사람이 자신은 광야학교에 입학했다고 하면서 토로한 고백이다.
"저는 광야대학 고생과에 다니고 있어요.

나는 아직도 이 학교에 다니고 있습니다. 성적이 별로 좋지 못해서 입학한지 오래됐지만 아직 졸업을 못하고 있는 형편이지요. 내가 다니고 있는 학교의 이름은 광야대학교, 내가 다니고 있는 과는 고생과 입니다.

하나님이총장님이신데 대충 넘어가는 일이 절대로 없는 분이십니다.

그래서 커닝하는 것도 불가능하고 시험을 볼 때에도 누군가의 도움을 받을 수가 없습니다. 광야 학교의 교과는 성령님이십니다.

교과과목은 기다리는 훈련입니다. 포기하는 훈련입니다. 깨어지라는 훈련입니다. 내려놓는 훈련입니다. 하나님만 뚫어지게 바라보는 훈련입니다. 순종하는 훈련입니다.

위로부터 내려주시는 능력만으로 살아가는 훈련입니다.

학비가 비싸냐고요? 좀 비싼 편입니다. 인생을 모두 걸어야 할 정도니까요. 때로는 목숨까지도 저당 잡혀야하니 결코 싸다고 할 수 없습니다. 지금 내가 배우고 있는 과목은 버리기입니다. 욕심을 버려야 되고, 내 고집을 버려야 되고, 내 생각도 버려야 되고, 인간적인 모든 수단방법도 버려야 합니다.

그런데 나는 매일 낙제를 해서 이렇게 졸업을 하지 못하고 있답니다.

이번에는 반드시 합격하리라 결심을 하고 도전해 보고 있습니다.

합격하는 자에게는 졸업선물이 주어지겠지요. 소망, 기쁨, 문제해결이라는 은혜의 선물이 주어질 것입니다. 나는 그 선물을 받고 싶어요. 어서 고생과를 졸업하고 헌신과에 들어가서 새로운 삶을 살았으면 싶습니다. 하나님 한 눈만 살짝 감아주세요. 졸업할 수 있도록 도와주세요.

이번 시험에는 꼭 합격할 수 있도록 제발 도와주시기 바랍니다.

헌신과, 충성과에 어서 들어가고 싶습니다.

하나님 부탁해요. 은혜를 감사드리며..."

사르밧 과부의 기적
(왕상17:8~16)

예언자의 삶은 고통을 함께 해야 하고 더 짊어져야 한다.
예수 그리스도께서 심판자이고 주인이지만 피조물과 인간의 고통에 함께 했다. 제자들에게 주님께서 약속하신 것은 안락한 삶이 아니었다. 지도자는 특권을 누리는 사람이 아니며, 그 공동체의 가장 고통스런 현실까지 끌어안고 가는 사람이다. 성도는 주님을 따르는 사람들이고 주님이 뜻을 이루어야 하는 사람들이다.

1. 사르밧으로 가라.
   1) 인간은 익숙한 것과 결별하기가 쉽지 않다.
   2) 한쪽 문이 닫히면 반드시 다른 쪽 문이 열린다.
   3) 하나님은 외모가 아니라 중심을 보신다.

2. 사르밧 과부의 헌신
   1) 사르밧 과부는 가난한 사람이었다.
   2) 위기 앞에 사르밧 과부는 결단을 했다.
   3) 하나님의 말씀은 결단한 후에 성취된다.

3. 다함이 없는 통의 가루와 병의 기름
   1) 사르밧 과부는 매일 매일 기적이 일어났다.
   2) 우리는 하나님께서 먹이신다는 신뢰를 가져야 한다.
   3) 하나님은 우리의 먹을 것을 책임져 주신다.

자본주의가 지배하고 있는 현 시대는 또 다른 형태의 기근이다. 먹을 것은 풍부해졌는데 우리 영혼은 탐욕으로 허기졌고, 경쟁과 이기심으로 외로워졌다. 하나님 말씀을 나누고 있는 교회가 사르밧 과부의 집이다. 여기서 드리는 이 예배가 통의 가루와 기름병처럼 결코 다함이 없는 하나님의 말씀을 공급하고 있다.
이 양식으로 배부르고 풍족한 저와 여러분들이 되시길주님의 이름으로 축원을 드립니다.

♣기도의 기적 ♣

서울 서대문 영천시장에 가난한 콩나물 장수가 있었다.
그 여인은 새벽마다 무거운 콩나물 통을 이고 교회로 향했다.
여인은 시장에 가기 전 교회에 들러 새벽기도를 드렸다.
그 기도는 지극히 소박한 내용이었다. "자녀들이 예수그리스도와 함께 살게 해주세요. 하나님의 일꾼이 되게 해주세요."
하나님은 여인의 새벽기도에 응답하셨다. 그 자녀는 제약회사를 설립해 크게 성장시켰다. 그 자녀는 어머니의 새벽기도와 교회 종소리를 잊을 수 없었다. 사업 성공이 어머니의 새벽기도 덕분임을 확실히 믿었다.
그는 어머니의 기도를 잊지 않으려고 회사의 심벌을 '종'으로 정했다. 이 회사가 바로 믿음과 신뢰의 기업 종근당이다.

문구류 회사에서 신상품 개발을 총괄하던 송삼석회장은 신형 볼펜을 제작해놓고 명칭을 정하지 못해 고민에 잠겼다.
상품의 브랜드는 성패를 결정할 만큼 중요한 것이었다.
그는 한참 동안 기도한 후 성경을 펼쳐 들었다.
그의 눈앞에 요한복음 21장 11절이 나타났다. "시몬 베드로가 올라가서 그물을 육지에 끌어올리니 가득히 찬 물고기가 153마리라."
어부 베드로가 밤이 맞도록 물고기를 한 마리도 잡지 못했으나 '깊은 곳에 그물을 던져라'는 예수님의 명령에 순종해 153마리의 물고기를 잡았다는 내용이었다.
송 회장은 무릎을 쳤다. 그리고 볼펜 명칭에 베드로의 물고기 숫자를 넣어 '모나미 153'이라고 붙였다.
이 볼펜은 최고의 히트 상품이 되어 회사를 성장시켰다.
기도는 기적을 만든다. 기도하면 지혜가 생긴다.
특히 어머니의 기도는 자녀의 미래를 환히 열어준다.

요단강을 건너라
(수3:1~6)

우리가 일생을 살다보면 우리 앞에 예기치 않은 많은 장애물들이 놓이게 된다. 그 장애물은 우리가 극복하고 넘어가야 할 것이지 장애물로 인해서 포기하라고 놓인 것은 아니다.

장애물을 뛰어넘어 나갈 때 우리의 믿음이 더 강하여지고, 믿음이 더 성숙해지고, 하나님을 더욱 전적으로 의지하게 되고, 하나님의 귀한 뜻을 이룰 수 있게 된다. 이스라엘 백성들이 출애굽해서 요단강을 건너기 위해 해야 할 것이 있다.

1. 자신을 성결하게 해야 한다.
1) 성결하고 성숙한 신앙의 모습을 갖춰야 한다.
2) 죄를 회개하고 돌이키면 그 죄를 사하여주신다.
3) 잘못된 삶의 습관을 내버려야 된다.

2. 성결하기 위해 말씀을 따라가야 한다.
1) 성결의 길이 말씀 안에 기록되어 있다.
2) 언약궤는 하나님의 임재를 상징한다.
3) 말씀을 순종함으로 복을 받는 것이다.

3. 우리는 믿음으로 전진해야 한다.
1) 성숙한 믿음은 행함에 있다.
2) 믿음은 결단이요, 행함이요, 순종이다.
3) 말씀을 붙잡고 믿으면 기적이 일어난다.

기도하고 믿고 나아갈 때 기적이 다가오고 축복이 다가오는 것이다.

절대로 염려하지 말고 걱정하지 말고 부정적으로 생각하지 말고 절대 긍정, 절대 감사로 나아가면 기적은 나의 것이 된다.

우리 앞에 놓인 모든 요단강을 건너고 날마다 주님의 풍성한 은혜를 받아 누리는 성도들이 되시기를 주님의 이름으로 축원합니다.

♣비상기도의 기적 ♣

45세의 김 집사는 국악기로 찬양하는 여성5인조 중창단의 중심 멤버이다. 김 집사가 1년간 준비한 발표회를 앞두고 무리한 연습으로 허리 병이 재발해 병원에 입원했다.

의사는 연골이 썩어 수술로 긁어내야 하는데 수술 과정에서 신경을 건드리면 하반신 마비 가능성이 있다고 진단했다.

하지만 수술로 제거하지 않으면 허리뼈 속에서 연골이 계속 썩어가 움직일 수도 없게 된다는 것이었다.

4명의 중창단 동료들은 병상에 누워 있는 김 집사를 붙잡고 비상기도를 했다. "우리 다섯 명 다 아프게 하시든지 김 집사를 고쳐서 이번 주일 밤 찬양으로 영광 돌리게 하시든지 해주세요."

김 집사는 순간 자궁에서 무엇이 쏟아지는 것을 감지했다.

화장실에 혼자 걸어가 속옷을 벗고 보니 콜타르 같이 새까맣게 썩은 핏덩어리가 쏟아져 있었다. 김 집사는 그날로 지금까지 아무 이상 없이 국악 찬양을 계속하고 있다.

의사에게 이 사실을 의학적으로 의논 했더니 허리에서 자궁으로 썩은 연골이 빠지는 것은 불가능하다고 했다.

하나님만 하실 수 있다.

여리고를 무너 뜨리라
(수6:1~5)

죄인된 우리가 예수 믿고 하나님의 자녀가 된 것은 일생일대의 기적이요, 축복이요, 은혜다.

하나님이 우리를 구원하지 않으셨더라면 우리는 죄 가운데 태어나서 죄 가운데 살다가 죄 가운데 죽어갈 수밖에 없는 절망적인 존재다.

신앙생활을 시작한 그날부터 많은 도전이 있고 시련이 오는데 그것을 통해 믿음이 자라고 또 자라서 하나님이 인정하시는 귀한 일꾼으로 성장하게 된다.

1. 내 안의 여리고를 무너뜨리라.
1) 우리 앞에 문제(여리고)가 놓일 때가 있다.
2) 내 안의 두려움의 여리고를 무너뜨려야 한다.
3) 하나님이 함께하시면 우리에게 불가능이 없다.

2. 환경의 여리고를 무너뜨리라.
1) 법궤(말씀)을 따라가야 된다.
2) 이 세상에 완전한 사람은 없다.
3) 믿음으로 전진해 나가야 한다.

3. 믿음으로 정복하라.
1) 믿음으로 돌고 또 돌면 여리고는 무너진다.
2) 거룩한 꿈과 소원을 가지고 돌아야 한다.
3) 원망과 불평하지 말고 긍정적으로 돌아야 한다.

예수 믿는 우리에게 여리고가 때때로 놓여 우리를 절망케 한다. 여리고를 바라보지 말고 예수님만 바라보아야 한다. 모든 믿음의 선진들이 예수님을 바라보고 여리고를 무너뜨리고 하나님의 기적을 체험했다. 믿음을 가지면 못 무너뜨릴 여리고가 없다.

약속의 말씀을 붙잡고 믿음으로 전진해앞에 놓인 모든 여리고를 무너트려 하나님의 위대한 역사를 이루는 하나님의 큰 일꾼들이 다 되시기를 주님의 이름으로 축원합니다.

♣박항서 감독 이야기 ♣

영웅으로 떠오른 박항서 축구 감독의 이야기다.

지난 1월 27일 베트남국가대표팀이 아시아축구연맹(AFC) 23세 이하 (U-23) 챔피언십에서 준우승을 차지했다.

역대 최고의 성적이라 해서 베트남이 열광의 도가니에 빠졌다.

그를 '베트남의 히딩크'라며 치하하고 베트남 정부는 그에게 훈장을 수여했다. 그런데 그가 한국을 떠날 때는 정말 한심했다고 한다.

상무의 감독 계약 연장이 안 되었다.

중국 프로팀과 연결되나 했는데 무산이 되었다.

갈 데가 없는 신세가 되어버렸다. 이처럼 처절한 고난에 처하기도 했지만 그가 결국 승리한 비결이 무엇일까?

그는 하나님께 붙어 있었던 것이다.

그는 신실한 그리스도인으로 예배에 성실히 참석하고 부부가 함께 말씀과 기도로 하나님께 붙어 있었다.

그게 힘이 되어 고난을 이기고 승리할 수 있었던 것이다.

샘 곁의 무성한 가지와 같은 사람은 이와 같이 고난에도 불구하고 결국은 승리한다.

천국이 가까왔느니라
(마4:12~17)

　하나님이 오늘날 우리들을 이곳에 살게 하시고 우리 교회에 불러주신 목적이 무엇일까?
　단순히 직장이나 교육이나 생계수단만을 위한 것일까? 아니면 복음을 효과적으로 전하고 하나님의 일을 더욱 열심히 많이 하도록 하기 위함일까? 예수님의 발자취를 따라서 내가 지금 살고 있는 자리에서 주님의 뜻을 깨닫고 더욱 복음을 열심히 전하며 하나님의 영광을 드러내는 삶을 살게 하시기 위함이다.

1. 큰 빛으로 오신 예수님
　1)고난과 슬픔과 한이 많은 삶을 살아가는 사람들
　2)세상은 사망의 음침한 골짜기와 같다.
　3)예수님은 큰 빛으로 찾아오셨다.

2. 회개하고 하나님께 돌아오라.
　1)예수 그리스도를 구세주로 믿을 때 구원에 이른다.
　2)인간의 의와 선행과 공로로는 구원에 이를 수 가 없다.
　3)형식적인 제사와 예물보다는 참회의 제사와 기도를 받으신다.

3. 천국이 가까이 왔으니 천국에 들어가라.
　1)회개의 결과는 천국이요 영생이다.
　2)예수님은 천국을 세우시기 위해 오셨다.
　3)천국은 구원받은 사람에게 주는 하나님의 최고의 선물이다.

　누구든지 그리스도의 영이 없으면 그리스도인이 아니다. 교회를 다녀도 그리스도께서 그 영혼 속에 보혜사 성령으로 임재하여 함께 살지 아니하면 하나의 종교인이요 교인에 불과하며 천국 백성이 아니요 하나님의 자녀가 아니다. 많은 영혼을 옳은 데로 돌아오게 한 사람은 반드시 천국에서 커다란 상급이 기다리고 있다.
　우리 모두 구원 받고 성령 받아 천국에 들어가 천국 백성으로 살기를 주님의 이름으로 축원을 드립니다.

♣ 천국에서의 상급 ♣

　이 땅에 살 때에 상류층이라고 불리며 아주 호화롭게 살면서 부러움을 받던 한 남자가 있었다. 그가 죽어서 천국에 도착하자 한 천사가 마중을 나왔다. 천사는 그가 앞으로 살집을 안내하겠다고 하며 그를 데리고 어디론가 가기 시작했다.
　남자는 자신이 세상에 있을 때 살던 집과는 비교도 안 되는 황금의 대저택들 사이로 걸어갔다. 그는 자신은 세상에서 이런 집들과 비슷한 곳에서 살았으니까 자기도 이런 집중에 하나가 주어질 것이라고 기대를 했다. 그러나 대저택가를 다 지나 통과한 뒤 천사는 맨 끄트머리에 있는 낡고 작은 집들이 있는 곳에 이르렀다.
　천사는 그 중에서 가장 허름한 집을 가르치며 "여기가 당신이 앞으로 살집입니다"고 말했다.
　놀라고 당황한 남자는 천사에게 항의를 했다.
　"아니, 나보고 이런 집에서 살라구요? 저쪽의 대저택들을 두고 왜 나보고 이런 형편없는 집에서 살라고 합니까?"
　천사가 말했다. "죄송합니다. 당신이 세상에 살아있을 때 올려 보낸 재료로는 아무리 해도 이런 집밖에 지을 수가 없었습니다."
　이 세상에서의 삶은 단 한 번이다. 그러나 이 세상에서 우리가 한 행실로 인해 천국에서의 상급이 정해진다.
　그러므로 천국을 소망하고 영원한 상급을 소망하는 사람의 이 세상에서의 삶은 달라져야 할 것이다.

깨어 기도하라
(마26:41)

그리스도인들이 구하는 기도, 찾는 기도, 문을 두드리는 기도, 시험을 대비하는 기도를 드린다.

많은 그리스도인들이 시험을 대비하는 기도를 드리지 않다가 시험이 찾아왔을 때 시험을 이기지 못하고 시험에 들어 큰 낭패를 본다.

시험을 대비하는 기도란 무엇일까요?

1. 시험에 들지 않게 기도하라.
1)마귀가 믿음의 사람들의 믿음을 뒤흔든다.
2)마귀는 믿음을 잃게하기 위해 시험을 한다.
3)시험에 들면 하나님과의 관계가 깨어진다.

2. 시험에 들지 않기 위해 깨어 있으라
1)영적으로 깨어 있는 사람
2)영적으로 졸고 있는 사람
3)깨어 있지 못해 기도하지 못하는 사람

3. 깨어서 심혈을 기울여 기도하라.
1)영적으로 깨어 있는 사람들은 기도한다.
2)기도하지 않으면 시험에 들 수밖에 없다.
3)기도하면 모든 시험을 넉넉하게 이길 수 있다.

이제 다니엘 새벽기도회를 시작한다. 우선 시급한 기도제목을 하나님 앞에서 기도하고, 중보기도를 드리고, 시험을 대비하는 기도를 드려야 한다. 언제 찾아올지 모르는 시험을 대비하는 기도를 드려야 한다. 마치 예방주사를 맞은 사람들처럼 시험이 찾아올 때 넉넉히 이겨낼 수 있을 것이다.

다니엘 특별새벽기도회에 승리하는 성도들이 되시기를 주님의 이름으로 축원을 드립니다.

♣시험이 닥칠 때 ♣

육군3사관학교 교장이었던 황영시장군은 육군본부교회 장로였다.

어느 해 3사관학교 졸업식이 열리던 날이었다. 졸업식이 끝나고 박정희 대통령이 참석하는 식사 자리와 더불어 칵테일파티가 이어지고 있었다.

파티 자리가 끝날 즈음 박대통령이 그에게 술잔을 내밀며 말했다.

"자, 이 잔은 대통령이 하사하는 술이니 받으시오. 당신, 이 잔 받지 않으면 옷 벗을 각오 하시오."

그러자 황 장군은 그 자리에서 벌떡 일어났다. 부동자세로 박 대통령을 향해 거수경례를 한 뒤 이렇게 대답했다.

"각하, 저는 교회 장로입니다. 제가 이 나라와 대통령을 위해서라면 이 한목숨까지 버릴 각오로 군인생활을 하고 있습니다. 그런데 충성과 술은 아무런 관계가 없습니다. 이 술은 마시지 않도록 하겠습니다."

행사장에 둘러앉아 있던 좌중은 물을 끼얹은 듯 조용해졌다.

박 대통령도 멋쩍어서 그 자리를 피했다. 그런데 놀라운 일은 그 뒤에 벌어졌다. 옷을 벗을 줄 알았던 황 장군은 며칠 지나지 않아 대통령의 특명으로 6군단장으로 영전했다.

육군사관학교 동기 중에서는 가장 먼저 별 넷을 다는 대장이 되었고, 육군참모총장에 이어 훗날에는 감사원장까지 지냈다.

시험이 닥칠 때 하나님을 의지하고 당당히 맞서라.

반드시 승리할 것이다.

뒤 돌아보지 맙시다

(눅9:57~62)

분명한 목표와 일감을 가진 우리들은 시선을 앞으로 향해야 하며, 실패와 고통과 좌절의 추억만을 되씹는 우리들이 되어서는 안 된다.

손에 쟁기를 잡은 것은 하나님 나라를 건설하기 위한 위대하고 웅장한 사명자를 의미한다. 본문은 제자들의 제안에 대한 예수님의 대답이다.

1. 인자는 머리 둘 곳이 없다.
1) 감화력은 사람을 변화시키고 결심하도록 만든다.
2) 예수님의 생애는 십자가의 길이다.
3) 포기할 줄 아는 자에게 더 큰 것으로 채워주신다.

2. 죽은 자들로 죽은 자를 장사하게 하라.
1) 복음은 윤리보다 선행한다는 진리다.
2) 사회의 규칙은 생명이 있는 것은 아니다.
3) 적당히 부담 없이 신앙생활 하려고 해서는 안 된다.

3. 예수님이 말씀하신대로 뒤돌아보지 말라.
1) 쟁기를 잡고 뒤돌아보는 것은 참으로 부자연스럽다.
2) 뒤돌아보고 있는 한 앞으로 갈 수 없다.
3) 사람은 과거보다 오늘이 중요하다.

우리는 세상에 살고 있으나 세상에 속한 자는 아니다. 청산할 것은 철저히 청산 회개한 후에는 천국운동을 위한 분명한 일감을 갖고 앞으로, 앞으로 믿음으로 전진할 때 우리 주님께서 기뻐하실 것이다. 그러므로 우리는 사나 죽으나 하나님의 영광을 위하여 살아가는 것이 피조물이 할 도리다.

하루하루 삶 속에서 믿음으로 복음을 전하는 일에 소홀함이 없이 최선을 다하는 그리스도인이 되시기를 주님의 이름으로 축원합니다.

♣마음의 잡초를 제거하는 방법 ♣

학식과 덕을 겸비해서 널리 이름이 알려진 노인이 있었는데 어느 날 두 청년이 찾아와 제자로 받아달라고 했다.

그러자 노인은 두 청년을 넓은 공터로 데려갔다.

노인은 두 청년에게 같은 넓이의 공터를 배분하고 말했다.

"너희는 지금부터 누구의 도움도 받지 않고, 어떤 도구도 쓰지 않고, 오직 혼자서 자신의 손으로 주어진 공터의 잡초를 없애도록 해라. 반년 후 공터에 잡초가 더 적은 사람을 제자로 삼도록 하겠다."

두 청년은 매일 같이 공터를 찾아가 잡초를 뽑았다. 하지만 아무리 잡초를 뽑고 또 뽑아도 잡초는 그 자리에 금세 다시 자라났다. 반년 후 노인과 함께 잡초를 뽑은 한 청년의 공터를 찾아가니 미처 뽑지 못한 잡초가 굉장히 많이 남아있다.

그리고 노인과 함께 다른 청년의 공터를 찾아갔다.

다른 청년이 관리하던 공터에는 잡초 대신 곡식 이삭이 빽빽하게 자라고 있었다. 잡초 대신 곡식을 심은 청년은 말했다. "잡초는 너무 끈질겨서 아무리 뽑아도 빈터가 있으면 다시 자라게 되어 처음부터 잡초가 자랄 빈터를 남기지 않고 이로운 곡식으로 터를 채워버리면 잡초가 자랄 땅이 없어져 버립니다."

이후 곡식을 심은 청년이 훌륭한 제자가 되었다.

십자가의 능력
(고전1:18~24)

십자가는 기독교의 상징이며 능력이다.

십자가의 진리는 멸망하는 자들에게는 미련하게 보이나 구원을 받는 우리에게는 하나님의 능력이다. 십자가의 능력을 통해서 많은 사람들이 변화되어 지는 것은 성령이 우리 삶 속에 함께 하셔서 능력으로 역사하시기 때문이다. 세상은 죄와 사망과 사단 마귀가 지배하고 있다. 죄와 사망과 사단 마귀는 사람을 괴롭게 만든다.

1. 사람은 누구나 다 죽음을 만난다.
1)죽음 이후에 심판이 있다.
2)하나님을 모시고 사는 사람이 행복하다.
3)지옥 갈 영혼은 불행한 것이다.

2. 십자가의 능력은 사단을 물리치는 능력이다.
1)사단 마귀는 그리스도인들을 박해하고 있다.
2)마귀는 두루 다니면서 삼킬 자를 찾고 있다.
3)말씀의 능력을 통해서 마귀에게 승리하게 된다.

3. 십자가의 능력은 치료하는 능력이다.
1)나의 육신의 연약함을 치료해 주신다.
2)나의 상한 마음을 고쳐주신다.
3)내 영을 치유하시고 새롭게 해 주신다.

우리는 날마다 십자가를 바라보고 그 십자가를 의지하고 그 십자가를 자랑하고 우리가 십자가 붙잡고 살아가 한다.

십자가의 은혜가 우리의 심령 가운데 강물처럼 흘러넘치고 십자가의 능력을 통해 험한 세상에서 날마다 승리하고 구원받은 하나님의 자녀가 되어서 세상에서 빛과 소금의 역할을 감당하시는 성도들이 되시기를 주님의 이름으로 축원합니다.

♣ 십자가로 인한 변화 ♣

이스라엘 어느 마을에서 생긴 이야기다.

아이 하나가 그렇게 학교에서 말썽을 부렸다. 선생님이 다니는 길에 기름을 칠해 선생님을 넘어지게 했다.

아이들에게 폭력을 가해 항상 치료비를 물어 주어야 했다.

교장 선생님이 부모를 불러 퇴학을 시켰다.

유대교 학교에서 퇴학을 맞고 이 학교 저 학교로 돌아 다녔지만 다니는 곳마다 말썽이 나서 항상 퇴학이 되었다.

이제 남은 학교란 기독교 학교 밖에 갈 수 없었다. 할 수 없이 기독교 학교에 입학을 시켰다. 며칠 후 교장 선생님이 또 부모를 부르는 것이다. 가슴이 철렁 내려 앉았다.

"또 퇴학이로구나. 이제는 더 갈 학교가 없는데...."

부모님은 한숨을 내쉬며 조심스럽게 교장실로 들어 갔다.

교장 선생님이 말했다. "이렇게 모범적인 착한 학생이 왜 그렇게 퇴학을 많이 당했나요. 정말 모범생입니다."

부모는 놀라서 집에 돌아와 아들에게 물었다. "왠일이니?"

아들이 말했다. "아빠, 엄마. 내가 그 학교 가보니까 방마다 어떤 남자가 십자가에 피투성이가 되어서 매달려 있는 사진이 걸려 있었어요. 나는 정신이 번쩍 났어요. 이 학교에서 말썽을 부리면 이렇게 죽이는 가 봐요."

십자가로 그는 변화가 되었다.

나는 부활이요 생명이라

(요11:25~27)

    기독교는 예수님의 부활을 믿고 또 우리의 부활을 믿는 종교다.
    인간은 육체와 영혼으로 구성되어 있다. 인간의 육체는 흙에서 왔으므로 죽으면 흙으로 돌아간다. 그러나 영혼은 사후세계로 들어가게 된다.
    인간의 영혼이 사후에 갈 수 있는 곳은 천국과 지옥뿐이다. 그리스도인들의 궁극적인 소망은 예수님과 같이 부활의 몸을 입고 천국에서 영생을 누리는 것이다.

1. 나는 부활이요 생명이다.
  1)예수님은 죄인들을 구원하실 구세주로 오셨다.
  2)예수님이 인류의 모든 문제의 해답이시다.
  3)이 세상에 의인은 없으며 하나도 없다.

2. 나를 믿는 자는 죽어도 살리라.
  1)죽은 자가 예수님이 부활하신 것처럼 다시 살아난다.
  2)인간의 육체의 죽음은 결코 끝이 아니다.
  3)천사보다도 더 귀한 영광을 누리며 살게 된다.

3. 살아서 나를 믿는 자는 영원히 죽지 아니하리라.
  1)믿는 자는 하나님의 나라에서 영원히 살게 된다.
  2)지금이 구원을 받을 마지막 때이다.
  3)죽음 이후에는 구원의 기회가 없다.

    부활은 기독교가 생명의 종교가 되게 하였다. 생명의 종교를 믿는 우리 모두가 생명 얻은 부활신앙으로 살아야 한다. 살아 있으면서 삶을 즐기지 못하는 것보다 비극적인 일은 없다. 우리 모두는 예수님의 부활로 얻은 부활의 소망과 부활신앙으로 영원한 삶을 즐기지 못하는 비극을 범치 말아야 한다.
    예수님의 부활이 우리의 부활이 되어 부활의 기쁨과 소망이 충만한 매일의 삶이 되시기를 주님의 이름으로 축원을 드립니다.

♣ 부활의 유머 ♣

경상도 할마이 셋이 이야기를 나누는데, 한 할매가
"어이, 예수가 죽었단다."고 하자
"와 죽었다 카드노?" 라고 물었다.
"못에 찔려 죽었다 안카나" 라고 대답하자
"어이구 머리 풀어헤치고 다닐 때 알아봤다." 라고 했다.
이 때 암말 않던 할매가 "어이 예수가 누꼬?" 라고 물었다.
"몰라 우리 며늘아가 아부지 아부지 캐쌌는거이 보이 사돈 어른인갑지 뭐!" 라고 대답했다.
그 후에 또 다른 할매가 "그래, 문상은 갔드나?" 라고 묻자
"아니 안 갔다이." "와 안 갔노?"
"갈라 캤더니 사흘 만에 살아나따 카드라."고 하더라.

예수님이 십자가에서 돌아가신 후 예수님의 시신을 장례지낸 사람이 아리마대 사람 요셉이다.

아리마대 요셉이 자기와 그의 집안에 사용하려고 파놓은 새 무덤에 예수님의 시체를 장사 지내고 난 다음날 친구로부터 핀잔을 들었다. "자네 미쳤나? 그렇게 많은 돈을 들여 판 새 무덤을 십자가에 처형당한 죄수에게 내 주다니."

그러자 아리마대 요셉이 별거 아니라는 표정으로 친구에게 이렇게 대답했다. "야, 이 친구야 괜찮아. 예수님이 주말에만 3일 정도 잠깐 쓰시겠다고 했거든."

예수님은 제3일에 살아나셨다.

우리는 어떤 어려운 일이 일어나도 한 3일만 지나가면 문제는 다 해결된다는 긍정적인 생각을 가져야겠다.

다급한 일을 만날 때

(삼상28:15~16)

어릴 때 집에서 키우던 닭을 잡은 적이 있다.

마당 구석으로 살살 몰다가 갑자기 달려들면 닭이 도망간다. 어떤 닭은 날아서 지붕으로 도망친다. 어떤 닭은 지푸라기 사이로 머리만 숨는다.

어떤 닭이 정신을 차린 것인가? 어떤 닭이 그날 닭고기로 변했을까?

사울과 다윗이 서로 비슷한 행동을 하는 것도 있고, 상반되는 행동도 있다. 그 결과는 아주 다르다.

우리가 급한 일을 당할 때 하나님은 우리에게 무엇을 요구하실까?

1. 다급할 때 사람부터 찾지 말자.

  1)죽은 사람의 영을 불러낼 수 없다.
  2)기도하면서 말씀을 불순종한다.
  3)하나님은 마지막 기회를 주신다.

2. 다급할수록 먼저 하나님을 찾자.

  1)자기 생각대로 결론을 내린다.
  2)해서는 안 될 행동을 하게 된다.
  3)다급할수록 하나님을 의지해야 한다.

3. 다급한 일을 만날 때 어떻게 해야 할까?

  1)사울은 결정적인 순간에 사람을 의지했다.
  2)다윗은 결정적일 때 하나님을 의지했다.
  3)하나님이 도와주시면 최고로 도와주신다.

주 안에서 우선순위를 아는 사람에게는 하나님의 주머니도 열려 있다. 다급한 일을 만날 때 우리는 사울처럼 넘어져서 끝나지 말아야 한다. 잠시 흔들릴 수는 있지만 결국은 다윗처럼 다시 믿음으로 기도로 일어서야 한다.

급한 일을 당해도 오뚜기처럼 일어서는 성도들이 되시기를 주님의 이름으로 축원을 드립니다.

♣ 우선순위를 아는 사람 ♣

"아버지, 저 녹음기 하나 있으면 좋겠어요."
 중학생 막내딸이 졸랐다. 학습 도구로 쓰기 위해서 어렵게 꺼낸 말이었음을 아버지는 잘 알고 있었다.
 그러나 아버지는 그 딸의 요청을 들어줄 수 없었다.
 아버지는 그렇게 여유롭지 못한 개척교회 목회자였던 것이다.
 또 1970년대, 그 시절에는 그렇게 여유롭지도 않았다.
 그런데 아버지에게 돈이 생겼다.
 형제처럼 여기는 친구가 선물로 돈을 주었다.
 아버지는 기뻤고 딸도 좋아했다.
 아버지는 딸에게 녹음기를 사라고 그 돈을 주었다.
 그런데 그 다음 주일이었다.
 딸이 그 돈을 모두 교회 헌금으로 내놨다.
 아버지는 깜짝 놀랬다. "아니, 너 녹음기 살 돈을 다 헌금했더구나…"
 "예 아버지, 녹음기를 꼭 가지고 싶었어요. 그렇지만 이제 예배당을 짓는 일을 시작하는데 그 일이 더 급한 일로 여겨져서요."
 그 후부터 그 아버지의 주머니가 막내딸에게만은 항상 열려 있었다.
 주 안에서 우선순위를 아는 사람에게는 하나님의 주머니도 열리게 된다.

거룩한 땅의 그루터기
(사6:11~12)

그루터기는 싹둑 잘려서 밑둥치만 남은 나무이지만 그 옆으로 작은 잎사귀 하나가 달린 가느다란 가지가 새로 돋아난다.

비록 땅에 올라온 부분은 거의 다 잘려 나갔을지라도 아직 땅속 깊이 박혀 있는 뿌리에 연결되어 있어서 그 생명력이 여전히 작동하는 것이다.

하나님은 희망을 잃어버리고 있을 때에 재생의 희망을 살릴 씨앗, 생명의 기운을 보전할 그루터기를 남겨 두겠다고 약속해 주셨다.

1. **거룩하신 하나님만을 참된 절대주권자로 모시라.**
   1) 하나님은 최고의 통치자이시다.
   2) 완전무결한 준비태세를 항상 갖추고 있어야 한다.
   3) 하나님을 왕 중의 왕으로 모셔야 한다.

2. **죄 사함의 은혜와 구원의 확신을 소유하라.**
   1) 하나님을 만나는 순간 사죄의 은총을 베풀어 주신다.
   2) 하나님을 만나면 사죄 선포가 즉시 따라온다.
   3) 십자가를 통한 대속의 은혜를 뜨겁게 간직해야 한다.

3. **전도의 사명에 죽도록 충성하는 성도와 교회가 되라.**
   1) 하나님의 말씀을 불순종하면 하나님의 심판을 받는다.
   2) 소명을 받은 전도자는 복음을 전파해야만 한다.
   3) 그리스도의 구속사를 완성해 가는 사명인이 되어야 한다.

오직 신실한 성도와 참된 교회만이 조국과 전세계에 남아 있는 유일한 희망이다. 나 자신부터가 거룩한 씨로 뿌려져야 이 민족에게 소생의 길이 열려 있으며, 우리 교회부터 이 땅의 그루터기가 되어야만 땅끝까지 예수 생명의 기운을 이어갈 수 있다.

조국과 열방과 민족과 섬들과 끝까지 생명의 희망을 주는 '거룩한 씨와 그루터기'가 되시기를 주님의 이름으로 축원합니다.

♣ 그루터기 ♣

　언젠가 어느 텔레비전 다큐멘터리를 통해 호주에서 벌어지는 신기한 장면을 본 적이 있었다.
　그 지역은 번개가 자주 치기 때문에 산불이 쉽게 일어나는데, 설상가상으로 기후도 건조해서 한 번 불이 나면 아주 넓은 지역이 피해를 입기 마련이었다. 그런데 놀랍게도 그 곳에 아주 많이 자라는 한 종류의 나무는 화재로 인해 나무껍질이 다 타버려도 두 주일 정도만 지나면 그 새까만 껍질을 뚫고 새 순이 돋아나는 것이었다.
　그처럼 생명체 속에 내재된 재생력은 아주 강인한데 그런 현상은 '그루터기'에서도 흔히 나타난다.
　싹둑 잘려서 밑둥치만 남은 나무이지만 그 옆으로 작은 잎사귀 하나가 달린 가느다란 가지가 새로 돋아나는 것이다.
　비록 땅 위에 올라온 부분은 거의 다 잘려 나갔을지라도 아직 땅속 깊이 박혀 있는 뿌리에 연결되어 있어서 그 생명력이 여전히 작동하기 때문이다.
　나 자신부터가 이 땅의 그루터기가 되어야만 땅끝까지 '예수 생명의 기운을 이어갈 수 있다.

하나님을 오해하지 말자

(엡3:18~21)

하나님을 기쁘시게 하고 영화롭게 하려면 먼저 하나님을 바르게 이해해야 한다.

우리 안에 기쁨이 가득하고, 진정이 담긴 찬양을 하며, 감격이 넘치는 신앙생활을 원하면 먼저 하나님을 바르게 이해해야 한다. 하나님이 누구신지, 어떻게 역사하시는 분인지, 우리에게 무엇을 기대하시는지를 바르게 알아야 우리 믿음이 반듯하게 되고 하나님께 큰 영광을 돌려 드릴 수 있다.

1. 하나님이 우리 밖에서만 역사하신다고 오해한다.

1) 나와 상관없는 일에만 관심을 갖고있는 것으로 생각한다.
2) 하나님은 성령을 통해 우리 안에서 역사하신다.
3) 하나님을 믿음의 눈으로 바라보고 대화를 나누어야 한다.

2. 하나님이 우리의 기도에 못 미친다고 오해한다.

1) 하나님은 인색한 분이 아니며 후한 분이시다.
2) 하나님은 좋은 것으로 채워주시며 존귀하게 높여주신다.
3) 하나님은 언제나 구하는 것에 더 넘치도록 주신다.

3. 하나님이 우리의 기대를 실망시킨다는 오해한다.

1) 하나님은 우리들이 생각하는 것에 더 넘치게 주시는 분이다.
2) 기도하고 부정적인 생각을 하면 하나님은 응답하지 않는다.
3) 믿음으로 가득 찬 생각을 하면 반드시 이루어주신다.

사람들이 예수를 믿으면서도 하나님을 오해하기에 종종 작은 일에 매달려 싸운다. 우리 하나님은 너무나 크신 분이다. 큰 것을 얻기 위해 작은 것을 포기할 수 있어야 한다. 나와 상관없는 특별한 사람들과 일하시는 하나님이라는 오해를 버리고 내 안에서 일하시는 하나님이심을 믿어야 한다.

큰 기도의 응답을 위해 큰 꿈의 성취를 위해 사단이 가져다주는 불신과 의심의 유혹을 물리치고 여러분 안에 성령의 감동과 말씀의 은혜로 늘 충만하게 채우는 사람이 되시기 축원을 드립니다

♣생각의 차이 ♣

빌 클린턴이 미국 대통령에 당선되었을 때 뉴욕 타임즈에는 '두 친구'라는 제목의 기사를 실었다.

영국 옥스포드 대학에 아주 가까운 두 친구가 있었다.

그들은 모두 미국인유학생이고 머리도 좋았다.

그런데 한 사람은 미국대통령이 되었고 다른 한친구는 자살로써 인생이 끝났다.

두 친구의 차이점은 단순히 한 사람은 적극적이고 긍정적이며 다른 사람은 부정적이고 비판적인 생각으로 살았다는 것이다.

클린턴의 친구는 프랭크 알렌이었는데 두뇌와 경제적 배경이 클린턴보다 나았으나 늘 불평이 많아 투덜거리며 사회에 대해 비판적이었다고 한다.

클린턴은 가난한 집에서 두 이복 동생을 돌보아 주어야 하는 환경이었으나 언제나 사회를 낙관적으로 보고 늘 어머니께 감사하였다고 한다.

결국 생각의 차이가 그처럼 한 사람은 성공한 미국의 대통령으로 다른 한 사람은 중간에 비참하게 끝난 실패한 인생으로 나누어지게 만들었던 것이다.

비판과 불평은 다른 사람에게 맡기고 긍정적인 말, 존경하는 말, 칭찬의 말에 풍성한 사람이 되어야 한다.

복음을 전파하신 예수님
(막1:14~20)

예수님은 세례를 받은 후에 성령님의 기름 부음을 받고 공식적으로 메시아 직분에 취임해서 인류를 위해 세움받은 메시아로 증언했다.

사탄의 시험에서 승리한 예수님은 본격적인 공생애 사역을 시작했다.

구약에 예언된 하나님 나라가 올 때가 되어서 예수님은 메시아로서 사탄의 왕국을 무너뜨리고, 하나님의 나라를 이 땅에 오게 하는 사역을 시작하게 되었다.

1. 메시아의 복음 사역의 시작
1) 예수님은 메시아로서 하나님의 복음을 전파했다.
2) 태양이 떠오르면 밤하늘의 별들은 자취를 감춘다.
3) 복음은 생명의 빛을 비치게 하는 삶이다.

2. 예수님이 전파한 복음의 내용
1) 우리에게 주어진 구원의 때를 놓치면 안 된다.
2) 예수님은 죄에 대한 권세가 있다.
3) 예수님은 순수하게 하나님의 복음만을 전했다.

3. 복음을 전하기 위해 제자들을 부른 예수님
1) 죄 아래 있는 영혼들을 구원하려고 제자들을 불렀다.
2) 참 제자가 되려면 버려야할 것을 버려야 한다.
3) 예수님은 적절한 사람들을 택해서 일을 맡기신다.

복음을 올바로 알고 전하자. 예수님은 죄에 대한 권세와 죄인들에 대한 권세가 있다. 복잡하게 살지 말고 순수하게 하나님 말씀만 붙들고 살아야 한다. 주님을 위해 포기할 것은 포기하자. 또한 다른 사람과 더불어 함께 일하는 것을 기뻐하고 예수님이 하나님을 기쁘게 해드린 것과 같이 하나님을 기쁘게 해드리는 삶을 살아야 한다.

영혼을 구원하여 하나님을 기쁘게 하는 우리 모두가 되기를 예수님의 이름으로 축원합니다.

♣ 참된 복음 ♣

　카이프낙은 그린랜드의 산지에 살면서 살인을 일삼던 강도 두목이었다. 하루는 그가 요한복음을 번역하고 있는 선교사의 오두막집으로 왔다. 그는 선교사가 하고 있는 일이 무엇인지 궁금했다. 선교사가 그에게 자기가 만들고 있는 부호들이 어떻게 말이 되며 그 책이 어떻게 말을 할 수 있는가를 이야기하자 그는 그 책이 말하는 것을 듣고 싶다고 했다. 그래서 선교사는 그리스도의 수난과 죽음의 이야기를 읽어 주었다.
　그러자 두목은 즉각 물었다. "이 사람이 무슨 일을 저지렀나요? 그가 누구의 물건을 훔쳤습니까? 그가 누구를 죽였습니까?"
　"아닙니다. 그는 아무 물건도 훔치지 않았고 아무도 죽이지 않았어요. 그는 아주 나쁜 짓도 하지 않았어요."
　"그렇다면 왜 수난을 당해요? 그가 왜 죽어요?"
　"내 말을 잘 들어보십시오. 이 사람은 아무 나쁜 짓도 하지 않았지만 당신은 나쁜 짓을 했어요. 이 사람은 누구의 물건도 훔치지 않았지만 당신은 동생을 죽였고 당신의 아이를 죽였어요. 이 사람은 당신이 수난을 당하지 않게 하기 위하여 수난을 당했습니다. 그는 당신이 죽지 않게 하기 위해 죽은 것입니다."
　"그 이야기 다시 한 번 해주세요."
　두목은 이 말을 듣고 무척 놀랐다. 그러고는 이 무자비한 살인자는 십자가 앞에 무릎을 꿇었다. 예수그리스도께서 인류를 구속하기 위하여 죽임을 당하셨고, 그를 믿을 때 모든 인간은 구원받는다는 사실이 참된 복음이다.

그리스도인의 가정
(엡6:1~4)

이 세상에서 가장 아름답고 소중한 공동체는 가정이다.

가정은 남편과 아내가 중심이 되고 둘 사이에서 태어난 자녀들이 더해져서 제 모습을 갖춘다. 가정은 모든 사람들의 마음의 고향이기도 하다.

가정이 삶의 보금자리가 되고, 스위트 홈이 되려면 어떻게 해야 할까?

1. 가정의 창시자가 하나님이심을 알아야 한다.
1) 가정은 처음부터 일부일처제로 출발하였다.
2) 가정의 신성함을 이해할 때 가정의 파괴를 방지할 수 있다.
3) 가정을 통해서 하나님께 영광을 돌려드려야 한다.

2. 부부가 돕는 배필의 역할을 다해야 한다.
1) 가정을 지탱하는 기본적인 책임은 남편과 아내에게 있다.
2) 부부는 서로서로 신앙생활을 잘하도록 도와야 한다.
3) 머리와 몸이 나누이면 살 수 없듯이 부부는 결코 나뉠 수 없다.

3. 부모 공경에 힘써야 한다.
1) 부모를 공경하는 미풍양식이 점차적으로 사라지고 있다.
2) 인륜에 대한 약속 있는 계명은 부모 공경 밖에 없다.
3) 부모님은 자식의 공경을 받을 충분한 자격이 있다.

4. 자녀들을 주의 교양과 훈계로 양육해야 한다.
1) 행복한 가정이 되려면 자녀들을 잘 양육해야 한다.
2) 우리는 자녀의 신앙 교육을 힘써야 한다.
3) 하나님 중심으로 살아가는 모습을 보여 주어야 한다.

남편과 아내는 서로 돕는 배필인 것을 기억하시고 서로 사랑과 이해로 도와야 한다. 주님 안에서 부모를 공경하고, 주의 교양과 훈계로 자녀를 양육해야 한다.

성도님들의 가정마다 화목하고 웃음이 끊이지 않는 그리스도인의 가정이 되시기를 주님의 이름으로 축원합니다.

♣아름다운 가정 ♣

　작은 시골 마을에서 어렵게 세 식구가 사는 가정이 있었다. 이 가정에 어느 날 걱정거리가 생겼다.
　다섯 살 막내가 중병에 걸렸다. 가난한 형편이어서 치료받을 길이 없었다. 집에 누워 병은 점점 깊어만 갔다.
　엄마는 한숨만 땅이 꺼져라 들이쉬고 내쉬면서 죽만 끓여줄 뿐이었다. 아버지와 어머니는 어린 누나 앞에서 동생 5살 막내 머리를 쓰다듬으면서 중얼거렸다.
　"기적이 있어야 사는 데…" "기적이 있어야 사는 데…"
　다음 날 아침 누나는 자기 돼지 저금통장을 찢었다.
　동전이 7,600원이 들어 있었다. 그는 이 동전을 들고 약국을 뛰어 갔다. 약국 아저씨는 한 사람과 이야기하고 있었다.
　누나는 말을 막으면서 말했다. "아저씨! 기적 약 주세요."
　약국 아저씨는 놀라서 물었다. "기적 약이 무엇이냐?"
　약국 아저씨가 말했다. "우리 약국은 기적 약이 없어."
　누나는 막무가내였다. "몰라요. 기적 약 주세요. 구해 주세요." 이 때 약국 아저씨와 같이 이야기하던 분이 그 소녀를 보며 물었다. "얼마 있니?" 누나는 7,600원을 내밀면서 말했다. "이게 다예요." 그는 7,600원을 받아 들고 말했다. "내가 기적 약을 줄께. 네 집에 가보자."
　둘이는 손을 잡고 집으로 갔다. 아저씨는 아픈 동생을 병원에 데려가서 다 고쳐 주었다. 알고 보니 그는 큰 병원의 의사였다. 유명한 의사였다. 약국 주인이 동생이었다.
　퇴원하는 날 엄마가 물었다. "병원비가 얼마입니까?"
　의사가 말했다. "이미 기적 값으로 7,600원을 받았습니다."
　아름다운 가정 이야기다.

좋은 소문이 나는 교회
(살전1:2~8)

오늘은 우리 교회가 설립된지 29주년을 맞이하는 기념주일이다.

사람들은 소문에 대하여 굉장히 민감하다. 좋은 교회라는 소문이 나면 사람들이 다 호감을 가지고 찾아온다. 데살로니가 교회는 각 지역으로 좋은 소문이 퍼진 교회였다. 우리 교회도 데살로니가 교회처럼 아름다운 소문이 각처로 퍼져나가야 할 것이다. 교회 부흥의 지름길은 교회가 아름다운 소문이 나는 것이다.

어떻게 하면 좋은 소문이 나는 교회가 될 수 있을까?

1. 데살로니가 교회는 믿음으로 역사하는 교회였다.

1)믿음은 신앙생활의 출발점이다.
2)믿음은 언제나 구체적인 행위를 수반한다.
3)믿음의 역사가 나타나는 교회로 소문이 나야 한다.

2. 데살로니가 교회는 사랑으로 수고하며 섬기는 교회였다.

1)모든 수고와 봉사의 기초는 사랑이다.
2)사랑이 없는 수고는 피곤하고 괴롭다.
3)사랑의 수고와 섬김과 나눔을 실천하는 교회로 소문을 내자.

3. 데살로니가 교회는 소망 중에 인내하는 교회였다.

1)데살로니가 교회 성도들은 신앙을 지켰다.
2)하나님의 기적은 위기 가운데 나타난다.
3)소망가운데 인내하는 교회가 되어야 한다.

세상에 소망 없는 자들이 우리교회는 소망이 넘쳐난다고 소문을 들을 수 있어야 한다. 교회의 부흥은 그 교회에 대한 소문이 주변에 어떻게 나느냐에 달려 있다. 우리 교회가 데살로니가 교회처럼 믿음의 역사와 사랑의 수고와 소망 중에 인내하는 교회로 좋은 소문이 나서 교회와 성도들이 칭찬을 들으며 그 결과로 부흥하는 교회가 되기를 주님의 이름으로 축원을 드립니다.

♣코끼리 울리기 ♣

요즈음 개척교회가 성공하지 못한다고 야단들이다.
그래서 요즈음 이런 유모어가 생겼다.
어느 써커스에서 일어난 이야기다.
코기리 주인이 관중들을 향하여 외쳤다.
"코끼리를 울리는 사람에게는 100만원을 드립니다."
이 사람 저 사람들이 나가서 코끼리를 울리려고 애를 썼다.
그러나 코끼리를 울리는 사람은 없었다.
그 때 목사님 한 분이 앞으로 나가더니 말했다.
"내가 한번 울려 보지요."
그리고 귀에 대고 무어라고 한참 이야기했더니 코끼리가 큰 눈물방울을 뚝뚝 떨어뜨리는 것이었다.
코끼리 주인이 물었다. "어떻게 하였나요?"
목사님이 말했다. "개척할 때 이야기를 해 주었더니 울었어요."
이번에는 코끼리 주인이 말했다. "내 코끼리를 펄쩍펄쩍 뛰게 하는 사람에게는 백만 원을 드리겠습니다."
많은 사람이 시도하였지만 역시 실패했다.
목사님이 나가더니 역시 귀에 대고 속삭였다.
코끼리는 갑자기 펄쩍펄쩍 뛰는 것이었다.
주인이 물었다. "무슨 말을 하였기에 저렇게 뛰나요?"
목사님이 대답했다. "'너 나하고 같이 개척할래?'라고 말했더니 말도 하지 말라고 펄쩍펄쩍 뛰었습니다."

보배로운 성도의 삶
(빌3:4~9)

하나님이 인간에게 주시는 최고의 지혜는 천하보다 귀한 나의 존재를 열어가게 하는 것이다. 성도는 정말 보배로운 존재다.

일자리의 부담을 안고 살아가야만 하는 나, 내일의 삶에 대한 기약 없이 오늘의 나의 삶에 찾아온 비참함 때문에 파괴시키고 싶은 나의 자리는 너무나 작아질 수밖에 없다. 나에게 세상을 품을 수 있는 자로 세우는 지혜는 보배로운 성도의 삶을 열어갈 때 가능한 것이다.

보배로운 삶은 어디에 있을까?

1. 예수님의 가치가 열려질 때 소유하는 것이다.
1)예수님의 이름을 부르기만 하면 모든 것을 허락해 주신다.
2)예수님의 이름이 끼치는 영향력이 너무나 크다.
3)참된 행복은 예수님을 알고 예수님 안에서 살 때 느껴진다.

2. 예수님이 보배가 되는 삶을 고백할 때 열려진다.
1)사람의 가치는 존재의 가치와 소유의 가치를 가지는 것이다.
2)하나님의 존재를 인정하는 증거들이 수없이 많이 있다.
3)오직 예수님으로만 천국을 소유할 수 있기 때문입니다.

3. 하나님으로부터 입혀진 자신의 의로움을 보는 것이다.
1)의로움의 자리는 하나님만이 주시는 은혜의 선물이다.
2)사랑의 자리는 값없이 열려지지 않는다.
3)하나님이 주신 의로움은 온 세상과도 바꿀 수 없는 보배다.

하나님 앞에 보배롭게 세워지는 지혜는 나 자신에게 있는 예수님의 가치가 크게 열려져야 하고, 예수님으로 세워지는 것을 귀한 보배로 받아들여야 하며, 하나님이 입혀 주신 의로움으로 떳떳하게 살아가야 한다.

예수님 안에서 그 어떤 것보다 더 크게 자랑할 수 있는 성도로 담대하게 살아가시기를 주님의 이름으로 축원합니다.

♣ 가설 검증 효과 ♣

아들이 아버지가 과속 운전을 하고 있을 때 위험하다고 일깨운다면 아버지는 "너나 잘해"라고 대답할 수 있다.

그러고 나서 "넌 통계를 전혀 모르는 모양이구나? 사람을 위험에 빠뜨리는 건 속도가 아니라 술과 여자들이야. 그리고 난 말이야 운전면허를 딴 이래로 가벼운 접촉 사고 한 번 낸 적이 없단다. 30년 무사고 운전이란 말이야. 그래서 보험회사에서도 알아서 보험료를 50%씩이나 깎아주는 거야"

아버지는 자신이 훌륭한 운전자라는 사실을 확인시켜줄 정보들을 제시한다. 하지만 아버지는 병원에는 한 번도 사고를 낸 적이 없는 운전자들로 가득하다는 사실을 애써 외면하고 있는 것이다.

로드(Lord), 로스(Ross), 레퍼(Lepper)는 이러한 성향을 기발한 방식으로 입증했다.

사형제도를 찬성하는 사람들과 반대하는 사람들을 선발한 뒤 그 사람들에게 두 편의 가짜 연구서를 평가해 달라고 부탁했다.

두 편의 연구서는 사형제도가 범죄율을 떨어뜨린다는 사실을 지지하는 내용과 반대하는 내용을 담고 있었다. 실험 결과 사형 제도를 지지하는 사람들은 이 제도가 살인사건 발생률을 억제한다고 증명하는 연구를 더 높이 평가하고, 사형 제도를 반대하는 내용의 연구보다 더 훌륭하고 설득력이 있다고 생각했다. 사형제도를 반대하는 사람들은 자신들이 원래 가지고 있던 믿음을 확인시켜주는 연구를 더 훌륭하고 설득력 있는 것으로 평가했다.

세르주 시코티의 "심리 실험 150"에 나오는 이야기다.

평생 동안 하나님의 존재를 부인하는 증거만 찾고 사는 사람들이 있다. 그러나 하나님의 존재를 인정하는 증거들 역시 이 세상에는 수없이 많이 있다.

에벤에셀의 하나님
(삼상7:12~14)

이스라엘 백성들이 하나님의 은혜와 축복을 많이 받고 날마다 풍성한 축복 가운데 살아가고 있었음에도 불구하고, 끊임없이 우상을 숭배하고 타락한 삶을 살았다.

하나님의 심판이 임하면 저들은 회개하고 주님께 돌아왔다. 하나님이 오래 참으시는 가운데 용납하시고 용서하셔서 오늘에 이르게 된 것이다.

1. 주님께로 돌아오라.
1) 두 주인을 겸하여 섬길 수 없다.
2) 다시금 영적 대 부흥운동을 일으켜야 한다.
3) 철저히 회개하고 첫 사랑을 회복해야 된다.

2. 주님께 부르짖으라.
1) 신앙의 회복은 예배의 회복으로부터 시작된다.
2) 회개하고 돌아 나와 부르짖어 기도해야 된다.
3) 교회의 능력은 기도에 있다.

3. 하나님이 여기까지 도우셨다.
1) 에벤에셀은 도움의 돌이다.
2) 하나님께서 지금도 우리에게 찾아오신다.
3) 우리는 하나님의 은혜라고밖에 고백할 것이 없다.

사무엘이 살아있는 한평생 동안 미스바 기도 이후 이스라엘을 하나님께서 붙들어주셨다. 빼앗겼던 모든 영토가 회복되었다. 에벤에셀의 하나님께 어제도 오늘도 앞으로도 도우실 주님 앞에 모든 것 다 맡기고, 이제 우리는 거룩한 꿈을 꾸어야 한다.

우리 교회는 그리스도의 복음으로 하나님 제일주의 신앙으로 하나가 되어 예수의 사랑을 온 천하에 전하는 주님의 몸된 교회로 거듭나기를 예수님 이름으로 축원합니다.

♣ 신원 에벤에셀 ♣

　1973년에 시작된 박성철 회장의 신원 에벤에셀은 국내뿐만 아니라 개성 공단을 비롯하여 중국, 베트남, 인도네시아, 과테말라 등지에 생산 시설을 갖고 있는 세계적인 의류 생산 기업이 되었다.
　박성철 장로는 주일마다 자가용 대신에 택시를 타고 교회에 간다. 택시 기사에게 하루 일당을 주겠다고 하고 새 가족으로 초청해서 예배의 경험을 하게 한다. 그렇게 해서라도 전도의 기회를 삼으려는 열심을 갖는 것이다. 그런 전도의 열심은 매년 200여명을 전도의 열매로 맺는다.
　그는 예배, 기도, 성경, 십일조를 비롯한 헌금 생활에 충성과 헌신을 다하며 이름이 알려지지 않았던 무명신자 시절부터 오늘날에 이르기까지 철저하게 말씀대로 하나님을 섬겨온 신자 중의 한 사람이다. 1975년부터 오늘날까지 40년 이상 새벽기도를 거의 하루도 빠지지 않고 다닌다.
　새벽에 못 일어날까 봐 알람시계를 둘씩 머리맡에 두고 잔다고 한다.
　어떤 날 새벽에는 고단한 상태에서 새벽 알람시계 소리에 깨어 일어나 잠결에 바지도 갈아입지 않고 잠옷 바람으로 교회에 가다가 되돌아와서 옷을 갈아입고 간 적도 있다고 한다.
　소년원에서 만난 선생님이 어린 박성철에게 예수를 전했다. 어린 시절에 신문 배달을 해가며 하나님께 기도하고 남산에서 잠을 자면서 고생 끝에 한양대학교를 졸업했다. 그가 섬유 공장을 차리고 공장의 기계 밑에서 한 달이면 20일 이상을 현장에서 새우잠을 자면서 공장을 일구었다. 오늘날은 나라 안과 밖의 공장마다 수 천 명의 직원들이 함께 예배를 드리며 생산에 종사한다.
　회사 이름도 '최고의 믿음'이란 뜻에서 '신원'(信元)이라고 정했다. 오직 하나님을 믿는 믿음으로 기업을 경영하고 있다. 신원 에벤에셀 사옥에 '주일은 주님과 함께'라는 대형 홍보 간판이 보인다.

너의 기도를 들었노라
(사38:2~6)

우리 인생에 내가 인정하고 싶든지 안하고 싶든지 내 뜻대로 내 생각대로 된 것보다 그렇지 못한 경우가 훨씬 많으며, 또 내 생각대로 내 뜻대로 펼치려 할 때가 오히려 기분 좋은 일보다 슬픈 일을 훨씬 더 많이 경험하고 살아왔다.

내가 전혀 바라지 않았음에도 불구하고 어느 한순간 내 삶의 자리에서 펼쳐지는 환난과 시련이 내 믿음까지 흔들리게 될 때도 있다.

1. 최악의 순간에 어떻게 해야 할까?
1) 통곡하며 기도해야 한다.
2) 사탄이 들어오기 가장 쉬울 때 기도해야 한다.
3) 전심으로 기도하면 크고 좋은 일을 보여 주신다.

2. 절망과 같은 상황 속에서도
1) 전력을 다해서 기도해야 한다.
2) 간절한 기도는 기도의 생명이다.
3) 간절함이 없는 기도는 생명력이 없다.

3. 기도의 응답은 어떻게 오는가?
1) 하나님의 말씀을 통하여 응답을 하신다.
2) 기도할 때 성령의 능력이 나타난다.
3) 하나님은 준비된 자를 들어 쓰신다.

우리에게 문제가 주어질 때에 하나님은 답을 준비하고 계신다. 길이 막힐 때는 다른 길을 예비하시고 우리를 기다리신다. 과연 나는 지금 절실하게 기도하고 있는가? 지금의 음성이 분명 하나님의 음성임을 확신하고 있는가? 그러므로 더욱 절실하게 기도해야 한다.

여러분의 기도가 축복의 통로가 되시기를 주님의 이름으로 축원을 드립니다.

♣ 세옹지마 ♣

옛날 중국 북방에 한 노인이 자식보다 소중하게 말을 길렀는데 어느 날 그 말이 산을 넘어 오랑캐 땅으로 가버렸다. 이에 마을 사람들이 그가 그토록 소중하게 여기는 말을 잃어버렸기에 위로하러 찾아왔다. 그런데 그 노인이 이렇게 말을 하는 것이다.

'이 일이 복이 될지 어찌 알게 소'

그리고 몇 달이 지난 어느 날 예전에 노인이 기르던 말이 돌아왔다. 그런데 그 말은 일개 소대쯤 되는 주인 없는 야생마들을 끌고 들어왔다. 이에 마을 사람들이 모두가 와서 그 노인이 부자가 되었다고 축하를 했다. 그런데 그 노인은 전혀 기뻐하지 않으면서 '이것이 화가 될지 어찌 알겠소?'라고 한 것이다.

그런데 얼마 후 '나쁜 일은 좋은 일보다 더 현실로 적중되는 것처럼' 그의 아들이 새로 들어 온 말을 타다가 그만 낙상하여 다리를 크게 다쳤다. 이에 이번에도 마을 사람들이 찾아와 위로를 했다.

그러자 이 노인이 하는 말이 '이것이 복이 될지 어찌 알겠소'라고 한 것이다. 그런데 몇 달 후 북쪽에서 오랑캐가 쳐들어 와 큰 전쟁이 발발했다.

그래서 마을에 있는 젊은이란 젊은이는 다 차출되어 생사를 알 수 없는 전쟁터에 나아가게 되었는데 그 노인의 아들은 다리를 크게 다쳤기 때문에 전쟁터에 나가지 않고 살아남았다는 것이다.

고난이 복이 되고, 화가 복이 될 수 있다는 말이다.

하나님은 우리의 도움이시라
(시46:1~3)

인생을 살다보면 사람의 힘과 지혜를 가지고 도저히 해결할 수 없는 어려운 일들을 만날 때가 있다.

인간의 수단 방법으로 해결할 수 없는 난관을 만났을 때 세상 사람들은 낙심하고 절망할 수밖에 없지만 성도들은 하나님을 의지하여 넉넉히 감당할 수 있다.

하나님의 도움을 받으려면 어떻게 해야 할까?

1. 하나님의 편에 서는 성도가 되어야 한다.
  1)우리가 하나님의 편에 서야 한다.
  2)다윗은 하나님 편에 서 있었다.
  3)모든 악한 세력과 위기로부터 구해 주신다.

2. 하나님을 의뢰하는 성도가 되어야 한다.
  1)하나님을 의뢰할 때 피난처가 되어 주신다.
  2)하나님을 의뢰할 때 우리의 힘이 되어 주신다.
  3)어떤 일을 만날지라도 변함없이 하나님을 의뢰해야 한다.

3. 하나님을 사랑하고 말씀을 순종하는 성도가 되어야 한다.
  1)하나님 사랑하는 것과 말씀을 순종하는 것은 언제나 함께한다.
  2)하나님 사랑하고 경외하는 마음으로 그 계명을 준행해야 한다.
  3)하나님 사랑하고 계명을 지키면 하나님께서 은혜를 내려주신다.

우리는 앞으로 무슨 일을 만날지, 아니면 시련을 만날는지 알 수 없다. 그러나 한 가지 아는 것은 우리 일생이 우연에 의해서 좌우되는 것이 아니라 전능하신 하나님의 섭리 가운데 있다는 것이다. 우리는 앞날을 모르지만 하나님께서는 다 아신다. 그러므로 언제나 하나님의 편에 서서 하나님을 의뢰하며 사랑하고 그 말씀을 순종하는 성도님들이 되어야 한다.

하나님께서 성도님들에게 큰 도움을 베풀어주셔서 날마다 승리의 삶을 살아가시기를 주님의 이름으로 축원을 드립니다.

♣ 하나님의 도우심 ♣

　에디슨은 어렸을 적에 너무 공부를 못해서 선생님이 그의 어머니를 불러 퇴학을 권한 바 있다고 한다.
　처칠은 소학교 졸업할 때까지 학습부진아로 특수반에서 공부를 할 수밖에 없었다.
　아인슈타인은 너무 성적이 나빠서 모두가 그를 정신박약자로 여겼다. 세계를 변화시킨 여기 세 인물의 공통점이 있다.
　그들의 처음이 아주 미약하고 보잘 것이 없었다는 것이다.
　그러나 하나님의 도우심으로 그들의 나중은 심히 창대 해졌다.
　트루먼 대통령이 은퇴를 했다. 고향인 미주리주의 인디펜던스에서 남은 날을 소일하면서 조용히 살았다. 어느 날 트루먼 기념 도서관에 갔을 때, 지도교사와 함께 여러 아이들이 몰려왔다.
　그중 한 아이가 물었다. "대통령께서는 제 나이만 했을 적에 인기가 대단했고, 반장도 하셨겠지요?"
　트루먼이 대답했다. "정반대야, 눈이 나빠 안경 없이는 맹인과 같았고 재주도 없었고 운동도 못했고 겁쟁이란 말을 들었거든"
　"그런데 어떻게 대통령이 되었어요?" 묻는 말에 트루먼은
　"나는 하나님께서 함께 하시면 못 할 일이 없다는 성경말씀을 믿었기 때문이야. 지금도 하나님은 나의 등 뒤에서 나를 보호하시고 계시거든" 하면서 아이들의 등을 두드려 주었다.

첫 사랑을 회복하는 교회
(계2:1~7)

역사가 있는 정통성 있는 교회의 가장 큰 장점은 분명한 교리 위에 교회가 악한 사람이나 악한 요소를 허용하지 않는다.

판단하기를 잘하고 시시비비가 분명한 교회다. 교회는 진리의 문제에 대해서는 타협해서는 안 된다.

우리 교회가 에베소교회를 통해서 교회가 무엇을 회복해야 할까?

1. 에베소에 나타난 주님의 모습
1)교회의 사자들을 주님이 친히 붙잡고 일하신다.
2)주님의 몸된 교회를 주관하시기를 기뻐하신다.
3)주님은 교회를 통해서 일하신다.

2. 에베소교회가 회복한 장점
1)수고와 인내가 있었던 교회다.
2)악한 자들을 용납하지 않는 교회다.
3)어떠한 핍박에도 굴하지 않는 교회다.

3. 에베소 교회가 회복해야 할 중심 되는 문제
1)에베소교회의 문제는 처음 사랑을 버린 것이다.
2)첫사랑이 식어지면서 죄를 짓고도 무시하는 태도다.
3)신앙의 열매가 나타나지 않는 것이다.

4. 첫사랑을 어떻게 회복해야 하는가?
1)첫사랑이 어디서 떨어진 것을 생각하라.
2)첫 사랑을 회복하려면 회개해야 한다.
3)처음 행위를 가져야 한다.

나의 신앙, 우리의 신앙을 한번 점검하고 주님의 뜻대로 회복되는 신앙인이 되어야 한다.

첫사랑의 감격이 다시 회복되어 승리자로 주님 앞에 세워지시기를 주님의 이름으로 축원합니다.

♣ 첫 사랑 ♣

어떤 아버지와 그의 딸이 있었는데 그들은 매우 좋은 친구와도 같아 서로 사랑하며 많은 시간을 함께 보냈다.

그러던 어느 날, 아버지는 자기 딸이 약간 변한 것을 알아차리게 되었다. 산책을 가자고 하면 딸이 사양하는 것이었다. 아버지는 매우 슬펐으며 왜 이런 일이 생겼는지 이해할 수 없었다.

얼마 후 아버지의 생일이 되자 딸은 "아버지, 제가 아버지를 기쁘게 해드리려고 직접 만들었어요"라고 말하며 손으로 수를 놓아 만든 정교하고 아름다운 슬리퍼를 선물하는 것이었다.

그제야 아버지는 지난 석달간 있었던 일을 이해할 수 있었다.

아버지는 그러나 이렇게 말했다. "내 사랑하는 딸아, 나는 네가 만들어 준 이 슬리퍼가 정말 마음에 든다. 하지만 다음부터 내게 슬리퍼를 주고 싶으면 사도록 하렴, 나는 네가 만들어 주는 그 어떤 것보다도 너 자체를 원한단다."

우리들은 주님을 위한 일을 하느라 너무 바빠서 그분과 충분히 교제할 시간을 드리지 못한다.

그런 우리들에게 주님은 오늘도 말씀하신다.
"나는 네가 한 행위와 수고와 인내를 안다.
하지만 나는 너의 첫사랑이 그립구나."

예수님 안에서 삶의 기쁨
(요14:1~3)

예수 안에 들어와 있는 사람들은 예수밖에 있는 사람들이 참 자유스럽다고 생각해 부러워할 때가 있다.

미래를 위해서 저축하려면 오늘 인내하고 검소하게 살며 절제하고 아끼는 삶도 살아야 한다. 그래야 미래가 있다. 신앙생활은 미래를 위해서 오늘 심고 가꾸고 뿌리는 수고하는 삶이다. 미래가 있는 사람은 그 수고조차도 기쁘고 행복하고 즐겁다.

신앙생활에는 몇 가지 중요한 기쁨의 원천이 있다.

1. 나를 알고 살아간다는 데 뜻이 있다.

   사람은 과신하기에는 그 능력이 모자란 존재다.
   사람은 나를 알고 살아간다는데 뜻이 있다.
   사람은 마땅히 자신의 값을 알고 살아가야 한다.

2. 내가 할 일이 무엇인가를 알고 있다.

   1)자신이 할 일이 무엇인지 모르게 되면 방황되게 된다.
   2)자신이 할 일을 발견한 사람은 행복한 사람인 것이다.
   3)신앙인은 값이 있는 존재이다.

3. 내가 갈 길을 알고 살아간다는 것이다.

   1)안다는 것은 힘이고 용기이다.
   2)미지의 세계를 가려면 두려움이 있다.
   3)자기가 가야 할 길을 미리 알고 살아간다는 것은 축복이다.

과거의 나의 뿌리도 분명하고 현재 나의 삶도 분명하고 미래 나의 갈 길도 분명하다. 이것이 예수 안에 들어와 살고 있는 우리들에게 주어진 은혜이고 복이다.

우리는 지금 주안에 들어와 살고 있는 이 삶이 이 땅에서 주어질 수 있는 최상의 복된 삶인 것을 알고 살아가시는 성산의 성도님들이 다 되시기를 예수님의 이름으로 축원합니다.

♣결혼은 새장과 같다 ♣

몽테뉴는 결혼에 대해서 다음과 같이 정의를 했다. "결혼은 마치 새장과 같다. 새장 밖에 있는 새는 안으로 들어가고 싶어 하고 새장 안에 있는 새는 날고 싶어 한다"고 했다.

아주 정확하게 표현했다고 생각한다.

지금 결혼을 앞둔 젊은이들은 이 새장 속에 갇혀보려고 안간힘을 쓰고 있다. 그래서 새장을 만들려고 열심이다. 그런데 이미 결혼해서 새장 속에 들어가 있는 사람들은 밖으로 나가 날고 싶어 야단이다. 들어와 보니까 답답한 마음이 들기 때문이다.

얼마 전에 신문을 보니까 남자는 새장에 갇혀 살아야 장수하고 여자는 새장을 나와 날아야 장수한다는 조사가 나왔다.

일본 대학 연구소에서 3천명을 대상으로 40년 동안 연구한 결과 남자는 아내 없이 살아가는 사람이 함께 살아가는 사람보다 사망률이 80% 높다고 했다. 그런데 여자는 남편 없이 살면 55%가 더 장수했다는 것이다. 스트레스 쌓인 여자만 골라서 조사했는지는 몰라도 그 통계가 사실이라면 묶이고 짝 짓고 갇힘의 행복을 모르는 사람들이 아닌가 하는 생각이 든다.

그런데 이것은 신앙생활도 마찬가지다.

지금 예수 안에 들어와 있는 사람들은 예수밖에 있는 사람들이 참 자유스럽다고 생각해 부러워할 때가 있다.

믿음의 감사절
(레23:9~16)

오늘은 맥추감사주일이다.

맥추감사 주일은 올해 하나님께서 주신 첫 열매로 하나님께 감사하는 주일이다. 농사짓는 사람에게는 첫 수확일 수 있겠고 직장 다니는 사람에게는 첫 월급일 수 있고 장사하는 사람에게는 첫 매상 수입일 수 있겠고, 첫 배당금, 첫 계약금 첫 번째 태어난 아이 등등 첫 열매로 하나님께 감사하는 주일이다.

맥추감사 주일에 첫 열매로 감사해야 하는 이유가 분명하다.

1. 첫 열매로 감사하라.
1) 첫 열매는 반드시 하나님께 바치라.
2) 가나안 땅에 들어가 영원히 지킬 규례다.
3) 자신이 어떤 구원을 받았는지를 알아야 한다.

2. 구원의 은혜를 기억하라.
1) 구원의 은혜를 잊으면 망하기 때문이다.
2) 구원은 계산이 안 되고 이해가 안 되는 사랑이다.
3) 성령께서 우리 안에 임하신 것을 감사하라.

3. 모든 것이 다 하나님의 것이다.
1) 미래를 책임져주시는 하나님을 보라.
2) 하나님께서 복을 주신대로 감사하면 된다.
3) 맥추감사절은 교회가 시작된 날이다.

오순절 성령이 성도들 안에 임하시면서 교회가 시작되었다. 성령 받은 성도들이 모이게 되면서 자연히 교회가 세워졌다. 이것이 맥추절 절기에 이루어진 일이다. 예수 그리스도가 부활의 첫 열매가 되셨다.

우리는 부활의 첫 열매이신 주님과 하나 되는 은혜를 누리는 복된 성도들이 되시기를 주님의 이름으로 축원을 드립니다.

♣ 나만의 감사절의 의미 ♣

정충영 교수의 간증이다. 성경은 범사에 감사하는 것이 하나님의 뜻이라고 했건만(살전 5:18) 실제 상황은 그렇지 못하다.

주일에 교회 가다 교통사고를 당하기도 하고, 아이가 이유 없는 병으로 사경을 헤매기도 한다. 이런 경우 감사가 쉽게 나오지 않는다. 육으로 태어나 세상에 살고 있는 인생은 감사보다는 불평에 익숙하다. 세상에 속해 살며 세상의 습성이 배다 보니 원망과 불평의 DNA가 뇌리에 깊이 새겨졌기 때문이다.

미국의 윌 브웬 목사가 전개하고 있는 '불평 그만 캠페인'이 2006년도에 오프라 윈프리 쇼에 소개됐다. 그 교회는 캔자스시티에 있는 출석성도 250명의 작은 교회다. 우연찮게 그 프로를 보고는 거기서 힌트를 얻은 후 즉시 내가 시무하는 교회에 적용했다.

'불평 안하기'보다는 더 적극적이고 성경적인 '감사하기'로 바꿨다. 감사팔찌를 제작했고 영문으로 "범사에 감사하라"는 성경구절과 함께 갓 블레스 유(God Bless You)도 새겨놓아 모든 교회에서 누구나 부담 없이 쓸 수 있게 했다.

대학에도, 교회에도, 선교지에도, 심지어 평양에도 갔다. 이렇게 보낸 감사팔찌가 6만개가 넘는다. 지금도 계속 나가고 있다.

하루 3회씩 도합 60회를 감사하기 시작했다.

원망 대신 감사하기 시작하자 효과는 즉시 나타났다.

문제가정이 변했고, 입시에 찌든 고3 학생의 학급전체가 변했고, 노사분규로 앓던 사업장이 더불어 변하기 시작했다.

감사하니 행복이 따랐고 축복이 임했다.

주님의 뜻은 범사에 감사하는 것이건만 완악한 인간이 워낙 감사를 안 하니 일 년에 한 번이라도 온전한 감사를 하라고 감사절을 주신 것이 아닌가 싶다.

믿음은 바라는 것들의 실상
(히11:1~3)

사람들은 마음속에 바라는 것이 있다.

자신을 위한 것이든 가족이나 친구를 위한 것이든 꼭 이루어지기를 바라는 소원을 가지고 살아가는 것이다. 꿈을 이루기 위해서는 가장 먼저 생각을 해야 한다. 꿈을 갖고 믿고 입술로 믿음의 고백을 하며 생각해야 한다. 부정적인 생각, 불신앙의 생각, 인본주의적인 생각들은 사탄이 뒤에서 심어주는 생각이다. 믿음으로 꿈을 꿀 수 있고, 믿음으로 생각할 수 있다.

1. 긍정적인 생각과 믿음
1)언제나 긍정적인 생각을 선택한다.
2)예수님을 바라보고 꿈을 가져야 된다.
3)꿈을 이루기 위해 준비해야 한다.

2. 마음으로 보는 것과 못 보는 것
1)보이는 만물은 하나님 말씀으로 이루어진 것이다.
2)믿음은 보이지 않는 것을 볼 수 있다.
3)믿음의 눈으로 바라보고 순종할 때 복을 주신다.

3. 긍정적인 믿음과 긍정적인 말
1)꿈과 소원을 이루게 하는 것은 믿음이다.
2)믿어도 부정적인 사람이 많이 있다.
3)말로 환경을 변화시키고 창조를 할 수 있다.

신앙생활은 언제나 행복하고 기쁘고 평안하고 좋은 것을 생각하고 믿고 말하며 순종해야 한다. 우리의 입에서 나오는 말로서 운명을 좌우할 수 있다. '나는 할 수 있다. 나는 해 보자. 나는 좋다. 나는 행복하다. 나는 평안하다'이와 같이 긍정적이고 적극적이고 행복한 말을 해야 한다.

그리스도 안에서 언제나 믿음으로 말을 하여서 꿈을 이루어 가시기를 주님의 이름으로 축원을 드립니다.

♣ 거짓말 ♣

거짓말과 관련된 범죄건수 통계를 보면 이 사회의 거짓말 수치는 갈수록 치솟고 있다.

사람들은 왜 거짓말을 할까?

미국 텍사스대학교 마크 냅 교수는 "처벌을 피하기 위해, 피해를 당하지 않기 위해, 스스로 보상을 얻기 위해, 다른 사람을 보호하거나 돕기 위해, 다른 이들로부터 칭찬을 받기 위해, 불편하고 당황스러운 사회적 상황을 벗어나기 위해, 사생활을 유지하기 위해, 다른 사람들에게 영향력을 행사하기 위해, 사회적 기대를 충족시키기 위해, 재미를 위해"라고 했다.

이유도 많고 핑계도 많지만 아우구스티누스는 그 의도가 누군가를 속이기 위한 것이든 기쁘게 하기 위한 것이든 결코 거짓말을 해서는 안 된다고 보았다.

거짓말을 할 때 우리는 하나님께 속한 것을 제 것으로 만드는, 곧 언어를 훔친 것이기 때문이라 했다.

예수님도 사탄을 가리켜 "거짓말쟁이요 거짓의 아비"라 하셨다.

그러면 거짓말에 오염되지 않는 생활은 어떻게 가능할까?

퀘이커 전통은 오랜 시간 유효성이 증명된 네 가지를 제안한다.

'다른 사람들의 말에 담긴 진실을 들으라. 당신이 이해한 진실을 온정 친절 사랑으로 말하라. 가십, 소문 퍼뜨리기, 비밀 누설, 타인의 비방을 피하라. 거짓 강요 독설의 유혹에 대항하라.'

요즘 연일 최고 법정에서 거짓말 공방을 벌이고 있는 지도자들이 말의 책임을 받아들인다면 사회에 만연한 말의 공해를 산뜻하게 걷어낼 수 있지 않을까 생각해 본다.

세상 속의 그리스도인
(창21:22~34)

그리스도인들은 예수 그리스도를 믿은 후 하나님의 자녀가 되었다. 그러나 하나님의 자녀가 된 후에도 여전히 세상 속에서 살아가야 한다. 그리스도인들은 이 세상 속에 살아가면서 세상과 등을 져서는 안 된다. 그렇다고 세상 속에 동화되어서도 안 된다. 세상 속에 살면서 거룩한 영향력을 발휘하며, 이 세상에 변화를 이루어가야 한다.

그리스도인들이 세상 속에서 어떻게 살아가야 할까?

1. 하나님께서 함께 하심을 보여주어야 한다.
1) 하나님이 함께 하심을 보여주는 사람이 되어야 한다.
2) 세상 사람들이 하나님의 사람들을 두려워하게 해야 한다.
3) 가나안을 축복의 땅으로 변화 시켜야 한다.

2. 세상에서 선하게 살아야 한다.
1) 브엘세바는 사람이 살 수 있는 경계지점이다.
2) 악에 대해 악으로 갚지 않고 선하게 대응한다.
3) 세상에 선한 영향력을 미칠 수 있어야 한다.

3. 세상에서 화평을 이루어야 한다.
1) 브엘세바는 맹세의 우물이다.
2) 그리스도인들은 이 세상 속의 나그네이다.
3) 세상 속에 브엘세바를 만드는 삶을 살아야 한다.

우리가 예수를 믿어 하나님의 자녀가 되었지만 여전히 세상 속에서 살아가야 한다. 이 세상 속에서 어떻게 살아가야 할 것인가 하는 점이 우리가 풀어가야 할 중요한 과제다. 우선 우리는 세상 속에서 하나님이 우리와 함께 하신다는 점을 보여주고 이 세상 속에서 선을 행하며 세상 속에서 화평을 이루는 삶을 살아야 한다. 그래서 세상을 변화해 가야한다.

세상을 변화시키는 삶이되시기를 주님의 이름으로 축원을 드립니다.

♣ 시골 촌놈 ♣

아브라함 링컨은 대통령이 되기까지 시기하고 비난하는 적들 때문에 힘든 시절을 보냈다.

가장 그를 힘들게 했던 사람이 스탠턴이라는 사람이다.

스탠턴은 링컨과 같은 변호사인데 나이가 위였다.

그래서 링컨과 같이 일을 하게 됐을 때 저런 애송이와 어떻게 같이 일을 하느냐고 조롱했다.

후에 링컨이 대통령에 출마했을 때는 무식한 시골 촌놈이라고 비판했다. 그런데 링컨은 한 번도 대꾸하거나 화를 내지 않았다.

대통령이 당선된 뒤 바로 이 스탠턴을 국방장관에 임명했다.

측근들이 어떻게 저렇게 악담을 하는 사람을 국방장관에 임명할 수 있느냐고 항의를 했다.

그 때 링컨이 이렇게 답했다.

"그는 나를 비난했지만 국방장관으로는 적임자입니다."

스탠턴은 국방장관으로서 최선을 다해 링컨을 도왔다.

그리고 링컨이 암살당하자 이렇게 말하며 통곡을 했다고 한다.

"링컨은 역사적 인물입니다. 그에게는 사람을 변화시키는 힘이 있습니다. 그는 이 시대의 가장 위대한 통치자였습니다."

롬12:17 "아무에게도 악을 악으로 갚지 말고 모든 사람 앞에서 선한 일을 도모하라"

링컨은 이 말씀을 몸으로 실천하며 살았던 사람이다.

그래서 사람을 변화시킬 수 있었고, 세상도 변화시킬 수 있었다.

여호와 닛시의 믿음
(출17:8~16)

이스라엘 백성이 애굽을 떠나 시내산까지 가는데 3개월이 걸렸다. 이 기간 동안 이스라엘 백성들은 평생에 한 번 겪을까 말까하는 놀라운 기적을 여러 차례 체험하게 된다. 이스라엘 백성은 이런 일련의 기적들을 체험하면서 하나님께서 자기들과 함께 하심을 생생하게 체험할 수 있었다. 모세가 놀라운 기적을 체험하고 제단을 쌓았는데 그 이름을 "여호와 닛시"라고 불렀다.

1. 믿음의 길과 싸움의 길
1) 구름기둥과 불기둥의 인도를 따랐다.
2) 때로는 가정 안에도 적들이 있다.
3) 우리는 싸움을 피하려 해서는 안 된다.

2. 믿음의 싸움
1) 모세는 양동작전을 사용했다.
2) 모세는 하나님 앞에 나가서 기도했다.
3) 한 쪽으로 치우치지 않게 균형 있게 해야 한다.

3. 여호와 닛시의 믿음
1) 우선은 기도가 더 중요하다.
2) 오랜 시간 기도를 할 수 있어야 한다.
3) 여호와는 나의 깃발이시다.

여호와 닛시의 믿음은 기도에 승리한 사람들만이 가질 수 있는 믿음이다. 여호와 닛시의 믿음을 가지려면 산위의 전쟁과 산 아래의 전쟁을 함께 치러야 한다. 그리고 산위의 전쟁에서 반드시 이겨야 한다. 그래야 여호와 닛시의 믿음을 온전하게 가질 수 있다.

여호와 닛시의 믿음으로 승리하는 성도님들이 되시기를 주님의 이름으로 축원을 드립니다.

♣ 믿음의 승리 ♣

어느 성도님이 비료공장을 가지고 있었다. 그러나 사업이 망해서 많은 빚을 지게 되었다. 너무 걱정을 한 나머지 성도님은 정신병원에 갈 정도로 정신적으로 이상이 왔다. 그러나 감사하게도 생명이신 주님이 예배 중에 성도님을 만나주셔서 치료해 주셨다. 그러나 여전히 그에게는 산더미 같은 빚은 그대로 있었다. 그래서 목사님은 성도님에게 다음과 같이 말했다. "성도님은 예수님을 믿는 자로서 예수님의 모든 자원이 성도님 안에 있습니다."

성도님은 어떤 직업을 가져야 할지 목사님에게 물었다. 목사님은 말씀을 계속 읽고 기도하면서 주님의 뜻을 구하라고 권면했다. 그 후 어느 날 그 성도님은 대단히 흥분해서 목사님을 찾아왔다.

"목사님, 저는 성경에서 우리가 세상의 소금이라는 것을 읽었습니다. 제가 소금 소매업을 하면 어떻겠습니까?"

목사님은 성도님이 그렇게 믿는다면 그렇게 하라고 했다.

그는 돌아가서 소규모로 소금을 팔기 시작했다. 하나님의 축복을 받아 그의 소금 사업은 날로 번창했다. 그리하여 상당한 양의 소금을 쌓아둘 만큼 큰 저장 창고를 강가 바로 옆에 짓게 되었다.

그런데 어느 여름 날 밤부터 이른 아침까지 폭우가 쏟아졌다.

다음날 아침에 일어났을 때는 성도님의 소금창고도 역시 물에 잠겼다. 목사님은 성도님이 걱정이 돼서 서둘러 그의 가게로 달려갔다. 그런데 그 성도는 창고 가운데 앉아서 하나님을 찬양하고 있었다. 목사님은 그가 제정신인지 알아보려고 가까이 가서 물어보았다. "괜찮습니까?" "목사님 저는 괜찮습니다."라고 미소지었다.

그러면서 이렇게 말하는 것이었다. "저는 미치지 않았습니다. 걱정 마십시오. 저는 모든 것을 잃었지만 목사님이 항상 말씀하셨듯이 제 안에 예수님이 계시기에 저는 주님의 모든 자원을 가지고 있습니다. 홍수는 저의 소금을 모두 가져가 버렸지만 내 안에 계시는 주님만큼은 가져갈 수 없었습니다. 저는 믿음으로 주님을 바라보면서 또 다시 문을 두드릴 수 있습니다."

성도님은 다시 소금 사업을 시작했고, 주님의 축복을 받아서 다시 사업이 일어날 수 있었다. 그리고 믿음이 성장해서 그 교회의 장로가 되었다.

하나님을 의지합시다
(렘17:5~8)

사람들은 누구나 일생을 살아가면서 무언가를 믿고 의지하고 살아간다. 하나님을 모르는 사람들은 큰 문제와 어려움이 다가오고, 마음에 불안과 염려가 찾아오면, 무당을 찾아가거나 점치는 사람을 찾아 간다. 그러나 그들이 문제를 우리들의 해결해주지 못한다. 사람이 사람의 문제를 해결할 수가 없다. 문제의 해결은 하나님만이 하실 수가 있다. 일생을 살아가는 동안 하나님 제일주의의 신앙을 가지고, 하나님을 믿고 의지하며 살아가야 한다.

1. 사람을 믿는 자의 삶
  1) 사람을 믿고 의지하지 말라.
  2) 하나님을 떠나면 죄의 구렁텅이에 빠진다.
  3) 하나님을 믿고 의지할 때 은혜가 임한다.

2. 하나님을 의지하는 자
  1) 하나님을 믿고 의지하는 자에게 복이 임한다.
  2) 하나님은 만복의 근원이 되신다.
  3) 하나님은 영원히 변치 아니하신다.

3. 하나님을 의지하는 자에게 주시는 복
  1) 물가에 심겨진 나무의 복을 받는다.
  2) 인생을 살다 보면 뜻하지 않게 가뭄이 다가온다.
  3) 풍성한 열매를 맺게 하신다.

하나님을 믿고 의지하면 복이 임한다. 사람을 믿고 의지하다 망하게 되었을 때 다 도망가지만, 사람은 떠났지만 하나님을 믿고 의지하니까 하나님께서 복에 복을 더해주셔서 불일 듯 일어나게 만들어주시고, 하나님의 귀한 일꾼으로 세워주신다.

하나님 제일주의 신앙을 가지고 하나님을 믿고 의지함으로 여러분이 하는 일마다 형통케 되시기를 주님의 이름으로 축원합니다.

♣ 믿음의 승리 ♣

평생 동안 열심히 신앙 생활하던 한 사람이 죽어서 천국 문 앞에 이르렀다. 천국문 안으로 들어가려 하는데 누가 붙들었다. 그는 베드로였다. "아, 잠깐만 기다리시오. 이곳을 통과하려면 약간의 절차를 거쳐야 합니다. 뭐, 복잡한 것은 아니고 당신이 일생 동안 살아온 것을 점수로 환산하여 1000점이 되어야만 합니다. 그렇지 않으면 이곳에 들어올 수 없습니다." "1000점이라 구요? 별로 대단한 것 같지는 않군요."

"자 그럼 이제 점수에 보탬이 될 만한 얘기를 해보세요."

"저는 30년 동안이나 어떤 선교 기관의 지도자였습니다. 그래서 많은 선교사를 해외로 파송했지요." "아! 그래요? 정말 대단하군요. 1점입니다." "네? 1점이라 구요? 그것밖에 안됩니까? 이상하군요. 계속하지요. 저는 충실한 가장이었습니다. 한 여자와 결혼하여 무려 40년을 한 번도 싸우지 않고 같이 살았습니다. 그리고 아이들도 훌륭히 키웠습니다. 내 아이들은 지금 모두 목사, 교수 등 교계와 사회에서 존경받는 위치에 있습니다. 우리 가정은 늘 행복했답니다." "정말입니까? 당신은 매우 훌륭하군요. 요즘에는 당신 같은 사람이 매우 드문데 2점 가산입니다."

"네? 2점이라구요? 정말 모를 일이군요." 그는 벌써 땀을 뻘뻘 흘리며 긴장하고 있었다. 어서 1000점을 만들어야 하는데 좀처럼 점수가 올라가지 않고 있었기 때문이다. 조바심이 난 그는 계속 말을 이어갔다. "저는 지난 60년 동안 한 번도 교회에 빠지지 않았습니다. 매일 새벽기도회에 참석했고, 주일에는 장년부 성경 공부를 인도했어요."

"당신은 정말 모든 면에서 훌륭한 사람입니다. 또 1점 가산 하지요."

베드로의 말에 그는 정신을 잃을 것 같았다. 어쩔 줄 몰라 하던 그는 한숨을 쉬며 이렇게 말했다. "이제 겨우 4점이군요. 그런데 난 어떡하죠? 더 이상 점수에 보탬이 될만한 얘기가 없는데 예수님 난 어떡하나요? 난 천국에 들어갈 만한 인격이 못되나 봅니다. 제발 이 죄인을 용서해 주세요! 예수님 밖에 없습니다. 내게 구원을 주실 이는 오직 주님이십니다. 주님! 나를 도와주소서."

이 말을 마치자 베드로가 박수를 치며 말했다. "자 이제야 당신은 1000점을 얻었습니다. 이젠 들어가도 좋습니다."그러자 그가 이상하다는 듯 베드로에게 물었다. "어떻게 제가 1000점을 얻었죠?"

베드로가 웃으며 대답했다. "이 세상에 자신의 의와 공로로 구원받을 수 있는 사람은 아무도 없습니다. 그 비결은 바로 중보자이신 예수님만을 의지하는데 있답니다." 주님만을 의지해야 한다.

하나님은 우리의 피난처다
(시46:1~11)

현대는 불안의 시대이다.

인간은 유사 이래 항상 불안 속에서 살아왔다. 그 불안 심리가 갈수록 더 심해지기 때문에 이 시대를 특정해서 불안의 시대라고 부른다. 우리를 불안하게 만드는 것이 과연 무엇인지 정확하게 알아야 한다. 그것은 문제를 바라보는 태도 즉 마음가짐 때문이다. 사람들에게 심각한 문제인 두려움만 이길 수 있다면 어떤 상황에서도 행복할 수 있다. 세상에서 두려움을 극복할 수 있는 유일한 힘은 전능자 하나님을 믿는 신앙밖에 없다.

1. 환난이 가득한 세상에서 피난처가 어디인가?
1) 세상은 환난이 가득한 곳이다.
2) 오직 하나님만이 우리의 피난처이시다.
3) 하나님은 말씀으로 새 힘을 주시고 격려해 주신다.

2. 진짜 피난처는 유일하신 전능자 하나님이다.
1) 하나님만이 환난 중에 유일한 도움이 되신다.
2) 세상에서 제일 안전한 곳은 오직 하나의 품 안이다.
3) 예수 그리스도가 우리와 함께하신다.

3. 하나님을 나의 피난처로 삼는 성도의 모습은
1) 하나님을 나의 피난처로 삼으면 낙심하지 않는다.
2) 하나님을 나의 피난처로 삼으면 평안과 용기를 주신다.
3) 피난처 되신 하나님을 만방에, 만민에게 증거해야 한다.

세상에 대해 절망할 때 오직 하나님만 의지함으로 안에서 소망을 얻고 용기를 낼 수 있는 법이다. 지금 혹시 환난 중에 있어도 괜찮다. 피난처이신 하나님이 계시기 때문이다. 평안하면 감사하고 하나님을 잊지 말아야 한다. 혹시 앞으로 환난이 닥칠 수도 있다. 그럴 때 주님의 말씀을 꼭 기억해야 한다. 주님이 두 팔 벌리고 우리를 기다리신다.

하나님을 피난처로 삼는 신앙으로 당당히 승리하는 성도들이 되시기 주님의 이름으로 축원을 드립니다.

♣ 문제를 바라보는 태도 ♣

　가만히 생각해 보면 정말 이상하다.
　예전에 비해 물질적으로 풍요로워지고, 환경도 편리해지고, 사회 안전망도 많이 확충된 것 같은데 오히려 더 불안해지고 있다니! 정말 알다가도 모를 일이다.
　오늘 이 시대를 들여다보면 불안이 마치 도미노 현상처럼 번지고 있다.
　10대는 학업과 입시 때문에 불안하고,
　20대는 취업 때문에 불안하고,
　30대는 결혼, 출산과 자녀 양육 문제 때문에 불안하다.
　그리고 40대 이상은 직장과 사업 문제, 노후 문제와 건강 문제 등으로 불안하다. 한도 없고 끝도 없다.
　그런데 사실은 문제의 본질을 파악해야 한다. 우리를 불안하게 만드는 것이 과연 무엇인지 정확하게 알아야 한다. 그것은 문제 자체가 아니다. 문제를 바라보는 태도 즉 마음가짐 때문이다.
　문제를 바라보면서 두려워하는 마음이 더 심각한 문제이다.
　세상에서 두려움을 극복할 수 있는 유일한 힘은 전능자 하나님을 믿는 신앙밖에 없다.
　철학자 키에르케고르는 이렇게 말했다.
　"불안을 극복하는 유일한 길은 신앙이다."

내가 약한 때가 강함이라
(고후12:7~10)

신앙생활은 평생 자기 자신과의 싸움이다.

우리는 평생 옛사람과 싸워야 한다. 사람이 항상 성령으로 충만할 수가 없다. 생명의 성령의 법이 옛사람을 지배하는 죄와 사망의 법에서 우리를 해방하기 때문에 우리는 반드시 성령의 충만함을 받아서 옛사람을 정복하고, 주님 안에서 승리하며, 주님이 기뻐하시는 삶을 살아야 한다.

1. 우리는 육체의 가시가 있다.
1)사람은 누구에게나 핸디캡(약점)이 있다.
2)이전 것은 다 지나간 것이다.
3)우리는 새로운 피조물이 되었다.

2. 내 은혜가 네게 족하다.
1)나는 예수 그리스도 안에서 무엇이든지 할 수 있다.
2)남의 탓만 하고 살면 인생이 행복하지 않다.
3)영적인 눈이 열려야 하늘의 신비한 것을 보게 된다.

3. 내가 약한 그 때가 강함이라.
1)절망의 자리에서 주님을 찬양해야 한다.
2)환란이 축복이라는 것을 늘 고백해야 한다.
3)주님이 나와 함께하시면 불가능이 없다.

과거에 어떠한 실패가 있었고, 어떤 상처가 있었고, 어떤 어려움이 있었고, 어떤 문제가 있었고, 그것이 중요한 것이 아니다, 바로 지금이 중요하다. 지금 주님 앞에 붙잡힌바 되면 주님이 위대한 하나님의 일꾼의 일생으로 사용하여 주실 것이다.

주님의 위대한 일꾼으로 쓰임 받는 은혜와 축복이 넘쳐나길 주님의 이름으로 축원합니다.

♣베토벤의 교향곡 ♣

위대한 작가 베토벤은 두 귀가 다 멀게 된 후에 위대한 작품이 많이 만들어졌다. 1795년부터 점점 청력이 나빠져 가지고, 1798년 그 이후로는 급속도로 청력이 나빠져서 두 귀가 완전히 멀어버렸다.

그런데 1798년 이후에 그가 거의 잘 들리지 않게 되었을 때부터 위대한 작품들이 많이 나왔다.

유명한 베토벤의 교향곡 1번부터 9번까지가 다 그때 이후에 작곡된 것이고, 우리가 잘 아는 3번 영웅, 5번 운명, 9번 합창, 이 교향곡이 그때 이후로 나온 것이다. 피아노 협주곡 5번 '황제'도 그리고 그 오라토리오 '감람산의 그리스도'도 그 이후에 다 작곡한 것이고, 1824년, 베토벤의 합창 9번, 그것이 초연했을 때, 사람들이 공연이 끝나고 박수를 치는데 베토벤은 못 들으니까 박수 치는 것도 몰랐다.

그때 알토 독창을 맡았던 솔리스트가 베토벤(선생님)을 잡아서 이렇게 돌려드려서 관객석을 보게 했다. 아, 사람들이 일어나 박수치는 모습을 보면서 그는 눈물을 흘렸다고 하는 그런 기록이 있다.

그는 비록 육신의 귀가 닫혔지만, 하늘을 향한 귀가 열려서 하늘의 선율들을 따갖고 와가지고 더 아름다운 작품을 많이 만들어낸 것이다.

"그 위대한 작곡가들은 그들의 능력으로 작곡을 한 것이 아니라 영감을 받아 작곡을 한 것인데 하늘에 흐르는 많은 그런 음률을 받아 적어서 그러한 위대한 작품이 나온 것이다."

신앙의 성숙 단계
(욥 42:1~6)

우리는 하나님을 아는 지식도 없이 자신의 능력 밖의 일들에 대해서 성급하게 판단하고 이해함으로 무식하게도 하나님의 충고와 계획을 무시하게 된다.

무엇보다도 이 무지했던 행동을 인정하며 회개해야 한다. 우리는 무지한 말로 하나님의 계획과 진리를 가리는 실수를 범해서는 안 된다. 하나님의 계획과 인도하심을 믿고 나아가야 한다. 이것이 신앙의 성숙단계다.

1. 무소불능하신 하나님을 아는 것이다.
   1) 하나님은 반드시 목적하심을 성취하시고 계획하신다.
   2) 하나님의 뜻을 추구하기 위해 프로가 되어야 한다.
   3) 범사에 그리스도에게까지 자라는 목표를 가져야 한다.

2. 성장하는 신앙을 가져야 한다.
   1) 자신의 존재가 잊혀 진다는 것처럼 더 큰 고통은 없다.
   2) 귀로 듣는 신앙에서 눈으로 보는 신앙을 가져야 한다.
   3) 신앙의 성숙이 인생역전의 기회이고 축복의 기회다.

3. 회개하는 신앙을 갖는 것이다.
   1) 하나님에 대해 무지했음을 회개해야 한다.
   2) 죄에 대해 티끌과 재 가운데 회개해야 한다.
   3) 하나님의 사랑과 하나님께 인정을 받아야 한다.

우리는 어리석고 한없이 무지하다. 한없이 부족해서 무지한 말로 하나님을 가릴 때가 있고 하나님을 믿는 신앙을 잊어버릴 때도 있다. 신앙을 성숙시키기 위해 무소불능 하신 하나님을 잊지 않고 귀로 듣는 신앙에서 눈으로 보는 체험적 신앙을 가지며 무엇보다도 회개하는 신앙을 가져야 한다. 그러면 주님께서 우리에게 갑절의 복을 주신다.

하나님을 믿고 나아가 상급과 면류관들의 주인공들이 되시기를 주님 이름으로 간절히 축원을 드립니다.

♣회개는 병을 고친다. ♣

어떤 성도가 관절염에 걸려 늘 불평하고 원망하며 외출도 못하고 고용 간호사의 도움을 받으면 집안에서 지내고 있다.

어느 날 시장해서 후라이팬에 요리를 하다가 다 태워버렸다.

음식물이 엉겨 붙은 후라이팬은 잘 닦아지지 않으며 지워지지도 않는 것이다. 그러자 이 모습을 본 간호원이 이것은 세척제로 되는 것이 아니에요. 그러더니 후라이팬을 불에 발갛게 달구었다. 그리고 물에 씻으니 음식 찌꺼기가 다 떨어지고 후라이팬이 깨끗이 되더라는 것이다.

이 광경을 보고 성도는 그래 내가 관절염에 걸렸다고 불평하고 원망할 것이 아니라 성령의 불로 달구어 내자 생각하고 기도했더니 눈물이 나오고 회개가 터지고 이에 성령이 충만하여 찬송이 입에 떠나지 않더니 관절염이 깨끗이 나았다는 것이다.

우리도 날마다 우리의 죄에 대해 티끌과 재 가운데 회개해야 한다.

그리할 때 하나님이 복을 쏟아 부어 주신다.

사는 길과 죽는 길
(시37:25~31)

어떤 사람은 육도 살아있고 영도 살아있는 사람이 있다.
그러나 어떤 사람은 육은 살았는데 영은 죽은 상태로 있다. 하나님의 자녀된 우리는 육도 살아있고 영도 살아있는 믿음의 자녀가 되어야 한다. 어떻게 하면 영과 육이 죽지 않는 삶을 살아갈 수 있을지 말씀으로 은혜를 받아 영혼이 잘됨같이 범사가 잘되는 축복받는 삶을 살아가야 한다.

1. 악을 떠나는 길은 사는 길, 악을 따르는 길은 죽는 길
1) 마음에 독을 제거하고 사랑과 선을 베풀어야 한다.
2) 서로의 장점을 발견하고 잘한 것은 무조건 칭찬해야 한다.
3) 항상 저주를 멀리하고 축복하기를 기뻐해야 한다.

2. 영을 따르는 길은 사는 길, 육을 따르는 길을 죽는 길
1) 성령이 충만하면 영의 생각으로 사로잡힌다.
2) 육신의 소욕은 항상 성령을 거스른다.
3) 우리는 성령이 소멸하지 않기를 힘써야 한다.

3. 하나님 뜻을 따르는 길은 사는 길, 사람 뜻을 따르는 길은 죽
1) 하나님의 온전한 뜻이 무엇인지 분별하는 삶을 살아야 한다.
2) 주님 안에 머물러 세상의 것들을 멀리해야 한다.
3) 아버지의 뜻대로 행하는 자가 천국에 들어갈 수 있다.

'사는 길과 죽는 길'이란 악을 떠나는 길은 사는 길이고, 악을 따르는 길은 죽는 길이며, 영을 따르는 길은 사는 길이고 육을 따르는 길은 죽는 길이며, 하나님의 뜻을 따르는 길은 사는 길이고 사람의 뜻을 따르는 길은 죽는 길이다. 우리가 항상 악을 떠나 하나님을 따라 살고, 육을 떠나 영을 따라 살고, 내 뜻을 포기하고, 하나님의 뜻을 따라 살려고 할 때 하나님께서 넘치는 축복과 승리를 주신다.
항상 축복과 승리의 삶을 살기를 주님의 이름으로 축원합니다.

♣죽음으로 사는 길 ♣

중국 제나라 선왕 시절 사소한 일로 다투다가 사람을 죽게 한 형과 아우를 관리가 현장에서 체포했다.

그런데 형과 아우는 서로 자기 잘못이라고 우겼다.

이 소식을 전해들은 왕은 그 형제의 어머니를 불렀다.

"어미는 자식들을 잘 알지 않는가? 둘 중 누구를 죽이고 누구를 살릴 것인가?"

그러자 어머니는 흐느껴 울면서

"작은 놈을 죽이십시오"하고 말했다.

왕이 의아해 물었다. "대개 어머니들은 막내 자식을 더 사랑하기 마련인데 너는 어찌 주저 없이 작은아들을 죽이라 하느냐?"

"실은 작은놈은 제 자식이고, 큰놈은 전처의 자식입니다. 남편이 일찍 숨을 거둘 때 큰놈을 잘 보살펴 달라고 부탁하여 제가 그러마 약속했는데 이제 와 제 아이놈만을 살리려 한다면 사람의 도리가 아닙니다. 작은 놈 역시 제가 사람을 죽였다 하니 제 자식 놈 말을 믿어야지요."

이에 왕은 크게 감동해 아들들의 죄를 용서해 주었다고 한다.

눅17:33

"무릇 자기 목숨을 보전하고자 하는 자는 잃을 것이요 잃는 자는 살리리라"

회복이 필요한 때

(시편85:1~7)

가뭄에 시들고 있는 들판에는 하늘에서 흠뻑 내리는 빗줄기가 필요하다. 밤이 지나고 새벽녘이 되면 온 대지에 이슬이 생기며 잎들이 싱싱하게 회복된다. 시들고 메마른 생명체를 다시 살려낸다. 새벽이슬은 만물들을 다시 회복시키는 힘이 된다. 우리는 성령의 이슬이 내려야 한다.

1. 인간도 자연도 만물도 회복의 시간이 필요하다.
1) 사람들에게 회복의 기회는 소중한 것이다.
2) 회복탄력성인 마음의 복원력이 필요하다.
3) 영적인 회복탄력성이 있어야 한다.

2. 영적 회복을 위해 집으로 돌아와야 한다.
1) 하나님의 자녀들은 교회로 나아와야 합니다.
2) 인생의 짐을 주님께 맡겨야 한다.
3) 집을 떠나면 갖가지 유혹들이 찾아온다.

3. 교회는 내 영혼의 영원한 고향입니다.
1) 교회는 심령이 회복되어 새 힘을 얻는 곳이다.
2) 영적 회복을 위해 만나를 배불리 먹어야 한다.
3) 하나님 말씀대로 살아가면 영혼은 강건하게 회복된다.

4. 기도를 통하여 성령의 바람이 불어오게 된다.
1) 하나님께서 우리를 도와주셔야 한다.
2) 하나님께서 도와주시지 않으면 허사가 된다.
3) 하나님을 찾고 겸손히 기도해야 한다.

하나님의 은혜를 다시 회복해야 한다. 식어진 열심을 다시 회복하고, 잃어버린 사명을 다시 찾아서 주님을 기쁘시게 하는 사람들로 나아가야 한다. 굳은 마음, 잡초가 무성한 땅은 바로 지금 이 땅을 갈아엎고 새로 씨앗을 심을 때다. 지금 우리는 다시 일어날 때다. 아버지 집으로 나아와서 말씀을 사모하고 기도하며, 하나님의 사람으로 든든히 서가야 한다.

하나님의 은혜가 우리 가운데 함께 하시길 축원합니다.

♣하나님이 도와주시지 않으면 ♣

교회생활을 잘 하던 여자 청년이 있었다.

변리사 자격증을 따기 위해 국가고시를 준비한다고 교회에서 맡고 있던 직책들을 모두 내려놓고 도서실에서 친구들과 열심히 공부했다.

좋은 대학을 졸업하고 공부를 잘 했던 친구여서 주변에서 이번 시험에 틀림없이 그 친구가 수석 합격할 것이라고 말했다.

여자 청년은 부족함이 없도록 완벽하게 준비를 잘 했다.

그런데 시험당일 여자 청년과 가족들은 어처구니없는 착각을 했다.

시험을 보기 위해 학교에 갔더니 시험날짜가 어제였다는 것이다.

시험날짜를 잘못 알고 있었다. 얼마나 황당했겠는가?

결국 시험을 치르지 못하자 여자 청년은 울고불고 난리가 났다.

그 순간 자매는 깨달았다. 하나님께서 하시지 않고는 이런 일이 일어날 수가 없다고 생각했다. 자매는 목사님을 찾아가서 그동안 내려놓았던 교회 직분들을 다시 감당하겠다고 말씀드렸다.

그리고 이전보다 더욱 열심히 기도하며 공부도 함께해 다음해에 변리사 시험에 수석으로 합격했다.

내가 아무리 힘을 써도 하나님께서 도와주시지 않으면 이룰 수 없다.

지혜로운 건축자
(마7:24~27)

아름다운 건물들은 하루아침에 지어지지 않는다.
좋은 건축물일수록 많은 기간이 소요된다. 믿음의 집도 오랜 시간이 걸린다. 2018년에 과연 내가 지은 믿음의 집은 어떤 모습인가? 그것은 오직 자신만이 정확히 알 수가 있다. 하나님은 우리가 지혜로운 건축자가 되어 자신의 집, 믿음의 집을 아름답고 훌륭하게 건축하기를 원하신다.

1. 지혜로운 건축자
1) 주의 말씀을 잘 듣는 자이다.
2) 주의 말씀을 듣고 행하는 자이다.
3) 지혜로운 건축자가 얻는 유익이 있다.

2. 어리석은 건축자
1) 주의 말씀을 들었지만 깨닫지 못한 사람이다.
2) 주의 말씀을 듣고 행하지 않는 사람이다.
3) 주초를 모래 위에 놓는 사람이다.

3. 지혜로운 건축자는 잘 지어야 하는 이유를 안다.
1) 준공 검사가 있기 때문이다.
2) 성령의 전이기 때문이다.
3) 성령은 거룩하신 영이시다.

시험에 드는 사람들은 자신의 믿음의 집을 모래 위에 지었기 때문이다. 믿음의 주초를 반석되신 예수 그리스도의 터 위에 놓아야 한다. 주의 말씀을 잘 듣고 있는지 자신의 영적상태를 잘 살펴야 한다. 시련의 때를 대비하여 견고히 지어야 한다. 지금 나의 믿음의 집의 모습은 어떤가? 선택은 내가 하는 것이다. 나의 믿음의 집이 어떤 모습인지 다시 점검하는 기회가 되어야 한다.
지혜로운 건축자와 같이 아름답고 훌륭한 믿음의 집, 여러분의 인생의 집을 잘 지어가는 성도가 되기를 주님의 이름으로 축원합니다.

♣ 하나님이 도와주시지 않으면 ♣

가난한 과부 박 집사에겐 전 재산이나 다름없는 암퇘지 한 마리가 있었다. 가족같이 정이 들어 이름을 돈순이라 지었다.

좋은 신랑감이 있어 시집보냈고 신방을 차린 돈순이가 새끼를 뱄다.

배가 점점 불러와 해산달이 다가왔다. 해산 때 난산으로 밤새 꿀꿀거렸다. 너무나 힘든 돈순이는 기운이 빠져 점점 죽어갔다.

박 집사는 안절부절못하며 기도했고, 새벽기도에 목사님이 나오시길 기다렸다. 새벽 5시가 되어 교회에 뛰어가니 마침 목사님이 강단 위로 올라가고 있었다. 박 집사는 목사님께 매달렸다.

"목사님, 우리 돈순이가 새끼 낳다가 죽어가요. 살려주세요."

목사님은 난감했다.

새벽기도 드리자니 돼지가 죽겠고, 돼지에게 가자니 새벽기도가 큰일이고, 그렇다고 가난한 박 집사의 형편을 아는 목사님으로서는 모른 체할 수도 없었다. 그때 성령께서 지혜를 주셨다.

"여러분 오늘 새벽기도는 박 집사님 돼지우리로 장소가 바뀌었습니다."

성도라야 몇 명 안 되었지만 모두 달려가 합심으로 하나님께 간구했다.

그날의 기도제목은 '하나님, 돈순이를 살려주세요'였다. 성도들의 통성기도가 끝난 뒤 목사님이 돈순이에게 안수기도 했다.

그날 돈순이는 스무 마리의 건강한 새끼를 낳았다.

물론 돈순이도 건강했다.

박 집사는 새끼를 팔아 십일조를 내고 자녀들 학비와 생활비에 보태고 건축헌금까지 두둑이 냈다. 물론 돈순이 이름으로. 아마도 돈순이는 최초로 교회 건축에 일조한 돼지가 아닌가 싶다.

야곱의 신앙을 본받자
(창28:18~22)

　세상에 태어나서 체험할 수 있는 가장 큰 기적은 예수 믿고 하나님의 자녀가 되는 것이다.
　이보다 더 큰 기적이 없고, 더 큰 축복이 없고, 더 큰 은혜가 없다. 구원받은 우리는 한평생 하나님과 동행하는 삶을 살아야 한다. 하나님이 우리를 인정하시면 우리 일생은 복된 일생이 된다.
　야곱은 하나님과 동행하면서 3가지 서원 기도를 드렸다.

1. 하나님만 섬기는 신앙
　1)하나님 제일주의 신앙이다.
　2)가장 큰 우상은 물질(돈)이다.
　3)돈은 잘 쓰라고 주신 것이다.

2. 교회를 세우는 신앙
　1)교회 중심의 신앙생활을 해야 한다.
　2)하나님이 계신 곳이 하나님의 집이다.
　3)예배 중심의 신앙이 될 때 복을 주신다.

3. 십일조를 드리는 신앙
　1)믿음의 결단을 보일 때 복을 주신다.
　2)하나님의 주권을 인정해드려야 한다.
　3)부정적인 말은 복을 받지 못한다.

　계산적으로 보면 십일조를 한 사람이 십일조를 안하는 사람보다 더 부족할 것 같지만 오히려 십일조 드리는 사람이 더 여유가 있다.
　광야 길 같은 인생을 살아갈 때 잠시 잠깐 지나가는 인생길에서 무엇보다도 하나님 제일주의 신앙, 교회 중심의 신앙, 십일조 드리는 신앙으로 한평생 복 받은 인생 살아가는 여러분 되시기를 주님의 이름으로 축원합니다.

♣So help me, God! ♣

1620년 영국을 떠나 신앙의 자유를 찾아 미국의 동북부 매사추세츠 플리머스에 도착한 청교도들이 제일 먼저 한 일이 교회를 세우는 것이었다.

1620년 늦가을에 미국의 동북부 쪽에 도착을 했는데 그 먼 길을 와서 피곤하고 지치고 어떤 분은 몸이 쇠약해서 아픈데 "우리가 이곳에 온 것은 하나님을 잘 섬기기 위해서 온 것이고, 예수 잘 믿기 위해서 온 것이니까 교회부터 짓자!" 교회를 잘 지었다.

이것이 바로 미국의 건국 정신이다. 미국이 세워진 것은 예수를 잘 믿기 위해서 믿음의 조상들이 와서 세운 것이 바로 미국이 세워진 그 기초가 된 것이다.

그래서 지금도 예외 없이 미국의 대통령이 되려면 성경책에 딱 손을 얹고 선서를 하는 것이다.

"내가 하나님 말씀대로 백성을 잘 섬기겠습니다."

대통령의 선서 맨 마지막이

"So help me, God! 내가 이렇게 이 백성을 잘 섬길 때 하나님 날 도와주세요! 하나님 나 도와주세요."이다.

그래서 하나님께서 미국을 복 주시고 복 주신 것이다.

하나님을 잘 섬기는 가정
(행10:1~8)

복받는 것을 좋아하면서도 복을 받는 길을 걷지 않는 사람들이 많다. 우리는 영육간에 복 받기를 원하는 사람들이다. 고넬료는 이방인으로 하나님을 잘 경외하는 가장이 되어 신앙생활을 잘 하면서 큰 복을 받았다. 우리는 고넬료의 신앙을 배워 복을 받아야 한다.

1. 고넬료는 경건한 신앙인 이었다.
   1) 참된 예배를 드리는 것이 경건한 삶이다.
   2) 경건한 사람은 하나님의 뜻에 순종한다.
   3) 경건한 사람은 성령님이 함께 하신다.

2. 고넬료는 어려운 이웃에게 사랑을 실천했다.
   1) 고넬료는 백성을 많이 구제했다.
   2) 어려운 이웃을 업신여기면 죄가 된다.
   3) 가난한 사람을 돌보는 것이 하나님을 공경하는 것이다.

3. 고넬료는 기도의 사람이었다.
   1) 고넬료는 하루 세 번씩 기도했다.
   2) 가장이 기도하는 사람은 반드시 복을 받는다.
   3) 대부분의 성도는 어려운 일을 만나면 기도한다.

4. 고넬료는 말씀을 사모하는 사람이었다.
   1) 건강한 사람은 모든 것이 맛이 있다.
   2) 말씀을 사모하는 사람은 맛을 느끼게 만드신다.
   3) 고넬료는 온 집안이 하나님을 경외하게 했다.

여호와 하나님을 경외하는 신앙을 갖는 것이 영생을 얻는 것으로 세상에서 살아가는 삶에도 다른 어떤 종교와도 비교할 수 없는 유익이 있다.

대를 이어가면서 신앙생활한 고넬료처럼 경건하여 하나님을 잘 경외하는 신앙을 가져 어려운 사람을 많이 구제하고 기도하기를 힘쓰며 말씀을 사모하는 가족과 가문이 되기를 주님의 이름으로 축원을 드립니다.

♣세상에서 가장 안전한 집 ♣

미국 콜로라도 옐로우재킷에는 매매가가 우리나라 돈으로 120억원에 달하는 '지구 최후의 집' 또는 '세상에서 가장 안전한 집'으로 불리는 집이 있다고 해서 기사가 난적이 있다.

규모도 그렇게 크지 않는 120평 정도라고 한다.

세상에서 어떤 큰 재앙이 일어나도 이 집에만 있으면 안전하도록 만들어졌기 때문이라고 한다.

강화 콘크리트와 철로 만들어진 이 집은 그 견고성이 최고등급을 받는 수준이고, 약25kg 무게도 견딜 수 있게 견고하다고 한다.

또한 전력을 공급할 수 있는 발전장치가 무려 네 종류나 설치되어 있다고 한다. 액체 프로판 가스와 풍력, 태양을 이용하는 발전 장치, 그리고 가솔린 장치가 있다. 최악의 상태를 대비하여 나무를 땔 수 있는 보일러도 있다.

또 물을 정화할 수 있는 장치와 유사시 완벽하게 외부 공기를 차단할 수 있다. 지구 최후의 집에는 냉장고와 냉동고 3개가 각각 음식들을 오랫동안 저장할 수 있고, 통신할 수 있는 시설은 나중에 미래의 생존자들과 교신할 수 있게 만들었다.

'이 집에 들어간다고 정말 안전을 보장할 수 있을까?'

강철로 지어진 집에 산다고 해서 하나님을 믿는 믿음이 없으면 아무런 소용이 없다. 그곳은 영원을 보장하지 못한다.

특히 영혼을 지켜주지 못한다.

세상에 그 어떤 것으로도 안 된다. 세상에 안전한 곳이 없다.

특히 영혼까지 보장받을 수 있는 곳은 오직 예수 그리스도 한분뿐이다.

동행하시는 하나님
(창28:10~15)

우리의 인생은 나그네 길과 같다.

이 세상은 잠시 쉬었다 지나가는 정거장과 같은 곳이다. 나그네 길은 외롭고 힘든 길이다. 사람이 홀로 길을 가는 것처럼 힘들고 어려운 일이 없다.

누가 옆에서 그 외로운 인생길에 동행해준다면 그것이 큰 힘이 되고 위로와 용기가 될 것이다.

하나님은 외롭고 힘든 우리 인생의 길을 동행해주신다.

1. 동행하시는 하나님
 1)광야 길은 낮에는 덥고 밤에는 춥다.
 2)많은 사람들이 홀로 인생길을 갈 때가 있다.
 3)하나님은 영원토록 우리와 동행하신다.

2. 꿈을 꾸게 하시는 하나님
 1)하나님이 꿈속에서 나타나 주신다.
 2)부르짖어 기도할 때 주님이 응답하신다.
 3)성공은 최선을 다하는 사람에 주시는 선물이다.

3. 말씀을 주시는 하나님
 1)하나님은 우리의 꿈이 이뤄지기 위해 말씀을 주신다.
 2)하나님의 약속은 반드시 이루어진다.
 3)말씀을 통해 주님의 음성을 들어야 한다.

하나님은 우리가 광야 길에서 외롭고 쓸쓸하고 피곤하고 지쳐 쓰러진 그 곳에 은혜의 사닥다리를 내려 주시고, 주님 앞에 엎드려 눈물로 기도하고 사닥다리를 붙잡기만 하면, 우리의 구세주 예수님만 붙잡기만 하면, 우리에게 은혜를 베풀어 주신다.

말씀을 붙잡고 거룩한 꿈을 꾸며 믿음으로 전진, 또 전진, 또 전진해나가는 성도들이 되시기를 주님의 이름으로 축원합니다.

♣ 현대인의 행복과 성경적 행복 ♣

인간은 무엇에 행복해 할 수 있는가. 요즘 사람이 생각하는 행복이란 무엇인가? 행복의 사전적 의미는 '즐거운 만족감'이라 할 수 있다. 현대인이 추구하는 행복은 한마디로 즐거운 감정이다. 사람들은 이런 행복을 추구하지만 결코 즐거운 만족을 누리지 못한다. 행복을 즐거운 만족감이라고 정의하며 행복을 추구할 때, 그 감정은 외부 환경에 의해 결정된다.

외부환경에 따라 내 행복이 지배받기 때문에 행복해지려 하면 할수록 더욱 불안해지고 스트레스를 받게 된다. 즐거운 감정이라는 행복을 추구하다 보면 결코 채울 수 없는 공허한 자아를 발견하게 된다. 인간의 마음속에는 블랙홀같이 채우고 또 채워도 만족되지 않는 공허한 자아가 있다. 자기감정에 기반을 두고 있는 현대인들의 행복 추구로는 참된 만족을 결코 얻을 수 없다. 그런데 성경은 우리가 참된 행복을 경험할 수 있다고 한다. 진정한 행복은 즐거운 만족감을 추구할 때 다가오는 게 아니다. 오히려 자신의 이기적인 만족감을 지양하고 우리를 향한 하나님의 목적을 발견하고 그 목적을 성취해 나갈 때 참된 행복을 경험할 수 있다. 공허한 자아를 섬기는 태도는 결단코 진정한 행복을 줄 수 없으며 도리어 부정적이고 파괴적인 감정만 생산해 낼 수 있다. 그러나 자기만족을 초월한 더 큰 삶의 목적을 성취해 갈 때, 우리는 진정으로 행복할 수 있다.

부모 세대는 매일 매일 자기 자신보다 하나님이나 가정을 더 중시했고 국가를 위해 사는 것을 중요하게 여겼다.

그런데 베이비부머 세대는 하나님이 개인 생활에서 우선순위에 있지 않았다. 가정이 중요하다면서도 가정 때문에 스스로 희생하는 것을 거부했다. 국가도 자신보다 중요하지 않았다. 대신 아침부터 저녁까지 자기 자신을 위해 시간을 썼다. 자신의 즐거운 만족감을 추구하면서 즐거운 감정을 채우기 위해 살았다. 이러한 자기중심적인 삶의 행태가 즐거움 대신에 우울증 증세를 더 많이 가져온 것이다.

이 사실은 무엇을 말해 주는가. 인간이 참으로 행복해지는 길은 자기 자신을 섬기거나 자기만족을 추구하는 것, 편안한 삶을 위해 사는 데 있지 않다는 것이다. 우리가 진정으로 행복해지는 길은 자기 자신을 초월해 더 큰 의미 즉 우리 인생을 향하신 하나님의 뜻을 발견하고 그분의 목적대로 사는 것이다. 우리는 참된 행복을 추구하고 있는가?

새벽기도의 축복

(막1:35~39)

예수님과 새벽기도는 어떤 상관관계가 있을까?

예수님은 새벽기도는 생활이셨다. 그리스도인과 새벽기도와는 어떤 상관관계가 있는가? 새벽에 기도하는 사람들의 영적상태는 하지 않는 사람들과는 비교할 수 없을 정도로 차이가 난다.

예수님이 분주함과 과중한 일과 중에서 육신적으로 쉼이 필요함에도 불구하고 새벽에 일어나신 이유는 무엇일까?

첫째, 하나님과의 만남이 필요했기 때문이다.
1) 새벽의 황홀함은 경험하지 못한 사람은 알지 못한다.
2) 한적한 곳은 하나님과의 깊은 대화를 하기 좋은 장소다.
3) 예수님은 하나님과 오랫동안 대화를 나누셨다.

둘째, 세상의 유혹을 이길 수 있기 때문이다.
1) 새벽에 기도하는 사람은 중심이 박힌 사람들이다.
2) 세상 유혹이나 충동에 쉽게 흔들리지 않는다.
3) 기도를 통해 하나님의 뜻을 발견할 수 있다.

셋째, 영적인 에너지를 공급 받기 때문이다.
1) 마귀의 권세를 제압할 수 있는 능력은 기도다.
2) 한국 교회 성장의 원동력은 새벽 기도에 있다.
3) 성경의 놀라운 역사들은 새벽에 많이 일어났다.

새벽기도에는 축복이 숨어 있다. 성공하고 싶은 사람, 복 받고 싶은 사람, 자신의 삶을 New Life(새로운 삶)로 바꾸고 싶은 사람, 참된 예배자로서 살기를 원한다면 새벽기도를 해야 한다. 새벽은 주님을 만나는 시간이다. 새벽기도를 승리하는 성도가 되시기를 주님의 이름으로 축원합니다.

시46:5 "하나님이 그 성중에 계시매 성이 요동치 아니할 것이라 새벽에 하나님

♣한국의 새벽기도 ♣

한국 교회에서 새벽예배를 드리게 된 배경은 미국의 선교사들이 1884년에 한국의 제물포에 첫발을 내딛고 본격적으로 복음을 증거하기 시작했다.

장로교 선교사인 언더우드와 감리교 선교사인 아펜젤라가 같은 배를 타고 입항을 하고 서로 사이 좋게 부활절 날에 어깨동무를 하고 내렸다. 그리고 지역을 나누어서 열심으로 선교를 했다.

당시에 영국의 이반 로보츠 목사님이 성령의 은혜가 너무 커서 영국의 웨일즈 지방과 온 영국과 미국과 온 세계에 성령의 불이 번지기 시작했다.

이를 사모한 한국의 선교사들이 한국에도 성령의 불이 붙기를 소원하며 간절히 한국의 교인들과 기도를 시작했다.

이때 평양의 장대현 교회에서 신학을 공부하던 길선주 신학생이 예수님의 새벽 기도하시는 모습에 은혜를 받고 새벽마다 한국의 부흥을 꿈꾸며 기도하기 시작했다.

처음에는 2명이 시작을 했다. 자꾸 사람들이 동참하면서 새벽기도를 통해 많은 은혜를 받게 되었고 마침내 1907년 평양이 성령의 충만을 받아서 하나님의 부흥이 일어나게 된 것이다.

그리고 새벽기도는 한국 교회에 정착되어서 으레 새벽기도를 당연하게 습관적인 공적 모임으로 여기게 된 것이다.

기도의 줄을 잡자
(약5:13~18)

복의 원천은 하나님이다. 세상은 연줄, 자금줄을 찾으나 그리스도인은 기도 줄을 찾아야 한다.

삶에 어려움이 찾아왔다면 잃었던 기도 줄을 찾고 견고히 그 줄을 붙잡아야 한다. 우리가 기도하고 잊어버려도 하나님은 기억하시고 응답하시는 분이다. 우리가 기도한 것보다 더 크게 응답하시는 분은 하나님이다.

고난당하는 자와 병든 자들은 교회의 장로들을 청하여 기도해야 한다.

1. 기도해야 고난을 당하는 이유를 알 수 있다.
1) 고난을 당하고 있는 이유와 병이든 이유를 모른다.
2) 기도는 고난의 이유와 병들은 이유를 알게 한다.
3) 하나님은 기도하는 중에 세미한 음성을 들려주신다.

2. 고난을 당하는 자와 병이든 자가 기도해야 하는 이유
1) 하나님의 뜻을 알 수 있기 때문이다.
2) 고난과 질병은 우연히 아니다.
3) 기도하면 하나님께서 알려 주신다.

3. 의인의 간구는 역사하는 힘이 크다.
1) 의인이 기도하면 하나님이 응답하신다.
2) 의인은 하나님께 의롭다함을 얻은 사람이다.
3) 근심과 걱정과 낙심하지 말고 기도하자.

하나님은 우리들에게 기도하라고 말씀하신다. 네 입을 크게 열어 기도하라. 엘리야처럼 얼굴을 두 무릎 사이에 묻고 기도하라. 하늘에서 징조가 보일 때까지 기도하라.

고난 당하는 자하고 병든 자가 기도함으로 하나님의 큰 능력을 보는 사람들이 되시기를 주님의 이름으로 축원합니다.

♣사업 줄과 기도 줄 ♣

　사업을 하는 교인이 목사님을 찾아가 힘들고 어려워 죽겠다고 말했다.
　목사님이 뭣 때문에 그러냐고 물으니 교인은 "불경기 때문에 자금줄이 막혀 부도가 날지도 모르겠다고 답했다.
　그러자 목사님은 "지금 막혀 있는 것은 자금줄이 아니라 다른 것"이라고 말했다.
　교인이 그게 무엇이냐고 묻자 목사님은 이렇게 답했다
　"기도 줄이 막혔어요. 기도를 해야 하늘의 문도 열리고 땅의 문도 열립니다. 회사가 망할 정도로 불황에 빠져 있으면서도 왜 기도하지 않습니까? 걱정만 한다고 문제가 해결됩니까?"
　왜 사업에 불경기가 왔는가?
　기도가 불경기이기 때문이다.
　사업이 안 되는 것이 아니라 기도가 안 되고 있는 것이다.
　기도하지 않으니까 불경기를 박차고 나갈 수 있는 힘과 능력이 없는 것이다.
　복의 원천은 하나님이다.
　세상은 연줄, 자금줄을 찾으나 그리스도인은 기도 줄을 찾아야 한다. 삶에 어려움이 찾아왔다면 잃었던 기도 줄을 찾고 견고히 그 줄을 붙잡아라.
　우리가 기도하고 잊어버려도 하나님은 기억하시고 응답하시는 분이다.
　내가 기도한 것보다 더크게 응답하시는 분은 하나님이다.

고난은 잠든자를 깨운다
(시119:71)

사람은 누구나 고통을 피하고 싶어 한다.
아담의 범죄 이후 그 누구도 고통의 문제를 피하여 수가 없다. 왜 인생이 고난으로 가득할까? 고통의 원인은 죄다. 사람의 마음이 정욕의 노예가 되어 이 세상에 경쟁을 하고 있는 것이다. 사탄은 죄를 통해 사람들을 미혹하고 있다.

1. 고난의 원인
1) 고난의 원인은 정욕에 따르기 때문이다.
2) 고난은 하나님의 확성기다.
3) 사람은 고난을 당해야 돌이켜 회개한다.

2. 새로운 인생
1) 새로운 인생은 예수님을 믿으면 죽은 영이 살아난다.
2) 내 양은 내(목자) 말을 따른다.
3) 새로운 인생은 보혜사 성령을 따라서 살아야 한다.

3. 고난의 유익
1) 고난은 고난당하는 사람을 깨우치게 한다.
2) 고난당할 때 회개를 하면 하나님이 돌보아주신다.
3) 거듭난 사람은 고난 속에서 성령의 역사로 변화가 된다.

대나무는 마디가 생기는 동안 성장을 멈춘다. 겉보기에는 성장이 멈춘 것 같지만 실상은 마디를 속으로 만들고 있다는 것을 알아야 된다.
인생도 갖가지 장애물을 만나 마치 성장이 멈춘 것 같을 때가 있다. 시험에 떨어지고 사업에 실패하고 더 이상 앞으로 나가지 못할 때가 있는 것이다. 하지만 그때가 바로 인생의 마디가 생기는 시간이지 버림받는 것은 아니다. 고난을 통해 인생의 마디가 많이 생길수록 비바람에도 쓰러지지 않는 강한 사람으로 성장하는 것이다.
새로운 인생으로 살아가시기를 주님의 이름으로 축원 드립니다.

♣ 고난의 의미 ♣

어느 목사님이 시골에서 전도사 생활을 하면서 닭을 키우다가 고난의 비밀을 발견했다고 한다.

모든 새들은 봄에 새끼를 낳는다. 꿩, 닭, 참새, 제비, 비둘기, 종달새, 모든 새들은 다 봄에 알을 낳는다. 닭도 그렇다.

그런데 그런 새들은 너무 일찍이 태어나니까 너무 춥다.

병아리도 4월, 5월에 깨어난 것은 추위와 싸워야 한다.

초봄에 바람이 부니 많이 춥다. 그런데 그때 태어나서 살기 어려우니 "삐약, 삐약"한다. 어미가 품어주고 힘들게 자란다.

그러나 병아리는 9, 10월만 되면 벌써 알을 낳는다. 잘 자란다.

그런데 어떤 닭은 늦게 알을 낳는다. 그래서 7, 8월에 병아리가 깨어나는데 이것은 태어나서는 고생을 안 한다. 날씨가 따뜻하니까 너무 좋다.

그러나 초가을에 추위가 오면 그 닭은 견디기 힘들어 한다.

어린 시절 추위를 통과하지 못한 닭들은 겨울을 보내지 못하고 모두 죽는다. 왜냐하면 어린 시절 연단을 받지 못해서 그렇다.

사람도 똑 같다. 7, 8월에 태어난 병아리들처럼 어린 시절 고난 없이 자라면 환난과 시험을 당하면 자살해버린다.

그러나 어려서부터 눈물 흘리고 수고하며, 고생하면서 큰 사람은 오히려 자신이 흘린 눈물 때문에 지도자가 되어서 다른 사람의 눈물을 닦아 준다. 자기가 아파 봤기 때문에 많은 사람들의 눈물을 닦아 줄 수 있다. 고난에는 이런 의미가 있는 것이다.

이런 고난의 의미를 잘 알고 고난을 잘 통과하여야 하겠다.

감사하는 자가 되자

(골3:15~17)

우리가 나면서부터 죽을 때까지 하나님께 대한 감사하는 생활이 마땅한 도리다.

하나님께서 우리를 지으셨고 사랑하기 때문에 우리가 잘되기를 원하신다. 그래서 우리에게 요구하시는 것이 감사하는 자가 되라는 것이다. 왜 우리가 감사하는 자가 되어야 하는가? 매일의 일상 속에서 감사한 생각을 가지면 감사할 일이 생긴다.

1. 감사는 예배자의 기본자세이다.
1)하나님은 우리가 감사함으로 예배를 드리기를 원하신다.
2)우리가 살아가다 보면 불평불만이 생긴다.
3)예배드리는 곳에는 저주의 땅이 축복의 땅으로 바뀐다.

2. 감사는 신앙생활의 열매이다.
1)우리는 날마다 하나님을 찾고 만나 부르짖어야 한다.
2)우리는 감사하는 신앙생활을 해야 한다.
3)우리는 서로가 감사하면서 살아야 한다.

3. 감사는 축복받는 통로이다.
1)감사는 평강의 축복을 받는다.
2)감사는 기도 응답의 축복을 받는다.
3)감사는 범사에 축복을 받는다.

하나님께서는 우리의 감사의 삶이 범사에 모든 것이 축복으로 이어지게 하신다. 그러므로 우리가 어려울 때일수록 더욱 감사해야 한다. 그럴 때 삶이 감사조건으로 바뀌는 것이다. 감사는 바로 하나님 앞에 드리는 제사의 기본자세이며 신앙생활의 열매가 되고 또한 감사는 축복의 통로가 된다.

날마다 감사의 삶을 살아가면서 축복받는 성도들이 되시기를 우리 주 예수 그리스도 이름으로 축원합니다.

♣ 감사의 기적 ♣

세브란스 병원에 입원해 있던 어떤 감리교 교회의 한 사모님의 간증을 읽어 보았다. 위암 판정을 받고 수술을 하려고 의사가 개복을 했다.

그런데 너무 암이 커져서 손을 댈 수가 없었다.

크리스천 의사였던 주치의는 공책과 볼펜을 가져다주며 '사모님! 특별히 할 일도 없으시니까, 일생을 돌아보면서 감사했던 일이 있으면 열심히 적어 보세요.'라고 했다. 그래서 감사를 적으려고 하는데 처음에는 그것도 쉽지 않았다.

그래도 의사선생님이 하라고 하니까 감사를 적기 시작했다.

"첫째, 예수 믿어 구원 받게 하시니 그 은혜에 감사합니다.

둘째, 못된 성격이지만 이렇게 목사 사모가 되어서 교인들의 사랑을 받으며 살아오게 하심을 감사드립니다.

셋째, 우리 아이들이 믿음 안에 건강 안에 잘 자라게 하시니 감사를 드립니다." 며칠 만에 137개를 적었다. 그렇게 감사를 적었을 때 의사가 더 이상 할 일이 없으니까 '사모님 이제 복수에 물이 차면 와서 한 번씩 빼시면 될 것 같고 이제 집에 가서 쉬시는 게 낫겠다고' 퇴원을 시켰다.

그런데 퇴원하며 매일 감사 일기를 적었다.

자신의 인생을 돌아보면서 감사한 것을 계속 적기 시작했다.

계속 감사를 적다 보니 은혜가 충만해졌다. 내 삶이 얼마나 하나님의 축복 가운데 살았는가에 감격하게 되고 기쁨이 샘솟기 시작했다.

그래서 사모님이 그냥 있을 수가 없어 아픈 몸을 이끌고 다니면서 교인들을 심방하고 불신자에게 가서 전도도 하고 또 기도도 해주고 이런 일을 반복했다.

교인들은 걱정했다. '사모님이 곧 돌아가신다는데 저러고 돌아다니시면 어쩌나?' 그런데 사모님의 얼굴에서는 광채가 나기 시작했고 미음이나 죽을 먹고 또 밥을 먹으면 소화도 못 시키는데 어떨 때는 그냥 밥을 먹는데도 소화가 잘 되었다. 식사를 정상적으로 하기 시작했다. 너무나 정상적으로 식사를 하여 몇 달 후 병원에 가서 다시 검진을 받았다. 검사를 한 의사는 "사모님!! 암이 기적처럼 다 나았습니다."라고 놀라워했다.

다니엘에게 이러한 감사의 기적이, 여호사밧 왕이 경험했던 감사의 기적이, 예수님이 행하셨던 감사의 기적이 그 사모님에게도 일어난 것이다.

오늘 우리에게도 범사에 감사를 표현하면 이런 감사의 기적이 일어날 줄 믿는다. 감사는 기적을 창조하는 재료다.

감사는 어려운 일이 닥쳤을 때 문제를 해결하고 위기를 극복하는 능력을 강화시켜 주는 기적을 일으킨다.

복음이 열매 맺으려면

(롬10:13~15)

기독교는 복음의 종교다. 복음이 열매를 맺으려면 세 가지 조건이 있다. 첫째는 복음이 있어야 한다. 둘째는 전하는 사람이 있어야 한다. 셋째는 성령의 감화가 있어야 한다.

이 세 가지 요소가 합쳐질 때에 복음의 역사가 이루어지는 법이다.

1. 복음이 무엇인가?
1) 구원은 쉬우니까 복음이다.
2) 쉬운 복음의 길을 주셨다.
3) 복음의 길은 신앙고백을 하는 것이다.

2. 전하는 사람이 있어야 한다.
1) 복음의 말씀을 누가 가서 전해주어야 한다.
2) 복음을 전하는 발이 아름다운 것이다.
3) 복음을 전해 받은 사람은 복 있는 사람이다.

3. 성령의 감동감화가 있어야 한다.
1) 하나님의 말씀을 들을 때 성령의 감동이 일어난다.
2) 교회를 통하여 성령의 감동이 일어난다.
3) 복음이 성령의 감동으로 열매를 맺도록 기도해야 한다.

복음이 열매 맺으려면 복음은 무엇인가를 알아야 한다. 복음은 결코 어렵지 않다. 복음을 전하는 사람이 성령의 감동감화가 있어야 한다. 성령의 감동은 하나님의 말씀을 들을 때에 성령의 감동이 일어난다. 교회를 통해 성령의 감동이 일어나고 복음의 열매가 맺어진다.

복음의 열매를 맺는 성도들이 되시기를 주님의 이름으로 축원을 드립니다.

♣복음을 전하는 아름다운 발 ♣

교하에 새 아파트로 이사를 온 여집사님 한분이 있었다.

그분은 작은 교회에 등록을 했다. 이 집사님은 늘 새집만 찾아다니는 분이었는데 이번에 다섯 번째로 교하 새 아파트로 이사를 했던 것이다.

심방오신 목사님께서 집사님에게 물었다.

"집사님, 새집이 그렇게도 좋으십니까?"

이 집사님이 빙그레 웃으시며 대답하기를....

"목사님, 집이야 이 동네 사나 저 동네 사나 마찬가지지요. 새집에 들어가서 살아보면 불편한 것이 한 두 가지가 아닙니다. 아이들이 전학을 할 때마다 적응 하는 것이 보통 고통이 아닙니다. 남편의 직장이 멀어질 때도 있습니다.

그러나 이유가 있습니다.

새 아파트로 이사한 사람들은 마음에 변화가 옵니다.

'이제 종교를 가져볼까?' 하는 생각을 할 수 있습니다.

엉터리 신앙생활 하던 사람들은 '이제 제대로 믿어봐야지' 하고 생각합니다. 아니면 '종교를 바꿔 볼까?' 하는 사람들도 있게 마련이지요. 그래서 새 아파트로 이사를 하고 나면 이사람 저사람 만날 수 있고, 전도 못하는 나 같은 사람도 전도할 수 있는 기쁨을 주님께서 주십니다.

나는 전도하기 위해서 이사를 합니다."

이런 사람의 발이 복음을 전하는 아름다운 발인 것이다.

새 언약의 백성
(렘31:31~34)

성경에는 하나님과 사람 사이의 약속이 많이 등장한다.
그 약속을 언약이라고 한다. 약속이 두 사람 사이에 평등하게 맺어진 것이라면, 언약은 불평등하게 맺어진 일방적인 약속이다. 성경이 말하는 언약은 불평등의 약속이다. 하나님은 일방적으로 약속하시고 일방적으로 이루실 것을 선언하셨다. 옛 언약이 깨어져 새 언약이 필요하게 되었다.
새 언약은 어떤 면에서 더 좋은 언약일까?

1. 새 언약은 은혜의 약속이다.
1) 새 언약 아래 있는 사람은 은혜를 바라보며 살아간다.
2) 우리는 하나님의 은혜로 구원 받았다.
3) 새 언약은 은혜의 선물로 거저 주셨다.

2. 새 언약은 성령의 약속이다.
1) 하나님께서 돌 판에 계명을 기록하여 주셨다.
2) 우리를 도와주시려고 성령님을 보내 주신다.
3) 성령님이 우리에게 임하시면 놀라운 변화가 시작된다.

3. 새 언약은 체험의 약속이다.
1) 믿는 모든 사람에게 기도 응답을 체험하게 해 주신다.
2) 하나님을 믿는 모든 자들이 말씀을 통해 체험하게 해 주신다.
3) 하나님을 의지하면 성령의 은사와 열매의 체험을 주신다.

4. 새 언약은 사죄의 약속이다.
1) 옛 언약 아래에서는 죄를 생각하게 할 뿐이다.
2) 새 언약은 죄가 깨끗이 용서되며 기억하지 아니하신다.
3) 하나님은 우리를 의롭게 여기시고 사랑하신다.

우리는 새 언약 아래 있음으로 다시는 옛 언약으로 돌아가지 말고 그리스도를 통해 주신 새 언약을 붙잡고 하나님의 은혜 안에서 살아야 한다. 성령 충만하여 하나님을 삶속에 날마다 체험하며 확신을 가져야 한다. 하나님의 용서를 확신하며 하나님과의 깊은 사랑의 관계 속으로 들어가시기 주님의 이름으로 축원을 드립니다.

♣ 하나님의 언약 ♣

　오래 전에 독일 할머니 레나테 홍의 이야기가 매스컴에 크게 보도된 적이 있다. 그 남편은 북한에 거주하는 홍옥근 씨(74)인데 사연은 이렇다.
　50여년전 동독에서 유학하던 대학생 홍옥근 씨와 결혼한 레나테 홍은 자식까지 낳았다. 그런데 북한 당국의 강제소환으로 생이별을 하고 말았다. 신혼의 단꿈을 맛보기도 전에 일어난 황당한 사건이었다. 강제 소환 2년 후부터는 편지 왕래조차 끊기고 말았다.
　그러다 레나테 홍 할머니가 북한을 방문함으로써 47년 만에 극적으로 상봉하게 된 것이다.
　참 가슴 아픈 사연이다. 아마 두 사람이 결혼했을 당시에는 평생 함께 사랑하며 살자고 약속을 단단히 했을 것이다.
　그러나 어쩔 수 없는 상황으로 그 약속을 지킬 수 없었던 것이다.
　인간의 약속은 의도적이든 비의도적이든 공약(空約)이 되는 경우가 많다.
　그러나 하나님은 인간과 다르다. 하나님은 한번 약속하시면 반드시 지키신다. 그래서 하나님의 약속은 인간의 약속과 구별해서 언약(Covenant)이라 부른다.
　거룩한 약속이란 뜻으로 성약(聖約)이라 부르기도 한다.

네 이웃을 사랑하라
(마7:12)

　기독교는 세상의 빛과 소금으로 살면서 이웃을 사랑하고 돕고 구원하며 아름다운 세상을 만들어가는 빛의 종교요, 생명의 종교다.
　날이 갈수록 이웃 간에 국가 간에 불신과 갈등의 골이 깊어가며 어두운 분위기가 짙어가는 이때에 그리스도인으로서 이웃과의 관계를 어떻게 유지하며 살아야 할까?

1. 이웃을 내 몸과 같이 사랑하고 섬기자.
　1)도움이 필요한 자를 도와주라.
　2)우리 주변에 강도를 만난 이웃이 누구일까?
　3)이웃을 사랑하되 내 몸과 같이 사랑하라.

2. 이웃을 전도하여 하나님께 인도하자.
　1)선행과 도움은 영혼을 살리고 구원하는 것이다.
　2)이웃을 향한 사랑은 전도로 나타난다.
　3)교회의 성장 비결은 날마다 가르치고 전도하는 것이다.

3. 이웃과 함께 이 세상을 아름다운 세상으로 만들자.
　1)하나님의 나라와 영광을 위하여 연합해야 한다.
　2)마귀는 분쟁과 분열과 다툼을 가져온다.
　3)성령은 언제나 하나 되게 하는 역사를 이루신다.

　하나님은 교회들이 하나가 되고 성도들이 하나로 뭉쳐서 연합하여 이 세상을 복음화하고 아름다운 세상으로 만들기를 원하신다. 우리 모두 예수님과 함께 주의 종과 함께 모으는 자가 되고 헤치는 자나 분열시키는 자가 되지 않아야 한다.
　교회 안에서 연합하고 직장과 세상에서 예수 그리스도의 복음과 믿음 안에서 연합하여 이 세상을 아름답게 행복하게 만들어 가는 복된 성도들이 되시기를 주니의 이름으로 축원을 드립니다.

♣애완동물보다 못한 이웃 ♣

하늘나라 천사 둘이서 세상에 내려왔는데 한 천사는 가난한 노동자의 모습으로 또 한 천사는 부잣집에서 키우는 강아지의 모습으로 변했다.

몇해후 하늘나라에서 다시 만난 두천사는 서로의 경험을 털어놓았다.

"저 세상은 참으로 살 곳이 못되는 곳이야. 하루 종일 일을 해도 잘 사는 몇 사람을 제외하고는 모두들 힘들고 어렵게 살 수밖에 없었거든."

이 말을 듣고 있던 두번째 천사는 이상하다는 듯 이렇게 이야기했다.

"이상하다. 난 강아지의 모습이었는데도 사람들은 내게 고급 음식을 아끼지 않고 늘 보살펴 주던데...."

"사람들은 어리석게도 자기와 어우러져 살아야 할 이웃이 누구인지를 잘 모르는 것 같아." 첫 번째 천사의 탄식이었다.

요즘 각 가정에서 강아지나 고양이를 키우는 경우가 많아졌다.

외아들이나 외동딸인 경우 외로울까봐 일부러 그런 애완동물을 키우는 가 본다. 하지만 조금만 눈을 돌리면 우리 주위에는 생각 외로 어렵고 외로운 이웃들이 많다.

하나님께서는 우리를 지으실 때 서로 도우며 사랑의 띠로 하나가 되기를 바라셨다. 애완동물을 키우는 것이 나쁘다는 뜻은 아니다.

진정 우리의 사랑을 필요로 하는 우리의 이웃들을 향해 최소한 애완동물에게 기울이는 관심의 이상으로 사랑을 나누어야겠기에 하는 이야기다.

왜 거듭나야 하는가?
(요3:3)

왜 인간은 자기 자신에 대해서 아는 것이 어려울까?

그 이유는 인간은 나 자신에 대해서 잘 알고 있다고 생각하기 때문이다. 그래서 하나님을 아는 지식보다 훨씬 더 어려운 문제가 되고 있는 것이다. 우리는 자신을 우리 힘으로는 볼 수가 없다.

성경은 우리를 정확하게 비춰주고 있다.

1. 인간은 거듭나야 한다.
1) 성경은 인간은 거듭나야 한다고 말씀하고 있다.
2) 거듭나지 아니하면 하나님의 나라를 볼 수 없다.
3) 인간의 영혼은 영원히 살게 된다.

2. 인간은 왜 거듭나야 하는가?
1) 우리는 죽었기 때문에 다시 태어나야 한다.
2) 우리는 본질상 진노의 자녀이기 때문이다.
3) 인간은 다 죄악 중에 태어난 천성적으로 진노의 자녀.

3. 어떻게 하면 거듭나서 하나님 나라에 들어갈 수 있는가?
1) 나는 죄인이며 영적으로 죽은 자라는 것을 인정해야 한다.
2) 마지막 날에 다시 부활하게 될 것을 믿어야 한다.
3) 예수님이 나의 구원자요 나의 구세주이심을 믿어야 한다.

교회 역사 2000년 동안 예수 그리스도를 믿는 사람들은 모두 거듭나고 구원을 받았다. 그리고 모두 성령으로 변화되었고 모두 하나님과 말씀을 알게 되었다. 지금 이 순간 무엇을 따지거나 고민하거나 나중이라고 하지 말고 하나님의 아들 예수 그리스도께서 나의 죄와 진노를 대신해서 죽으신 나의 구원자, 나의 구세주라고 믿고 받아들여야 한다.

잠시 사는 이 땅이 아니라 영원히 살게 되는 하나님 나라에 소망을 두시길 주님의 이름으로 축원합니다.

♣ 목사의 눈물 ♣

   어느 목사님의 안타까운 사연의 글을 읽었다. 그 목사님은 28살 된 청년이 입원하고 있는 병원을 매일 심방을 다니셨다. 가족들은 그 청년이 암으로 곧 죽게 될 것을 숨겼다고 한다. 그래서 수술로 가슴에 있는 혹을 떼어 냈으니까 곧 아물면 건강하게 퇴원할 것이라는 말로 속이며 3개월을 지내게 했다.
   목사님께서 이 사실을 알고 너무 안타까와서 매일같이 그 청년을 방문해서 예수님을 전했다. 그런데 그때마다 자신이 똑똑하다고 생각하는 28살의 이 청년은 마음의 문을 열지 않으면서 다음과 같이 말했다.
   "목사님 저는 이제 곧 퇴원합니다. 제가 퇴원하면 세상에서 해야 할 일이 너무나 많습니다. 그러니 일단 시간이 지나고 나서 나중에 예수 믿는 것에 대해서 한번 생각해 보겠습니다. 의사 말로는 제가 이제 혹을 떼어 냈으니까 한 달만 지나면 곧 퇴원할 수 있다고 했습니다."라고 했다.
   그러나 얼마 후 결국 이 청년은 급하게 중환자실로 들어가서 고통스러워 하다가 거기서 숨을 거두고 말았다.
   목사님은 그 청년이 곧 자기가 죽을 것이라는 것도 모르고 여전히 세상에 나가 많은 일을 하겠다는 기대 속에서 영생을 주시는 예수님을 거부하는 것을 보며 얼마나 가슴이 아팠는지 많이 울었다고 했다.
   많은 목사는 영혼 구원을 위해 눈물을 자주 흘린다.

마라의 쓴물(시험) 앞에서
(출15:22~27)

홍해를 건넌 이스라엘 백성의 광야생활의 시작은 찬송으로 출발했다. 구원의 역사를 직접 체험했기 때문이다. 광야 길은 홍해를 가르신 하나님이 인도하는 시험의 길이었다. 쓴물을 만난 이스라엘 백성들은 원망하고 있었지만, 모세는 하나님 앞에 부르짖어 기도했다. 쓴물이 단물이 되었다.

1. 문제 앞에 어떤 태도를 취했는가?
1) 문제에 부딪혔을 때 원망부터 했다.
2) 하나님은 우리가 어떤 태도를 취하는가를 보신다.
3) 원망은 믿음이 약해졌을 때 나오는 반응이다.

2. 쓴물은 자신의 영적인 수준을 알라는 시험이다.
1) 왜 마라의 쓴물로 인도 하셨는가를 알아야 한다.
2) 하나님은 내 안에 있는 쓴 뿌리를 드러내고자 하신다.
3) 쓴물 앞에서 내 신앙의 정확한 모습을 보아야 한다.

3. 자신의 부족함이 드러나거든 치료하시는 하나님을 경험하라.
1) 백성들은 원망만하지만 모세는 하나님께 기도했다.
2) 모세가 말씀에 순종하니 쓴물이 변하여 단물로 바뀌었다.
3) 내 마음의 쓴 뿌리가 발견되면 치료하시는 예수님을 붙들라.

학생에게 시험은 괴로운 것이지만 시험이 있어야 공부하고 성장한다. 시험이 있어야 믿음이 성장한다. 시험은 왜 있나? 고난은 왜 있나? 나를 성장시키기 위하여 있는 것이다. 하나님은 이스라엘 백성을 광야에서 40년간 훈련시키면서 가장 강한 영적 군사로 훈련시키는 것이다. 나에게 이상하게 시험이 많다는 것은 하나님이 나를 귀하게 쓰실 훈련을 하고 있다고 믿어야 한다.

모든 시험에서 승리하는 성도들이 되시기를 축원을 드립니다.

♣김익두 목사의 변화 ♣

김익두 목사는 본래 황해도 유명한 깡패 출신이다.

한 번은 부흥회를 인도하기 위하여 기차를 타고 가는데 옆자리에 노인이 앉아 계속 담배를 피웠다.

김익두가 담배 연기가 싫어서 다른 자리로 피하면 그 자리 옆으로 따라와서 담배 연기를 계속 품어댔다. 한 두 번이 아니라 기차를 타고 가는 내내 그렇게 했다.

화가 난 김익두가 그 노인을 밀어 버리자 노인이 넘어졌다.

넘어진 자리에서 노인은 일어날 생각도 않고 "그러면 그렇지? 김익두가 변했다고 하더라도 별 수 있나? 김익두는 김익두지!"

깜짝 놀란 김익두가 물었다. "나를 아십니까?"

노인은 "알지. 언젠가 자네한테 맞아 죽을 뻔한 적이 있었지.

그런데 자네가 예수 믿고 변했다는 소문을 들었지.

그래서 얼마나 변했나? 시험하여 본 것일세.

그런데 역시 안 변했구먼"

이 말을 들은 김익두가 "할아버지 용서하세요.

제가 너무 했습니다" 그랬더니

이 말을 들은 할아버지가 "그만 하면 변한 것일세.

예전 같았으면 나는 자네한테 맞아 죽었지"

김익두가 은혜를 받고 얼마나 변하였는지 알려 주는 이야기다.

은혜를 받으면 변화가 되어야 한다.

복음의 능력
(롬1:13~17)

우리는 복음을 통해 구원 받은 하나님의 자녀가 되어 천국 백성이 되었다. 복음을 통해 우리 삶 속에서 많은 변화를 경험하고 체험하게 되었다.

말씀을 깨닫고 말씀을 통해서 복음의 능력을 경험할 때 우리 삶 속에 놀라운 하나님의 은혜들을 경험하게 된다.

1. 복음이란 무엇인가?
1) 복음은 예수 그리스도가 복음이시다.
2) 복음은 십자가와 부활이다.
3) 사도의 직분은 보내심을 받은 직분이다.

2. 복음 안에서 성도와의 관계
1) 한 영혼 영혼들을 바라보면서 감사해야 한다.
2) 복음 안에서 서로 기도해야 하는 것이다.
3) 서로 믿음을 견고하게 세워주는 관계이다.

3. 복음의 능력에 대한 말씀
1) 복음을 부끄러워하지 아니한다.
2) 복음은 모든 믿는 자에게 하나님의 능력이다.
3) 복음은 의롭게 하시는 하나님의 능력이다.

그리스도 안에 있으면 이 복음의 능력으로 새로운 피조물의 삶을 살아간다. 사단의 권세를 깨뜨리고 승리할 수 있는 것도 바로 복음의 능력임을 믿어야 한다.

복음의 능력은 오직 우리가 믿음에서 믿음으로 이르게 하고 오직 의인은 믿음으로 말미암아 살리라는 그런 고백으로 승리하시고 또 복음의 능력으로 새 생명의 은혜를 누리시는 우리 성산의 가족들이 되시기를 주의 이름으로 축복합니다.

♣ 참된 복음 ♣

카이프낙은 그린랜드의 산지에 살면서 살인을 일삼던 강도 두목이었다. 하루는 그가 요한복음을 번역하고 있는 선교사의 오두막집으로 왔다. 그는 선교사가 하고 있는 일이 무엇인지 궁금했다.

선교사가 그에게 자기가 만들고 있는 부호들이 어떻게 말이 되며 그 책이 어떻게 말을 할 수 있는가를 이야기하자, 그는 그 책이 말하는 것을 듣고 싶다고 했다. 그래서 선교사는 그리스도의 수난과 죽음의 이야기를 읽어 주었다.

그러자 두목은 즉각 물었다.

"이 사람이 무슨 일을 저질렀나요?

그가 누구의 물건을 훔쳤습니까? 그가 누구를 죽였습니까?"

"아닙니다. 그는 아무 물건도 훔치지 않았고 아무도 죽이지 않았어요.

그는 아주 나쁜 짓도 하지 않았어요."

"그렇다면 왜 수난을 당해요? 그가 왜 죽어요?"

"내 말을 잘 들어 보십시오. 이 사람은 아무 나쁜 짓도 하지 않았지만 당신은 나쁜 짓을 했어요. 이 사람은 누구의 물건도 훔치지 않았지만 당신은 동생을 죽였고 당신의 아이를 죽였어요. 이 사람은 당신이 수난을 당하지 않게 하기 위해 수난을 당했습니다.

그는 당신이 죽지 않게 하기 위해 죽은 것입니다."

"그 이야기 다시 한 번 해주세요."

두목은 이 말을 듣고 무척 놀랐다.

그러고는 이 무자비한 살인자는 십자가 앞에 무릎을 꿇었다.

예수 그리스도께서 인류를 구속하기 위하여 죽임을 당하셨고, 그를 믿을 때 모든 인간은 구원받는다는 사실이 참된 복음이다.

우리를 향한 하나님의 생각

(렘29:10~14)

지극히 좋은 인생이란 내 눈에 좋아 보이는 인생이 아니라 하나님께서 인정하시고 내가 원하는 대로 되어지는 인생이 아니라 하나님의 말씀대로 되어 지며 지금 당장 좋은 환경에서 사는 것이 아니라 지금은 좀 힘들고 괴롭고 어려워도 하나님께서 함께 하셔서 결국 좋아지는 인생이다.

우리들을 향한 하나님의 생각은 무엇일까?

1. 우리들의 믿음이 후손들에게 복이 되어야 한다.
  1) 어렵고 힘들다고 좌절하며 포기하지 말아야 한다.
  2) 내가 심고 내가 당장 열매를 따려고 하면 안 된다.
  3) 부모님의 헌신의 열매를 자녀가 누리게 된다.

2. 우리들의 믿음이 어려움 중에도 희망을 품고 살아야 한다.
  1) 희망이 있으면 모든 역경을 헤치고 우뚝 설 수 있다.
  2) 완전히 절망에 빠진 사람에게도 희망이 남아 있다.
  3) 말씀을 믿고 미래에 대한 희망을 품으라.

3. 우리에게 때를 따라 돕는 은혜를 주시는 것이다.
  1) 기도하면 하나님이 닫혀 있는 문을 열어 주신다.
  2) 우리가 어려울 때 하나님은 말씀을 들려주신다.
  3) 하나님을 찾으면 만나주시고 좋은 길을 열어 주신다.

하나님은 우리 모두가 희망을 가지고 어려움을 이겨내기를 원하신다. 우리가 고생하더라도 믿음을 굳게 붙잡으면 다음 세대가 복을 받는다. 어려움 중에도 희망을 품고 살면 쉽게 견뎌낼 수 있다. 하나님이 때를 따라 돕는 은혜를 반드시 주신다.

하나님께서 우리 모두에게 놀라운 하늘 복을 한량없이 부어주시기를 주님의 이름으로 축원을 드립니다.

♣ 희망의 증인 ♣

인간은 희망을 먹고 사는 존재(Homo Esperance)라는 말이 있다. 극한 고난 가운데 있어도 희망이 있으면 얼마든지 승리할 수 있다.

유명 대학병원의 암센터 의사가 암에 걸려 투병하게 됐다.

남의 암을 고쳐주던 의사에게 암이라니! 억장이 무너질 일이다.

그런데 그는 평소대로 수술도 하고 정상적인 근무를 한다.

어떻게 이런 일이 가능할까. 그는 이렇게 말한다.

"암이 사람을 죽이는 게 아니라 절망이 죽이는 것이다."

희망이 그 이유라는 말이다. 그리스도인은 희망의 사람이다.

사망 권세 이기고 부활하신 예수님을 믿기에 죽음의 상황에서도 희망을 가질 수 있다.

그리고 희망이 없는 세상에 희망의 증인이 될 수 있다.

재미교포 정범진(알렉스 정)씨는 뉴욕 브루클린 검찰청 최연소 부장검사로 임용된 것으로 유명하다.

그는 전신마비 장애인이다.

법과대학원 재학 중 불의의 교통사고로 전신마비가 되어 휠체어 신세를 지게 되었다. 당연히 절망할 수밖에 없었고 자살까지 생각했다.

하나님이 원망스러웠다.

그러던 어느 날 집 근처 퀸즈공원묘지가 눈에 들어오는데 문득 죽은 자보다 낫다는 생각을 하게 됐다. 그때 주님의 음성이 들려왔다.

"알렉스! 나는 너를 살리기 위해 십자가를 선택했고 부활했는데, 너는 왜 죽음을 선택하느냐?"

결국 그는 살아계신 주님을 만났고, 주님은 그의 마음속에 희망을 불어넣어주셨다.

이제 그는 중증 장애에도 불구하고 희망의 증인으로 세상의 한가운데 서 있다.

말씀의 능력
(시19:7~14)

우리는 늘 하나님께 예배하고 나아올 때 마다 말씀을 가까이 하면서 말씀을 통해서 우리가 하나님을 더 영화롭게 하고 또 하나님을 기쁘시게 하는 삶을 살아가야 한다.

성경말씀, 여호와의 말씀이 우리의 삶 속에 어떠한 능력을 부어주시고 우리의 삶 속에 어떤 유익을 주는가?

1. 하나님의 말씀은 영혼을 소성시킨다.
1) 하나님의 말씀을 만나는 그 영혼이 소성하게 되어 진다.
2) 치료해 주시는 하나님의 능력임을 깨닫게 되어 진다.

2. 하나님의 말씀의 능력은 지혜롭게 한다.
1) 말씀을 지키는 자는 노인보다 더 명철하게 한다.
2) 말씀을 지키는 자는 모든 악한 길로 가지 아니한다.

3. 하나님의 말씀이 우리의 삶을 기쁘게 한다.
1) 여호와의 교훈이 정직해서 우리의 마음을 기쁘게 한다.
2) 말씀의 능력은 우리 마음속에 큰 기쁨을 준다.

4. 하나님의 말씀을 통해서 우리의 눈을 밝게 한다.
1) 말씀을 통해서 영혼의 세계를 보게 된다.
2) 말씀을 통해서 하나님의 사랑을 깨닫게 된다.

5. 말씀을 통해 하나님을 경외하는 도를 배우게 된다.
1) 말씀을 통해 하나님을 경외하고 잘 섬기게 된다.
2) 말씀을 통해 참된 지혜를 깨닫게 되어 진다.

말씀을 금 곧 많은 순금보다 더 사모하면 꿀과 송이 꿀 보다 더 즐거워 진다. 말씀을 우리가 즐거워하는 것이고 말씀을 사모하는 것이고 말씀을 사랑하는 것이다. 하나님의 말씀은 우리의 삶 속에 놀라운 변화를 가져온다.

허물과 죄과로부터 벗어나게 하시고 우리의 모든 말과 기도 묵상이 하나님께 열납되는 은혜가 우리 성산의 모든 가족들에게 임하시기를 주님의 이름으로 축복합니다.

♣ 살아 있는 말씀 ♣

영화 "벤허"의 소설을 지었던 저자는 뉴올리스라고 하는 사람이다. 그 사람은 본래 무신론자였다. 어렸을 때 교회를 좀 가보았지만 그는 무신론자가 되어서 하나님을 거역하고 예수 믿는 사람들을 핍박한 사람이었다.

그는 작가였고 변호사였고 글을 잘 쓰는 사람이었는데 어느 날 허망한 생각이 들었다.

어떤 생각을 했느냐하면 그가 "하나님이 계시지 않는다." 그리고 "성경은 허구다."라고 하는 그런 책을 기록해서 아주 세계에 베스트셀러를 만들어 보고 싶었던 것이다.

그래서 그는 성경을 연구하기 시작했고 기독교에 관련된 서적을 보게 되었다. 그 이유는 그가 하나님이 계시지 않는 것을 증명해 보이고 그리고 성경이 허구라는 것을 증명하기 위해서 성경을 읽게 되었던 것이다.

그러나 성경을 가까이 하니까 하나님이 놀라운 변화를 주신 것이다.

그가 그런 내용으로 1장을 기록하고 2장을 기록하려고 하는데 그는 무릎을 꿇고 예수님을 나의 주, 나의 하나님으로 고백하게 되었다. 부활하신 예수님을 만났다.

성경을 읽다보니까 부활하신 예수님을 만났고 그는 벤허라고 하는 소설을 기록해서 미국에서 50년 동안이나 베스트셀러가 된 그런 책이 되었고 영화로 제작되어서 전 세계의 많은 성도들에게 감동을 주고 그리고 많은 불신자들이 그 영화를 통해 하나님께로 돌아오는 그런 모습을 보게 되었다.

하나님의 말씀은 살아 있고 생명력이 있다.

그 날에 응답하리라
(시19:7~14)

하나님의 자녀인 우리는 날마다 하나님을 찾고 신뢰하며 믿음의 길을 걸어가야 한다. 그리고 주님을 사랑하고 또한 이웃을 사랑해야 한다.

이는 주님을 경외하며 섬기는 마음이 있을 때 다른 사람도 진정으로 섬길 수가 있기 때문이다. 하나님은 타락하고 부패하여 죄악이 관영한 이스라엘 백성들에게 긍휼을 베풀어 「그 날에」 회복시켜 주실 것을 약속하셨다.

1. 그 날은 죄에 대한 심판의 날을 의미한다.
1) 육적, 영적 목마름으로 패망하게 된다.
2) 자녀를 긍휼히 여기지도 않으시겠다.
3) 그 시대에 죄 값을 반드시 치르게 하신다.

2. 그 날은 하나님이 베푸시는 긍휼의 날을 의미한다.
1) 용서하시고 치유해주서서 은총을 입게 하시겠다.
2) 위험 속에서 긍휼을 베푸셔서 막아주시겠다.
3) 죄악된 길에서 돌이킬 때 구원의 길을 열어주시겠다.

3. 그 날은 하나님이 응답해 주시는 날을 의미한다.
1) 우리의 모든 기도의 응답자는 하나님이다.
2) 하나님은 무엇이든지 능치 못함이 없다.
3) 부족함을 채워주시고 실패한 것을 성공하게 하신다.

우리는 악의 모든 모양이라도 버리고 서로 축복하는 믿음의 자녀들이 되어야 한다. 하나님께서 말씀하신 「그날에 내가 응답하리라」라는 말씀의 의미는 죄에 대한 심판의 날을 의미하고 하나님이 베푸시는 긍휼의 날을 의미하며 하나님이 응답해 주시는 날을 의미한다.

이러한 응답의 축복이 여러분에게 임하시길 주의 이름으로 축복합니다.

♣색다른 심판 ♣

　남아프리카의 바벰바 부족사회는 반사회적인 범죄행위가 좀처럼 일어나지 않는다. 혹시 그런 행위가 일어날 경우에 그들은 우리와는 달리 상당히 흥미로운 의식으로 죄지은 사람을 계도한다. 규범에 어긋난 행위를 저지른 부족원을 마을 한가운데에 세워 모든 부족원들이 하던 일을 멈추고 그 부족원 주변으로 모여든다. 어린아이도 빠지지 않는다.

　모여든 모든 부족원들은 그 부족원을 둥그렇게 에워싼다. 그리고 나서 그들은 차례로 돌아가면서 가운데 세워진 부족원이 그동안 베풀었던 선행을 한 가지씩 말한다.

　그래서 그의 건설적인 속성과 능력, 선행, 친절한 행위 등 모든 것이 빠짐없이 열거된다. 거짓말을 하거나 과장하거나 우스갯소리는 허용되지 않는다. 이 의식은 며칠을 두고 이루어진다.

　부족원 모두가 죄지은 사람의 긍정적인 면을 찾아내어 칭찬할 수 있을 때까지 계속된다. 그에 대한 불만이나 무책임하고 반사회적 행위에 대한 비판은 한 마디도 하지 않는다.

　그렇게 해서 부족원 전체가 잘못한 그 부족원의 칭찬거리를 다 찾아내면 의식이 끝나고 즐거운 축제가 벌어진다.

　그리고 잘못 했던 부족원은 다시 부족의 일원으로 환영받으며 되돌아오게 된다. 이처럼 부족원 모두가 참여하는 긍정적 형태의 심판은 실수한 부족원의 자존심을 최대한 살려 주면서 그로 하여금 부족의 기대에 어긋나지 않게 살도록 만드는 효과를 갖게 된다. 바로 이러한 색다른 심판 때문에 바벰바족은 범죄행위가 없다는 것이다.

하나님 앞에 나아가자
(시100:1~5)

우리가 하나님 앞으로 나아가면 하나님은 우리를 사랑으로 영접하시고 온갖 은혜를 아낌없이 주시며 우리를 기뻐하시고 크고 좋은 복을 아끼지 않으시며 긍휼히 여기시고 때를 따라 도와주시겠다고 하셨다.

우리가 어떻게 하나님께 나아갈 수 있을까?

1. 기쁨으로 하나님을 섬기며 나아가야 한다.
1) 참 기쁨을 찾아 아버지 집으로 돌아와야 한다.
2) 많은 사람들은 기쁨을 찾아 방황한다.
3) 아버지께로 돌아올 때 진정한 기쁨을 얻는다.

2. 즐겁게 찬송하면서 하나님께 나아가야 한다.
1) 하나님은 우리에게 찬양 받으시기를 원하신다.
2) 찬송을 부르며 하나님께 나아가면 기적이 일어난다.
3) 찬송하면 앞을 가로막은 장애물이 떠나가고 길이 열린다.

3. 감사함으로 하나님 앞에 나아가야 한다.
1) 하나님께서 감사함으로 성전의 문에 들어가라.
2) 하나님께 감사함을 담아 예배를 드리라.
3) 감사하기 어려운 상황에서 감사하면 더 큰 은혜를 주신다.

하나님은 하나님께 나아오는 자들에게 은혜를 아끼지 않으시며 은혜의 보좌 앞으로 나아오는 모든 이들을 사랑하신다. 그렇지만 기쁨으로 섬기며 하나님께 나아오는 자들을 더 귀하게 여기신다.

즐겁게 찬송하며 하나님께 나아오는 자들을 더욱 반갑게 맞아 주신다. 하나님께 힘써 나아오되 기쁨으로 찬송하며 감사하면서 나아올 수 있는 성도들이 되시기를 주 예수님 그리스도의 이름으로 축원을 드립니다.

♣ 참 기쁨 ♣

인생을 살다보면 준비되지 않은 채로 갑작스런 밤을 맞이하는 때가 있다. 부부관계의 위기의 밤, 자녀들의 고단한 방황의 밤, 사업부진의 밤, 직장에서의 처세의 어려움의 밤 등이 그것이다.

그러나 가장 견디기 힘든 밤의 하나는 질병의 밤이다.

그 질병이 생사를 가늠하기 어려운 죽음의 무더위를 동반할 때는 더욱 힘들 수밖에 없다. 그것은 자신은 물론, 주변 가족 모두에게 고통스런 짐일 수밖에 없다. 이런 밤이 올 때 먼저 기도하면 좋겠다.

우리는 이웃의 고난에 대해서는 관대한 열린 안목이 필요하다.

너무 쉽게 이웃의 고통이 죄 때문이라고 정죄하고 싶은 유혹을 경계해야 한다. 욥의 친구들처럼 되지 말아야 한다. 그러나 자신의 고난에 대해서는 좀 더 엄격한 자기성찰이 필요하다.

혹시 이 질병이 나의 어리석은 실수로 말미암은 하나님의 은총의 징계가 아닌가를 살펴야 한다. 우리의 질병이 죄로 말미암은 경우, 자기성찰과 진지한 참회는 우리의 영혼을 말 할 수 없이 유익하게 한다. 그런 다음 하나님은 치유와 회복의 은총을 준비하시고 아침을 여신다. 그래서 우리의 진노는 잠깐이요, 은총은 영원하다고 노래하게 된다. 그때 우리는 저녁에 흘린 아픈 눈물을 잊고 기쁨이 넘치는 아침을 맞이하게 될 것이다.

기쁨은 아침에 온다. 우리는 이 평범한 진리를 잊지 말아야 한다.

그러나 아침은 저녁을 지나고 밤을 지난 후, 비로써 우리를 찾아온다. 슬픔의 저녁과 고통의 밤을 지날 때 무엇보다 상황을 원망치 말고 기도해야 한다. 그리고 기도 속에 자신의 과거를 돌아보고 새날을 준비해야 한다. 그러면 아침에 우리는 슬픔의 노래대신 기쁨의 찬가를 부르게 될 것이다. 슬픔의 상복대신 기쁨의 나들이옷을 입고 의의 길로 달려 나가 주님을 찬양하게 될 것이다.

성경 말씀과 친해지기
(딤후3:14~17)

세계에서 제일 많이 사람들을 변화시킨 책은 성경책이다.

성경과 친한 사람은 많은 변화를 일으킬 수 있다. 하나님께서 인간에게 주신 최대의 선물은 예수 그리스도와 성경이다.

성경은 어떤 책이며, 성경과 친해지면 어떤 결과를 초래할까?

1. 성경과 친해지면 지혜를 선물로 받을 수 있다.
1)성경은 지혜의 책이다.
2)성경은 지혜의 저수지다.
3)성경을 읽으면 지혜를 선물로 받을 수 있다.

2. 성경과 친해지면 기도응답을 선물로 받을 수 있다.
1)성경은 인생이 살아가는 데 자신감을 주는 능력의 책이다.
2)성경은 세계 어느 곳에서나 볼 수 있다.
3)성경과 친해지면 기도응답을 선물로 받을 수 있다.

3. 성경과 친해지면 새로운 사람으로 거듭나는 선물을 받을 수 있다.
1)성경은 가장 많이 팔리는 책이다.
2)성경은 가장 많이 읽히는 책이다.
3)성경은 가장 많이 사람을 변화시킨 책이다.

고독한 사람이 성경을 읽으면 참 친구를 발견하고, 어둠속에서 헤매는 사람이 성경을 읽으면 참된 빛을 발견하고, 길 잃은 사람이 성경을 읽으면 참 된 길, 진리, 생명을 발견하게 된다. 굶주린 사람이 성경을 읽으면 생명의 양식을 발견하고, 슬픈 사람이 성경을 읽으면 위로를 발견하고, 병든 사람이 성경을 읽으면 건강의 비결을 발견하고, 나약한 사람이 성경을 읽으면 강하고 담대한 능력을 받고, 실패한 사람이 성경을 읽으면 성공의 비결을 발견하게 된다. 성경은 새 사람을 만들어 준다.

사랑하는 성도 여러분! 모두 말씀으로 변화되어 행복한 가정과 삶이되시기를 주님의 이름으로 축원을 드립니다.

♣ 성경 말씀의 기적 ♣

　영국 제임스 왕 시절에 있었던 이야기다. 제임스 왕은 성경을 너무나 좋아했다. 그래서 성경을 번역했다. 지금도 킹제임스 성경은 권위 있는 성경이다. 그 때 반역자 한 명이 사형언도를 받았다. 사형수가 왕에게 말했다. "왕이시여. 나는 사형수입니다. 그런데 한 가지 소원이 있습니다." 왕이 호기심에서 소원이 무엇이지 물었다. "왕이 번역한 성경을 한번 읽고 죽고 싶습니다." 왕은 너무나 좋아서 그렇게 하라고 했다. 그리고 날마다 성경을 다 읽었느냐고 물었다. 그러나 다 못 읽었다고 했다. 이유를 물었다.
　성경은 모두 3만절이 넘는데 하루에 한 구절씩 연구하며 읽고 있다고 대답했다. 왕은 감동을 받아서 말했다. "집에 가서 성경을 다 읽고 죽어라." 그래서 사형수는 성경 때문에 살아났다.

　김홍섭 판사가 있다. 그는 재판할 때에는 언제나 성경과 육법전서를 같이 책상에 펴놓고 재판하는 분이다. 판결할 때마다 늘 이렇게 말하곤 했다. "하나님 앞에서는 당신이나 나나 모두 죄인입니다. 그러나 불행하게도 나는 대한민국의 법관이 되어 당신을 재판하게 되었으니 널리 용서하시기 바랍니다." 그러던 어느 날 이혼하려고 하는 부부 사건을 맡게 되었다. 장롱을 방안에 놓는 위치 가지고 싸우다가 결국은 이혼하기로 결정했다. 그리고 아이 부양문제, 재산 나누는 문제가 합의되지 않아 재판을 하는 것이다.

　김홍섭 판사는 아이에게 물었다. "너는 누구와 살고 싶으냐?" 그 아이는 아버지 어머니를 양 손에 붙들고 함께 살기를 원한다고 울면서 말했다. 김 판사는 이 모습을 보고 재판을 한 달 연기하기로 결정했다. 그리고 성경 한 권을 주면서 고린도 전서 13장을 하루 3번씩 모두 100번 읽고 다음 재판에 임하도록 판결했다.
　부부는 성경을 계속 읽다가 사랑이 없었음을 깨달았다.
　성경이 주는 능력이다. 운동력이 있는 살아 있는 말씀이 그들을 변화시키기 시작한 것이다.
　드디어 이들은 이혼 소송을 취소하고 아름다운 부부가 되었다.

죽음 이후의 삶
(눅16:19~31)

사람은 죽음에 대해 두려움을 가지고 있다.

할 수 있으면 죽음을 피해보려고 하지만 죽음은 아무도 피할 수 없다. 부자도 죽고 거지도 죽는다. 사람은 아무리 돈이 많고, 힘이 강하고 똑똑하고 권력이 있어도 죽는다. 인간은 죽음을 해결할 수 없기에 사람이 죽으면 어떻게 되는지 궁금해 한다.

1. 죽음은 끝이 아니라 다른 세계가 있다.
1) 음부는 불꽃 가운데서 괴로움을 당하는 곳이다.
2) 나사로는 아브라함의 품에서 위로를 받았다.
3) 위로가 없는 가정과 교회는 이미 지옥이다.

2. 죽음 이후에 가는 길은 죽기 전에 결정된다.
1) 부자가 지옥에 간 이유는 회개하지 않았기 때문이다.
2) 부자가 지옥에 간 이유는 생명책에 이름이 없었다.
3) 무덤 저편에서의 후회는 아무런 소용이 없다.

3. 어떻게 믿어야 하나?
1) 말씀의 신비로운 능력을 믿어야 한다.
2) 마음이 완악하면 믿을 수 없다.
3) 살아있는 지금이 때임을 알아야 한다.

우리는 이 세상에서 어떻게 살든 전적으로 우리의 자유이지만 그 책임은 역시 본인에게 있다. 죽음 이후에 다른 세계가 분명히 있음을 기억하고 부자의 길을 걸을 것인지, 나사로의 길을 걸을 것인지, 아직 무덤 이편에 있는 우리에게는 결정할 기회가 남아 있다.

영원의 문제를 어디에서 보낼 것인지 생각하고 영혼의 때를 준비하시는 분들이 되시기를 주님의 이름으로 축원합니다.

♣ 품위 있는 죽음 ♣

그토록 새파랗던 나뭇잎들이 가을이 되어 곱고 고운 단풍으로 변하더니 이제는 한 잎 두 잎 떨어지고 있다.

이 모습을 보고 지금은 목회자가 된 가수 이종용씨는 이런 노래를 불렀다. "난 참 바보처럼 살았군요."

2001년 9월 11일 미국 민항기 네 대가 이슬람 과격단체에 의해 납치되어 두 대는 세계무역센터에 정면충돌했고, 한 대는 펜타곤에 떨어졌다. 마지막 한 대는 국회의사당 돌진을 목표로 날아가던 중 펜실베이니아 외곽의 들판에 추락했다.

오래전 개봉한 '플라이트 93'이라는 영화가 있다.

영화는 이 네 번째 비행기가 납치되었을 때 비행기 안에 있었던 사람들이 이제 곧 나는 죽을 수밖에 없다는 사실을 인지하고 가족들에게 전화로 마지막 인사를 하는 장면이 눈물겹게 그려져 있다.

대화 내용은 두 가지였다.

"사랑 한다"와 "미안하다"는 말이었다.

떨어지는 낙엽을 바라보며 우리는 바보처럼 살다가 바보처럼 떠나가는 사람이 되지 말고 진정 사랑해야 할 사람을 사랑해 후회 없는 인생을 마감해야 하겠다.

그렇게 살다가 우리에게도 죽음이 찾아올 때 사랑하는 사람들과 작별하며, 예수님처럼 바울처럼 아름다운 고백을 남기고 떠날 줄 아는 사람들이 되어야 한다.

이것이 바로 '품위 있는 죽음(death with dignity)'이다.

일을 행하시는 하나님
(렘33:1~3)

하나님께서 우리에게 예배드릴 수 있는 특권을 주셨다.

하나님은 홀로 역사의 주관자가 되셔서 온 우주 만물을 지으시고, 다스리시고, 주의 뜻 가운데 운행하고 계신다. 우리 인간들이 인류 역사를 스스로 만들어나갈 수가 없다. 하나님께서 하나님의 시간표에 의해서 모든 것을 움직여가고 계신다. 우리는 하나님의 시간표 안에서 합력하여 선을 이루는 좋은 길로 나아가야 한다.

1. 감옥에 갇힌 예레미야
1) 예레미야는 하나님의 뜻을 전하다가 감옥에 갇혔다.
2) 예레미야는 유다 왕국의 멸망을 예언한 선지자이다.
3) 예레미야는 고난 중에 기도하고 주님을 찬양했다.

2. 일을 이루시는 하나님
1) 고난의 과정 가운데서도 하나님은 일하고 계신다.
2) 하나님이 지금 우리와 함께하고 계신다.
3) 하나님을 전폭적으로 믿고 의지하며 나아가야 한다.

3. 응답받는 신앙
1) 기도하고 있는 자리에서 최선을 다해야 된다.
2) 주님을 간절히 찾고, 또 찾고, 또 찾으라.
3) 간절한 기도 속에 이미 하나님의 응답이 담겨있다.

기도를 멈추지 말고 계속하고 또 하고 또 해야 된다. 기도를 해야 된다는 것을 알면서도 제일 부족한 것이 기도다. 시간을 내어서 기도해야 된다. 기도하고, 기도하고, 또 기도하면 반드시 좋은 일이 일어난다. 하나님께서 우리 앞에 새 일을 펼쳐주신다.

약속의 말씀 붙잡고 기도에 전념하는 성도들이 되기를 주님의 이름으로 축원을 드립니다.

♣꿈의 성취는 하나님께 있다. ♣

어느 미용사가 유람선을 타고 세계를 돌면서 복음을 증거하는 꿈을 꾸었다. 하나님께 그 꿈이 이루어지게 해 달라고 기도드렸다. 어느 날 유람선의 선장을 찾아가서 자기 꿈을 알려 주면서 물었다. "길이 없을 가요?"

선장은 가만히 생각하더니 말했다. "당신은 가난하군요. 돈도 없이 어떻게 유람선을 사겠습니까? 허황된 꿈입니다. 꿈을 포기하십시오."

이런 말을 하다가 선장이 갑자기 말했다. "마침 우리 유람선 미용실에 사람을 구하고 있습니다. 이 곳에서 일해 주시겠습니까?" 그래서 그 처녀는 유람선 미용실에 취직이 되었다. 손님들의 미용을 돌보며 전도하게 되었다.

그러던 어느 날 풍랑이 일었다. 유람선이 풍랑에 부딪쳐서 파선될 지경이 되었다. 한 사람이 멀미와 병으로 몹시 고통을 당하고 있었다. 그 처녀는 정성을 다 하여 간호하여 주었다. 다행히 회복이 되었다. 나중에 안 것이지만 그 남자는 재벌이었다. 유람선이 뉴욕에 도착했다.

감사의 선물을 사주고 싶다고 보석상으로 데리고 갔다. 그 처녀는 값싸고 작은 보석을 골랐다. 비싼 것을 마다했다.

그 사람은 이 처녀가 착한 여자인 것을 알게 되었다.

그 후 자주 만났다. 드디어 그 여자와 결혼하게 되었다.

남편은 아내의 소원을 들어 주었다. 유람선을 사주었다.

유람선을 타고 온 세계를 일주하면서 복음을 증거하는 꿈이 이루어졌다.

영생을 얻는 길
(막10:17~22)

세상 사람들이 기독교에 대해 오해하는 것들이 있다.

예수 믿는다는 것은 믿음의 선한 싸움을 싸우는 것이다. 예수 믿는 일은 마치 전쟁과도 같은 것이다. 예수 믿어 영생을 얻는 길은 그렇게 만만한 일이 아니다. 일생동안 공을 들여야 하는 일이다. 도중에 포기하지 말고 끝까지 참고 견뎌내야 하는 일이다.

우리가 영생을 얻기 위해 어떻게 해야 하는가?

1. 영생의 소중함을 알아야 한다.
1) 돈으로 채울 수 없는 것이 있다.
2) 출세해서 얻은 권력으로도 채울 수 없는 것이 있다.
3) 영생이 더 필요하고 더 소중하다.

2. 영생을 얻기 위해 힘써야 한다.
1) 세상사는 것이 바쁘지만 철저하게 주일을 지켜야 한다.
2) 말씀을 읽고 묵상하고 기도해야 한다.
3) 복음을 전하는 일에 최선을 다해야 한다.

3. 영생을 잘 지켜야 한다.
1) 아직 한 가지 부족한 것이 있다.
2) 계명을 지킴으로써 이웃사랑을 실천하라.
3) 재물에 대한 사랑을 내려놓으라.

영생을 얻는 길은 결코 쉬운 길이 아니다. 이 세상 그 무엇보다도 영생이 더 귀하다는 것을 깨달아야 한다. 영생을 얻기 위해 최선의 노력을 다해야 한다. 우리에게 허락하신 일상의 신앙생활을 성실하게 살아내야 한다.

설 명절을 맞이해서 가족구원의 기회로 삼고, 영생을 얻는 그 날까지 최선을 다해 영원한 천국에 이르시기를 주님의 이름으로 축원을 드립니다.

♣ 분명히 영원한 세계가 있다. ♣

삼성그룹의 창업주인 이병철 회장이 세상을 떠나기 한 달 전에 물었던 질문이 24년 만에 언론에 처음 공개된 일이 있었다. 그 질문은 24개로 A4 용지 다섯 장에 빼곡하게 적혀 있었다.

첫 번째 질문이 "신이 존재한다면 왜 자신을 드러내지 않는가?"라는 것이다. 그리고 마지막 질문은 "과연 지구의 종말은 올 것인가?"라는 것이다. 그 중에 또 하나의 질문도 있다.

"부자는 왜 천국에 들어가기가 어려운가? 과연 부자가 바늘구멍을 통과할 수 있는 방법은 무엇인가?"

독립투사 이상재 선생님이 감옥에 갇혔을 때에 일본의 한 젊은 기자가 이상재 선생님을 찾아왔다.

그는 선생에게 죽지 않고 오래오래 살아야 되지 않겠느냐는 뜻으로 선생님의 마음을 돌이키기 위해서 노력했다.

"선생님, 인도의 간디는 '사람이 태어났으면 백년은 살아야지'하고 말하였는데 선생님은 몇 년 더 살고 싶습니까?"

이 말은'백년을 더 살려면 감옥에서 이 고생하지 말고 이제 나와야 되지 않겠습니까?'라는 말이다.

독립이고 뭐고 다 집어치우고 일본에 항복하고 나와서 편안하게 살아야만 백세까지 살지 않겠느냐는 말이었다.

이때 이상재 선생이"왜 백년만 살아? 영생을 해야지."라고 대답했다."아니, 영생할 수 있습니까?", "예수 믿으면 영생 얻지. 예수님이 말씀하시기를 '나는 부활이요 생명이니 나를 믿는 자는 죽어도 살겠고'라는 말씀을 하셨네. 자네도 그 예수를 믿게. 자네가 예수 믿는 나를 만나러 온 것을 보니 나를 통해서 예수를 믿게 하려는 섭리가 있는 것 같네. 자네도 예수 믿게."하니 젊은이가 놀래서 그만 도망갔다는 얘기가 있다. 분명히 영원한 세계가 있다.

너의 길을 여호와께 맡기라
(시37:3~7)

인생은 두 길이 있다.

인간이 삶의 주인이 되어서 내가 원하는 뜻대로 살아가는 인본주의의 길이 있고, 하나님이 삶의 주인이 되어서 하나님의 뜻대로 살아가는 신본주의의 길이 있다. 우리의 일생을 살아가는 동안 이 신본주의와 인본주의가 늘 충돌한다. 인생을 사는 동안 신본주의의 삶을 살고 하나님 제일주의의 삶을 살아서, 하나님께 영광을 돌리고 하나님의 큰 은혜와 축복을 누려야 한다.

1. 주님만 의지하라.
  1)하나님을 믿고 의지하고 선을 행하라.
  2)성공을 위해서 죄와 타협하지 않아야 한다.
  3)하나님 제일주의로 살면 하나님이 책임져 주신다.

2. 주님을 기뻐하라.
  1)문제를 만났을 때 마음을 지켜야 한다.
  2)고난은 축복을 향해 가는 과정에 불과하다.
  3)염려할 시간에 엎드려 기도해야 한다.

3. 주님께 맡기라.
  1)맡겨야 마음에 평안함과 자유함을 얻을 수가 있다.
  2)안 맡기면 우리는 절대 문제를 감당할 수 없다.
  3)고난을 통과한 후에 하나님이 역사하신다.

4.주님 앞에서 참고 기다리라.
  1)주님이 일하시기까지 참고 기다려야 된다.
  2)화내고 내가 흥분하면 오히려 일이 더 나빠진다.
  3)하나님은 모든 것이 합력하여 선을 이루도록 하신다.

아무리 힘들고 어려워도, 마음이 무너지고 마음에 절망과 고통이 가득해도 주님의 손을 꼭 붙잡고 믿음으로 나아가야 한다. 절대로 무너져 주저앉지 않게 하시고 하나님 영광 위해 살아가는 우리 모두가 되어야 한다.

한평생 주님의 손 꼭 붙잡고 살아가는 성도들이 되시기를 주님의 이름으로 축원합니다.

♣ 웃음의 의지 ♣

　수년 전에 외국의 한 항공사 승무원들이 '웃음 파업'에 돌입한 적이 있다. 회사와 갈등을 빚다 승객들을 상대로 웃지 않겠다고 선언한 것이다. 웃음 없는 승무원, 상상만 해도 삭막하지 않은가? 결국 항공사는 서둘러 승무원들과 협상을 벌였다. 웃음의 위력이 드러난 순간이었다.
　그렇다면 우리는 하루에 얼마나 웃을까?
　한 기관이 성인 남녀 500명을 상대로 조사한 결과 성인 한 명이 하루에 웃는 시간은 평균 90초에 불과했다.
　반면 무언가를 걱정하는 시간은 무려 3시간6분에 달했다.
　현대인의 삶엔 웃음이 별로 없고 근심만 가득하다는 것을 한눈에 알 수 있는 조사 결과였다.
　심리학자들이 과거 벌인 논쟁 중엔 이런 것이 있다.
　'웃어서 즐거운 것인가? 아니면 즐거워서 웃는 것인가?'
　여러 학자들의 연구 결과에 따르면 전자가 사실에 가깝다.
　억지로라도 웃으면 행복을 느끼는 호르몬이 분비된다고 한다.
　반면 슬픈 표정을 지으면 이 호르몬의 양은 줄어든다.
　결국 웃음과 행복은 '의지'의 문제라고 할 수 있다.
　기쁠 때 웃는 건 어렵지 않다.
　그러나 우리의 삶에 늘 행복한 일만 있는 것은 아니다.
　슬픈 일을 겪더라도 한 번 웃어보라.
　웃다 보면 진짜로 웃을 일이 생길 수도 있지 않을까

말씀으로 살리라
(벧전1:23~25)

인간의 말에는 힘이 있다. 그 안에는 엄청난 힘이 내재되어 있다.

말은 무언가를 실재화 하는 능력이 있다. 말은 무언가를 창조하는 능력도 있다. 말이 지옥을 만들기도 한다. 말이 시작되면 끊임없이 무언가가 창조되는 것이 우리가 경험하는 말의 세계다.

1. 하나님의 형상인 우리는 말씀의 능력을 덧입을 수 있다.
1) 인간은 하나님의 형상으로 창조되었다.
2) 하나님은 말씀으로 천지만물을 창조하셨다.
3) 하나님이 말씀하시면 모든 것이 실재가 된다.

2. 예수님을 영접하는 자가 영원한 생명을 얻는다.
1) 믿는다는 것은 받아들이는 것 곧 영접하는 것이다.
2) 예수 그리스도를 우리 안에 영접하면 생명은 시작된다.
3) 인간은 죽음의 자리에 들어갈 수밖에 없다.

3. 주님의 이름을 부를 때 생명이 우리 안에 거한다.
1) 구원을 얻기 위해서는 먼저 말씀을 들어야 한다.
2) 생명 되시는 예수 그리스도를 불러야 한다.
3) 말씀의 생명력으로 영적인 삶의 풍성함을 누린다.

우리를 살릴 수 있는 유일한 방법은 '하나님의 말씀'이다. 우리가 사는 것은 말씀의 권능 안에서다. 우리는 단 일회의 유한한 삶을 살아간다. 풀은 마르고 꽃은 떨어지듯이 우리의 육신도 죽음의 세력 앞에서 힘을 잃어 간다. 하나님이 우리에게 영원한 생명을 허락하셨다. 하나님께서 보내신 참 말씀이자 생명이신 예수 그리스도를 영접한 우리는 이미 하나님의 자녀가 되었다.

죽음 앞에서도 당당한 주님의 자녀가 되어 하나님의 말씀으로 살아가는 모든 성도님들이 되기를 주님이름으로 간절히 축원을 드립니다.

♣말의 힘 ♣

연초 재미 삼아 찾아간 점집에서 이런 이야기를 들었다면 마음이 어떨까? 만약에 동쪽으로 이사 가라는 이야기를 들은 사람이 마음 편히 서쪽으로 이사를 갈 수 있을까?

'ㅇ'자는 안 된다는 말을 들었다. 대학 원서를 넣으면서 'ㅇ'자가 들어간 대학에 쉽게 원서를 넣을 수 있을까?

1년 동안 아무렇지 않게 여행을 계획할 수 있을까?

아마 쉽지 않을 것이다.

그 이유는 점을 친 사람이 신기가 있거나 능력이 많아서라기보다는 그가 한 말에 나 자신이 사로잡혔기 때문이다.

오래전 일인데 한 여자 청년이 저를 찾아와 상담을 요청한 적이 있다.

그녀는 울면서 다음과 같은 내용을 상담했다.

결혼하고 싶은 남자가 있었고, 결혼을 준비하는 중에 엄마가 사주를 보게 되었다고 한다. 그런데 자기가 그 남자와 결혼하면 남자가 일찍 죽게 된다는 사주가 나왔다. 이로 인해 마음에 근심이 쌓였다. 그 말이 그만 그 여자 청년의 마음을 사로잡은 것이다.

그러면서 그 청년은 이렇게 말했다.

"사랑하는 남자를 위해 제가 헤어져 주어야 할 것 같습니다."

그 남자를 살리기 위해 결혼하지 않겠다는 결론이었다.

참 딱한 일이었다. 사주를 봐 준 사람의 말 한 마디가 사랑하는 연인 사이도 갈라놓을 만큼 강력했다. 교회 다니던 청년이었음에도 불구하고 사주의 위력 앞에 어쩔 줄 몰라 하는 모습을 지켜보며 저 자신도 적잖게 놀랐던 기억이 난다.

인간의 말에는 힘이 있다. 인간의 말은 단순한 소리가 아니다.

단순히 진동수를 가진 파장이나 입자도 아니다.

그 안에는 엄청난 힘이 내재되어 있다.

장애물을 넘어서자
(수3:14~17)

이스라엘 백성은 하나님의 능력으로 홍해도 건넜고 요단강도 건넜다. 홍해를 건넌 것은 애굽을 완전히 벗어나서 구원받은 것을 의미한다.

요단강은 하나님이 약속하신 축복을 실현하는 장애물이다. 요단강을 건너는 일과 홍해를 건너는 일은 하나님의 도우심이 없이는 절대 불가능한 일이다.

축복의 장애물을 넘어서려면?

1. 성결한 백성이 되어야 한다.
1) 하나님은 의인에게 능력을 베 푸신다.
2) 하나님은 결코 죄인을 돕지 않으신다.
3) 축복을 받을만한 자격이 있어야 한다.

2. 말씀만 따라가야 한다.
1) 요단강을 건너려면 언약궤만 따라가야 한다.
2) 언약궤는 하나님의 임재를 의미한다.
3) 말씀 따라 갈 때 모든 축복의 장애물들이 무너진다.

3. 믿음으로 행동해야 한다.
1) 말씀에 순종할 때 요단강이 갈라졌다.
2) 요단강을 건너려면 수준에 맞는 믿음이 필요하다.
3) 먼저 믿음의 행동을 보이라.

우리가 먼저 순종하면 우리의 모든 문제는 요단강같이 갈라진다. 믿음은 말이 아니라 행동이다. 먼저 순종하라! 순종을 결단하고 행동하라! 그러면 요단강 같은 문제는 하나님이 책임져 주신다. 가나안 땅에 들어가려면 요단강을 넘어서야 한다.

성결한 백성이 되고 말씀만 따라가며 믿음으로 행동하는 가나안의 축복을 누리는 성도들이 되시기를 주님의 이름으로 축원을 드립니다.

♣기도를 방해하는 13가지 ♣

그리스도인의 삶에서는 기도를 빠뜨릴 수 없다
왜냐하면 기도는 곧 영혼의 호흡이기 때문이다
그런데 문제는
기도하는데 상당한 장애물이 도사리고 있다는 것이다.
그 장애물을 파악하여 거기에 잘 대처할 때
더 나은 기도의 삶으로 나아갈 수 있다.

1. 하나님이 내 기도에 관심이 없다고 단정하는 것
2. 게으름
3. 마음과 육체의 분주함.
4. 풍요롭고 안락한 생활
5. 세상적인 욕심
6. 자신의 잘못된 감정들
7. 대중매체와 오락
8. 잘못된 인간관계
9. 죄악의 요소
10. 자만심과 교만
11. 시간적 핑계
12. 편견
13. 불신앙

나를 불쌍히 여기시는 하나님
(막6:30~34)

예수님은 불쌍히 여기는 마음으로 오병이어의 이적을 행하셨다. 예수님은 긍휼이 풍성하셔서 언제나 우리를 불쌍히 여기신다.

우리는 모든 사람들을 불쌍하게 여기는 마음으로 세상을 보아야 한다. 불쌍히 여기는 예수님은 어떤 모습인가?

1. 예수님은 나에게 귀를 기울인다.
1) 예수님이 여호와 이레로 준비해 놓으셨다.
2) 예수님의 은혜인 줄 알 때 나에게 귀를 기울이신다.
3) 예수님께 아뢰면 나에게 풍성한 긍휼을 베신다.

2. 예수님은 나의 필요를 이해한다.
1) 예수님은 나의 필요를 알고 나의 필요를 채워주신다.
2) 예수님은 양들을 쉴 만한 곳으로 인도하는 선한 목자다.
3) 예수님은 여호와 이레의 하나님이시다.

3. 예수님은 나를 돌보신다.
1) 예수님은 하나님 나라의 일을 가르쳤다.
2) 예수님은 결코 나를 외면하지 않으신다.
3) 예수님은 영혼과 육체를 동시에 돌보아주신다.

선한 목자가 되시는 예수님을 바라보면서 기쁨으로 예수님의 뒤를 따라가며 아직도 나의 주변에는 목자 없는 양 같은 사람이 많이 있음을 잊지 말고 내가 그들에게 예수님의 향기요, 예수님의 편지요, 예수님의 증인이 되어야 한다. 나를 통해서 그들이 예수님의 모습을 볼 수 있어야 한다.

예수님이 나를 불쌍히 여기는 성도들이 되기를 예수님의 이름으로 축원을 드립니다.

♣인류를 구원하신 위대한 긍휼 ♣

학가다는 유대인의 민족 문학서 또는 민족 역사라고 할 수 있는 문서이다. 이 문서에는 유대인들의 최대 축제인 유월절에 대한 언급이 있다. 유월절은 유대인들이 이집트에 노예로 잡혀 있다가 탈출하여 유대로 귀환한 것을 기념하는 축제일로 학가다는 유월절의 환희와 소중함을 다음과 같은 말로 시작하고 있다.

"우리는 이집트에서 바로의 노예였다."

세계 어느 민족사에서 이와 같이 굴욕적인 패배의 이야기로 시작되는 예가 있을까? 더욱이 제 스스로의 힘으로 해방한 것이 아니라 "해방되었다"라고 수동형으로 기록하고 있다.

이것은 해방이 하나님으로부터 온 것임을 나타내는 것이다.

이러한 겸손한 태도, 곧 사람들의 힘의 한계를 받아들이는 태도가 유대인들로 하여금 패배 속에서도 살아남게 한 비결이었다.

세상의 모든 문명은 다른 민족에게 정복되는 즉시 사라졌지만, 유대 문명은 이러한 태도 때문에 수천 년 전에 잃어버린 땅을 오늘날에 다시 되찾을 수 있었던 것이다.

사람들은 누구나 자신이 고귀한 태생이기를 바란다.

그러나 구원은 바로 우리 자신이 처참한 죄인의 후예임을 자각하는 것에서 시작된다. 예수님의 복음은 자신이 이미 의인이라고 생각하는 자에게는 해당되지 않기 때문이다.

인간에게 베풀 수 있는 인간의 가장 큰 긍휼은 그가 죄인임을 깨닫게 해 주는 것이다. 그리고 그 죄에서 돌이킬 때 참된 해방과 구원을 받을 수 있는 것이다.

스트레스로부터 해방되자
(마11:28~30)

현대인들을 짓누르고 있는 가장 크고 무거운 짐은 스트레스다. 스트레스는 사람들로 쉽게 지치게 하고 피곤하게 만들고 사소한 일에 짜증을 내고 심각한 질병을 유발시키는 발병원인이 되며 행복을 송두리채 앗아가는 정신적으로 나쁜 바이러스 같은 것이다.

스트레스에서 해방되고 수고하고 무거운 짐으로부터 마음의 쉼을 얻으려면 어떻게 해야 할까?

1. 마음의 쉼을 얻으려면 예수께 나아가야 한다.
1)예수님은 단순히 오라고 말씀하신다.
2)예수님을 체험하지 못하면 신앙생활이 짐이 된다.
3)예수님을 만나면 스트레스가 사라지고 안식이 밀려온다.

2. 마음의 쉼을 얻으려면 예수께 배워야 한다.
1)배우라는 말만 들어도 스트레스를 받는 사람들이 있다.
2)예수님의 온유하고 겸손한 마음을 배워야 한다.
3)겸손한 마음을 품지 않으면 스트레스가 그치지 않는다.

3. 예수의 멍에를 메면 쉼을 얻습니다.(30)
1)예수님의 멍에를 메면 안식을 누릴 수 있다.
2)아무것도 하지 않고 가만히 있는 것이 큰 스트레스다.
3)예수님이 주신 일을 하면 참된 안식을 누린다.

고통의 짐, 슬픔의 짐, 실패의 짐, 고민의 짐, 고독의 짐, 염려와 근심의 짐, 질병의 짐을 지신 분은 예수님께로 나오라. 지금 곧 나오라. 이제부터 예수님의 멍에를 메고 예수님께 배우라. 예수님께서 우리를 참된 안식으로 초대하신다.

여러분 모두 예수님이 주시는 참된 쉼을 누리는 복된 인생이 되기를 축원을 드립니다.

♣ 얼룩말과 스트레스 ♣

가끔 TV의 동물의 왕국을 보면 사자가 얼굴말을 쫓는 장면을 보게 된다. 사자가 제일 좋아 하는 먹이가 얼룩말이다.

얼룩말 한 마리를 잡으면 먹을 것이 넉넉하다. 맛도 사자가 제일 좋아 하는 맛이다. 그래서 얼룩말은 언제나 사자의 공격 대상 1호다. 그래서 얼룩말은 잘 때에도 서서 잔다. 하루에 두 시간 밖에 자지 않는다. 그만하면 스트레스가 쌓여 금방 죽을 것 같은 데 그렇지 않다.

얼룩말은 사자에게 24시간 쫓기면서 죽느냐, 사느냐에 대한 엄청난 스트레스를 받는데도 건강하다. 그 이유는 무엇일까?

사자가 얼룩말을 쫓을 때 얼룩말이 생명을 구할 확률은 5번 중에 4번이다. 사자가 얼룩말을 쫓을 때 10초 내에 결판난다.

사자는 10초 만에 결정한다. 얼룩말로 10초만 도망에 성공하면 생명을 구한다. 죽을 뻔 하고도 얼룩말은 그 뿐이다.

"어휴. 큰일 날 뻔 했다." 그리고 끝난다.

그러니까 스트레스가 머물러 있지 않는다.

그래서 병에 걸리지 않는다.

그런데 사람들은 그렇지 않다. 생각해도 소용이 없는 과거 문제를 가지고 계속 씨름하고 고민한다. 쓰레기 같은 안 좋은 사건을 기억하고 아파한다. 당장 버려야 한다.

스트레스가 될 만한 생각은 모두 버려야 한다.

"큰 일 날 뻔했네."

그리고 끝내십시오. 또한 모든 염려를 주께 맡기십시오.

혼인잔치의 비유
(마22:10~14)

어떤 임금이 아들의 혼인잔치를 배설하고 여러 손님들을 정중하게 초청했다. 그러나 초청을 받은 사람들은 거절했다.

임금은 종들을 사거리로 보내 길가에 가서 아무나 초대하여 혼인잔치에 참석하도록 했다. 이 비유는 예수 그리스도를 거부하는 자들이 하나님 나라에서 배척될 것을 경고하는 이야기다. 혼인잔치의 비유는 구원을 값없이 베푸시는 하나님의 은총에 대한 거부의 문제를 교훈하고 있는 비유의 말씀이다.

1. 하나님은 잔치에 사람들을 초청하신다.
1) 우리들은 하나님 나라의 잔치에 초청받은 사람들이다.
2) 핑계는 하나님 앞에 복을 받지 못한다.
3) 하나님께서 택하신 자는 반드시 다 구원을 받는다.

2. 하나님의 초청에 응해야 한다.
1) 복음 전도를 받고도 완악한 심령으로 거절한다.
2) 영혼을 구원하는 문제보다 더 시급한 일은 없다.
3) 주일이 무너지면 신앙도 함께 무너지기 시작한다.

3. 하나님의 잔치는 예복을 입어야 한다.
1) 예복을 입지 않았다는 것은 매우 이상한 일이다.
2) 예복은 성도들의 거룩한 행실의 옷을 가리킨다.
3) 회개에 합당한 열매를 맺고 예수그리스도로 옷 입어야 한다.

우리는 지금 어디를 향해 가고 있는가? 우리는 하나님 앞에 분명한 신앙고백이 있어야 한다. 언제나 주님을 향한 간절함으로 잔치자리에 나와야 한다. 주님은 우리의 생명의 주인이다.

언제나 참된 그리스도인으로서 준비된 마음으로 주님 앞에 나와 잔치에 참여하는 복된 성도들이 되시기를 주 예수 그리스도의 이름으로 축원을 드립니다.

♣ 촛불은 꺼지고 잔치도 끝났다 ♣

1931년은 중국선교에 영원히 남을 비극의 해였다. 중국 전역이 공산주의의 파도에 휩쓸려 헤어나질 못하고 있었다. 그때 미국의 젊은 그리스도인 200명이 특공대를 조직해 중국선교를 선언했다.

"지금이 바로 중국선교의 기회다. 하나님이 우리를 부르신다."

특공대원들은 중국 내지로 깊숙이 들어가 선교활동을 펼쳤다.

그들은 대부분 순교했다. 그중 베티 샴(Betty Sham) 선교사가 크리스마스를 앞두고 쓴 시가 발견돼 감동을 주고 있다.

"우리에는 양도 없다.
서쪽 하늘에는 별도 보이지 않는다.
젊은 엄마의 가슴에는 아기도 없다.
멀리 방황만 하는 양떼들
그러나 주님은 포기하지 않으신다.
황금도 몰약도 유황도 없으나
회개하는 한 사람의 마음
더없이 고귀한 예물이어라.
천사의 노래도 들리지 않지만
순교자의 기도가 하늘을 덮었다.
그리스도에게서 떨어진다면
성탄도 명절도 무슨 기쁨이 되랴.
촛불은 꺼지고 잔치도 끝나 가는데
영광의 광채여, 아기 예수를 비추소서."

샴 선교사는 촛불도 꺼지고, 잔치도 끝나는 자신의 죽음을 예견하면서도 아기 예수의 끈질긴 희망을 노래했다.

선교는 순교다. 선교는 희생이다. 선교는 희망이다.

선교는 흑암 속에서 광채 나는 아기 예수를 바라보는 것이다.

순교자의 피가 교회 부흥의 씨앗이 된다.

간절한 기도의 능력
(시119:71)

우리가 제대로 살 수 있는 방법은 무엇일까?
인간은 궁극적으로 자기 판단으로 사는 존재가 아니다. 나를 알고 나의 길을 바르게 인도하시는 하나님 말씀 그대로 순종하고 사는 것이 제일 좋은 길이다. 인생은 언제나 힘들다. 기도 없이 되는 일이 없다. 기도 없이 된다고 생각하는 것이 유혹이다. 기도하는 분위기에서 신앙 생활하는 것이 은혜다.

1. 고난당할 때 기도하라.
1) 고난은 한 개인이 당하는 어려움이다.
2) 기도해야 하나님의 지혜를 받는다.
3) 고난을 이길 수 있는 기도의 무기를 주셨다.

2. 병들었을 때 기도하라.
1) 병들었을 때 교회의 장로들을 청하라.
2) 치료의 근원은 하나님이시다.
3) 하나님께 간절히 기도하면 반드시 고쳐주신다.

3. 사명을 위해 기도하라.
1) 하나님께로 돌아오는 것이 사명이다.
2) 사명 감당을 위해 간절히 기도를 드려야 한다.
3) 마음을 낮추고 눈높이를 맞추라.

나만 생각할 때 지옥이 된다. '나를 위해서'를 '너를 위해서'로 바꾸라.
모든 것이 어렵다. 우리는 아무 것도 예측할 수 없는 불확실성의 시대를 살고 있다. 기도 외는 답이 없다. 무엇도 기도를 대신할 수 없다.
고난과 병들었을 때와 사명을 위해 간절히 기도하고 새벽마다 부르짖어 큰 응답과 축복을 받으시기를 주님의 이름으로 축원을 드립니다.

♣이 일을 어떻게 하나? ♣

아주 유명한 화가가 있었다. 그 집에 도둑이 들어와 화가가 아끼는 귀한 작품 한 점을 훔쳐갔다. 화가의 친구들이 와서 "이 일을 어떻게 하나?" 하며 소동을 벌이고 야단법석을 떨었다.

그러나 정작 화가는 태연하기만 했다.

친구들이 이상해서 물었다. "이 사람아, 자네는 그 값진 재산을 잃고도 어쩌면 그렇게 태연할 수 있나?" 화가가 대답했다. "이보게들, 내 그림을 도둑맞은 것 때문에 이렇게 마음을 써주어서 고맙네. 그러나 그것은 나의 참 재산이 아니야. 나의 진짜 재산은 내 머릿속에 있다네. 앞으로 더 좋은 그림을 그릴 테니 걱정하지 말게. 그림이야 내 이름으로 발행한 수표 한 장에 불고한 거야."

친구들 보기에는 그 그림이 더없이 귀한 재산이지만 그 그림을 그린 화가에게는 별것 아니었다. 한 장 더 그리면 되는 것이었다.

실력 있는 사람은 어떤 일을 당해도 흔들리지 않는다.

남들이 쩔쩔매는 시간에도 당당하게 살아간다.

사탄이 우리의 몸을 아프고 병들게 하였어도 우리 몸을 하나님의 형상대로 만드신 창조주 하나님께서 병들었을 때 기도하면 반드시 고쳐 주신다.

주님이 가신 십자가의 길
(마16:21~27)

사순절에 십자가를 묵상하면서 주님이 가신 십자가의 길을 생각해야 한다. 인간의 본성은 빠른 길로 가기를 원한다.

지름길이 때로는 우리의 삶에 전혀 도움이 되지 않을 때가 있다. 어쩌면 지름길로 가고 싶어 하는 우리의 욕망과 달리 지름길이 훨씬 더 먼 길일 수도 있고, 험한 길일 수도 있다. 우리 그리스도인들이 가야할 길은 지름길이 아니라 십자가의 길이고, 빠른 길이 아니라 바른 길이다.

1. 우리가 가고 싶은 길
1) 우리는 사명의 길을 가려고 하지 않는다.
2) 우리는 고통의 십자가의 길을 가지 않으려고 한다.
3) 우리는 쉽고 빠른 길을 가려고 한다.

2. 주님이 가신 길
1) 고난의 길(힘든 길)을 가셨다.
2) 목적지까지 갈 수 있는 길을 선택하셨다.
3) 십자가의 길(죽음의 길)을 가셨다

3. 우리가 가야할 길
1) 우리가 가야할 길은 십자가의 길이다.
2) 십자가를 지고 주님의 뒤를 따라 가야 한다.
3) 십자가를 쉽게 지고 가는 신앙의 길은 없다.

믿음의 길은 우직한 십자가의 길이며 그 길 끝에는 생명이 있다. 빨리 자란 풀이 태풍에 쓰러지듯이 빨리 가는 길을 선택한 사람들은 인생에 고난의 바람이 불어올 때 뿌리 채 뽑혀 쓰러지고 말 것이다. 십자가의 길을 묵묵히 가는 사람은 시냇가에 심겨진 나무처럼 뿌리가 깊어지고 잎이 무성하며 아름다운 열매가 가득하게 된다. 선택은 우리 앞에 놓여 있다.

돌아서 가더라도 바른 길, 주님의 뒤를 따라가는 십자가의 길을 가는 복된 성도들이 되시기를 주님의 이름으로 축원을 드립니다.

♣ 십자가 속의 보화 ♣

여러 해 동안 늙고 병든 부인을 신실하게 정성껏 돌봐준 간호사가 있었다. 그런데 그가 간호하던 부인이 세상을 떠나게 되었다.

그러자 그 노부인의 모든 재산은 그 부인의 유언대로 아주 먼 친척에게까지 분배했다.

그러나 간호사의 희생적인 봉사에 대해서는 아무런 보상도 돌아오지 않았다. 그 간호사는 다만 다른 사람을 통해서, 죽은 노부인이 남긴 크고 검은 나무 십자가를 전해 받았을 뿐이었다.

그 간호사는 실망해서 그 십자가를 안 보이는 곳에 치워놓았다. 그것은 별로 귀한 나무로 된 것도 아니었으므로 아무 데도 쓸데가 없었던 것이었다.

그런데 여러 해가 지난 후 어느 날 집안을 청소하던 중에 그녀는 그 나무 십자가를 발견하게 되었다.

그녀가 그 십자가를 주워들고 과거를 생각하며 자세히 살펴보았을 때 그녀는 그것에 열쇠구멍이 있는 것을 발견했다.

그 십자가는 열고 닫게 되어 있던 것이었다. 그때 갑자기 그녀는 노부인이 세상을 떠나기 전에 왜 자기에게 작은 열쇠를 주었는가를 알게 되었다. 그 열쇠는 너무 작아서 맞는 자물쇠가 없었다.

그 간호사는 열쇠를 찾아서 십자가의 열쇠구멍에 맞춰보니 놀랍게도 꼭 맞는 것이었다. 그 크고 검은 나무 십자가는 열려졌다.

그때 그녀의 눈 앞에는 휘황찬란한 보석들이 반짝이고 있었다.

그 보석들은 이미 법적으로 그녀의 것이 되었으므로 그녀는 자기가 바라던 것보다 훨씬 큰 부자가 될 수 있었습니다. 이 이야기는 우리의 십자가가 어떠한 것인가를 다시 한 번 생각하게 한다.

나는 부활이요 생명이라
(요11:15~27)

그리스도인들의 궁극적인 소망은 이 세상의 것이 아니라 예수님과 같이 부활의 몸을 입고 천국에서 영생을 누리는 데 있다.

우리는 예수님의 부활을 믿고 우리 몸도 부활할 것을 믿고 이 부활의 소망을 가지고 세상의 죄와 고난과 사망과 심판을 이기며 살고, 부활의 복음을 전하여 많은 영혼들을 살리도록 해야 한다.

1. 영원한 생명을 주시는 예수님

1) 예수님은 살려주는 영으로 오셨다.
2) 믿는 자들에게는 하나님의 자녀가 되는 권세를 주셨다.
3) 인간과 하나님 사이의 통로는 예수님 밖에 없다.

2. 부활의 생명을 주시는 예수님

1) 하나님은 전능하신 하나님이시다.
2) 인간의 몸은 육체와 영혼으로 되어 있다.
3) 우리는 예수님의 재림과 부활의 몸을 입게 된다.

3. 이것을 네가 믿느냐?

1) 부활의 진리를 믿고 부활의 몸을 입으라.
2) 천국과 지옥은 본인의 선택과 믿음의 결과로 얻는 것이다.
3) 부활의 진리와 신앙은 세상을 이기는 가장 강한 무기다.

이 세상에 모든 피조물과 모든 육체가 죄로 인하여 죽을 몸을 입고 탄식하며 신음하고 있다. 오직 예수님만이 이 사망의 몸에서 우리를 자유하게 하고, 사망의 권세를 잡고 있는 마귀를 멸하시고, 우리에게 영원한 생명과 부활의 몸을 입혀줄 수 있다. 예수님의 부활은 우리의 부활의 보증이다.

우리는 부활의 신앙을 가지고 이 세상을 이기며 살아가며 부활의 진리와 복음을 가족과 이웃과 땅 끝까지 전하는 성도들이 되시기를 예수님의 이름으로 축원을 드립니다.

♣발로 쓴 내 인생의 악보 ♣

베스트셀러 책 가운데 [발로 쓴 내 인생의 악보]라고 하는 책이 있다.

저자 레나 마리아라는 여자가 태어날 때, 어머니가 아이를 낳은 후에도 의사가 3일 동안 아이를 보여주지 않았다. 그래서 그 부모님이 빨리 아이를 보게 해 달라고 했는데 의사가 보여주지 못하다가 보여 줬는데, 아이가 두 팔이 없는 것이다. 팔이 없이 태어난 것이다. 다리도 한 쪽 다리는 아주 짧게 태어나고 한 쪽 다리만 정상이다.

그런 아이를 보면서 그 부모가 통곡을 했다. 그러면서 그 마음속에 '하나님이 주신 선물이다. 이 아이를 내가 잘 키우겠다.'

사람들은 중증장애인 시설에 보내서 양육을 해야 한다고 했지만 그 부부는 "우리가 기도로, 사랑으로, 눈물로 키우겠다."고 했다. 이 아이가 점점 자라는데 엄마에게 그런 이야기를 한다. "엄마, 왜 저는 친구가 없는 거예요? 마음을 터놓고 이야기 할 수 있는 친구가 있었으면 좋을 텐데 친구가 없어요." 그 어머니는 "사랑하는 딸아! 네가 친구가 없는 것이 아니라 내 곁에는 항상 친구가 있단다. 네 아픔도 알고 네 이야기도 들어주고 너를 지켜주고 함께 해 주시는 친구 분이 계시는데 그 분이 바로 부활하신 예수님이시란다." 그 어머니가 아이에게 신앙교육을 시킨 것이다.

그러면서 열심히 수영을 가르쳤다. 두 팔도 없고 한 다리는 30cm밖에 안 되는데 수영을 해서 세계장애인 수영선수권 대회에 나가서 금메달을 따기도 하고, 88올림픽 때 장애인 올림픽에서 좋은 성적을 거두었다.

또 이 자매가 음악 공부를 하는데 어느 날 음악 선생님이 그를 책망을 하는 것이다. "레나야, 노래는 목으로 하는 것이 아니고 마음으로 영혼으로 하는 것이란다." 그러면서 공부를 중단하고 가버렸다.

이 아이가 굉장히 절망하면서 울고 있는데 전화가 온 것이다.

"레나지요? 제가 기도하고 있는데 성령님이 전화하라고 하는 감동이 와서 제가 전화를 드렸습니다. 외롭고 힘들어도 절망하지 마세요. 주님이 당신과 함께 하십니다. 그리고 우리 모두가 당신을 위해서 기도하고 있답니다." 그 소리가 부활하신 주님의 음성으로 들려왔다는 것이다.

그래서 그 이후에 노래를 하는데 영혼으로 부르는 찬양을 하나님께 올려 드리게 되었다. 두 팔이 없고 한 쪽 다리가 30cm밖에 안 되지만 많은 사람들에게 희망을 주는 사람이 되었다.

내 삶에서 바꾸어야 할 것
(엡4:29)

그리스도인들은 창세 전에 이미 구원하시기로 작정 된 사람들이다.
성도는 하나님께서 부르신 소명을 좇아 거룩하게 살고, 거짓을 떠나 서로 다투지 말고 오직 성령 안에서 하나가 되어 영적싸움에서 승리하는 삶을 살아야 한다. 내 삶에서 바꾸어야 할 것은 옛날의 생활 방식, 거짓된 욕망으로 부패해 가는 옛 사람을 벗어 버리고 마음과 정신을 새롭게 하여 새사람을 입어야 한다.

1. 내 삶에서 바꾸어야 할 것은 옛 사람이다.
1) 옛 사람은 예수님을 믿기 이전의 사람이다.
2) 복음을 듣고 회개해야 한다.
3) 죄를 미워해야 한다.

2. 심령이 새롭게 되어 새사람을 입으라.
1) 성령이 임하시면 옛사람을 벗어 버리게 된다.
2) 참된 것을 말하는 것은 용기이고 겸손함이다.
3) 하나님은 우리의 주인이시고 주권자이시다.

3. 덕을 세우는 선한 말을 하며 살아야 한다.
1) 어떤 말을 하며 사느냐는 것은 참 중요하다.
2) 덕을 세우는 말은 누가 들어도 좋은 말이다.
3) 예수님 때문에 나의 말하는 습관을 바꾸어 한다.

성도는 창세 전에 이미 하나님께서 구원으로 불러 주신 삶을 시간이 가면 갈수록 점점 더 아름다워지고, 하나님께서 부르신 소명을 좇아 살아가는 인생 되어 우리의 삶 속에서 거짓이 물러가고 참된 말이 자리를 잡으며 분노하고 미워하고 다투고 하는 삶에서 벗어나 모두를 사랑하며 섬기는 삶으로 나아가야 한다.

덕을 세우는 말을 하며, 가정을 세우고 작은 교회 공동체를 세워주는 선한 말을 하며, 듣는 자에게 은혜를 끼치는 말을 하며 사는 성도들이 되기를 주님의 이름으로 축원을 드립니다.

♣ 말의 힘 ♣

속초를 모두 태운 큰불도 시작은 작은 불씨였다.

그 불이 어디서 시작되었는지 잘 알 수 없지만 한 번 번지기 시작한 불은 수십 년 넘게 자라왔던 녹음(綠陰)을 태우고, 인명 피해를 입히고, 수많은 재산 피해를 가져오고 아무것도 남기지 않는다.

많은 사람들이 집이 불타버려 이재민이 되었다.

아비규환(阿鼻叫喚)과 전쟁터와 같은 일이 순 식간에 일어났다.

사람에게도 산불과 비슷한 재앙이 있다. 바로 말이다.

무심코 던진 말 한마디가 한 사람의 삶을 망가뜨리기도 한다.

삽시간에 퍼져나간 헛소문은 세상을 병들게 만들고 불신으로 가득 채운다.

좋은 말은 노력한다고 만들어지지 않는다. 언변이 뛰어나거나 글을 잘 쓰는 사람도 상처를 주기는 마찬가지다.

우리는 먼저 말보다 마음을 바꾸어야 한다.

별 관심도 없는 사람에게 아무리 좋은 말을 해 주어도 상처가 될 수 있다. 그러나 서로 깊이 이해하고 사랑한다면 실수를 해도 불꽃이 튀지 않는다. 좋은 말은 사랑이 담긴 말이다.

관심과 사랑을 담아 말을 건네라. 미움은 사라지고 관계가 성장하는 훌륭한 밑거름이 될 것이다.

우리가 말을 하고 살 수 있다는 것은 분명 은혜이고 축복이다.

대화를 통해 서로를 이해하고 애정을 돈독히 할 수 있다.

논의를 통해 더 나은 삶의 방향도 모색할 수 있다.

하지만 말 때문에 큰 상처를 줄 수 있다. 세상 어디에도 말이 없는 곳은 없다. 지금 당신이 하려는 말이 서로에게 유익을 주는 말인지 상처를 주는 말인지 먼저 생각해 보라.

묵은 땅을 갈아엎고 파종하라
(렘4:3~4)

실패의 원인이 묵은 땅 같은 자신의 모습에 있음을 알아야 한다.

실패하게 하는 묵은 땅은 아무것도 거두어들일 수 없다. 묵은 땅을 갈아 엎고 새롭게 파종해야 한다. 성공과 승리의 생활은 자신의 묵은 땅의 모습을 갈아 새롭게 경작하는 데 있다. 묵은 땅은 오랫동안 경작을 하지 않아서 잡초가 무성한 땅이다.

묵은 땅은 어떤 땅을 말하는가?

1. 묵은 땅은 관리하지 않고 버려둔 땅이다.
1) 땅이 버려져 있다는 것은 게으름과 무관심 때문이다.
2) 묵은 땅은 관리되지 않은 땅이다.
3) 묵은 땅을 갈아엎고 파종해야 한다.

2. 묵은 땅은 굳어진 땅이다.
1) 굳어진 심령은 말씀을 청종하지 않는다.
2) 믿음의 굳어진 땅을 새롭게 갈아야 한다.
3) 믿음과 신앙은 은혜의 비를 흡수해야 한다.

3. 묵은 땅은 사용되지 못하는 땅이다.
1) 하나님께 사용되지 못할 때 묵은 땅이 된다.
2) 묵은 땅의 역사는 하나님을 떠난 역사다.
3) 묵은 땅은 새롭게 갈아져야 한다.

묵은 땅의 역사는 악이며 하나님의 분노의 대상이다. 우리는 진보하는 믿음과 신앙을 갖고자 하는 소망이 있다. 이 소망이 이뤄지기 위해 우리의 묵은 땅을 갈아엎는 결단이 필요하다.

묵은 땅을 갈아엎는 믿음과 신앙의 진보를 이루어 영적으로의 변화를 체험하며 능력 있는 생활을 하고 주님 안에 있는 새 생명의 역사를 체험하시기를 주님의 이름으로 축원을 드립니다.

♣ 파종과 수확 ♣

세계적인 백화점 왕, 존 워너 메이커의 이야기다.

그가 어릴 때 출석하던 교회는 건물이 너무 허술해서 비가 오면 양동이를 받쳐야 했다. 마당은 진흙 바닥이라서 비가 오면 물바다가 되기 쑤이고, 신발을 늘 버리곤 했다.

그의 아버지는 벽돌공이었고, 그는 아버지를 도와서 일을 했다. 그는 자기의 주급 대신에 벽돌 한 리어카를 받아가지고는 교회 마당에 깔았다. 어찌 보면 당시에 가장 큰 것 같은 자기 임금 대신에 한 리어카의 벽돌을 싣고 와서 하나님 앞에 심은 것인데 하나님께서는 그것을 잊지 않으셨다.

그는 돈만 위해 살았던 인물이 아니다.

교회 학교를 사랑해서 주일 학교 교사로서 평생을 살았는데 그가 섬기는 교회학교 학생이 7,000명이나 되었다.

체신부 장관으로 일 할 때도 교사로서의 사명을 포기하지 않았다.

그것만이 아니다. 그는 백화점을 경영하면서도 50,000명이 넘는 백화점 직원들과 가족들을 위해서 복지에도 많은 것을 투자했다. 6개월 이상 회사에 근무한 사람들은 2주의 유급휴가를 주기로 결정했다. 그런데 그들이 휴가를 받아도 갈 곳이 없으니까 넓은 땅을 사서 휴양지를 건설하고, 거기에 많은 스포츠 센터를 만들고 쉴 수 있는 곳을 만들어서 직원과 가족들이 마음 놓고 가서 즐기다가 쉬고 재충전 할 수 있도록 배려했다.

또 그들이 직장 생활 하다가 퇴직 후 노후를 보낼 곳이 없음을 알고 많은 집을 지어서 노후를 안락하게 보낼 수 있도록 배려했다.

많은 것을 심은 모습 아닌가?

그것만이 아니다. 다른 백화점들은 토요일도 밤 10까지 일해야 겨우 문을 닫는데 존 워너 메이커의 백화점은 토요일 오후 1시면 문을 닫아 영업 시간을 오히려 단축했다. 주일에는 아예 백화점 문을 열지 않았다.

그래도 그 백화점은 얼마나 장사가 잘 되는지 날마다 수입이 늘고 확장되어 갔다. 백화점 직원들의 사기가 하늘을 찌를 것 같았다.

그는 많은 것을 심었고, 많은 축복을 거둘 수 있었다.

기름 그릇에 담긴 은혜
(왕하4:1~7)

본문은 하나님께서 엘리사 선지자를 통해 선지자의 제자 중에 아내인 한 여인에게 베푸신 은혜에 관한 이야기다. 이 여인은 엘리사의 이적으로 빚도 갚고 경제적인 어려움에서 벗어나게 되었다. 이 여인은 엘리사의 이적을 통해 하나님의 따뜻한 은혜를 체험하게 되었다. 기름 그릇에 담긴 하나님의 은혜는 어떤 것이었을까?

1. 구하는 자에게 주시는 은혜
1)하나님께서는 구하는 자에게 은혜를 베푸신다.
2)은혜 베푸시기 위해 구하는 자들을 기다리신다.
3)지금이라도 기도하면 들으신다.

2. 믿음의 분량대로 받는 은혜
1)은혜는 믿음의 분량대로 받는 것이다.
2)믿음의 분량에 따라 응답의 크기가 달라집니다.
3)믿음은 수원지로부터 물을 받아오는 파이프다.

3. 넘치게 주시는 은혜
1)하나님께서는 기도에 응답하시는 분이다.
2)하나님께서 기도를 들으시고 넘치게 응답하신다.
3)말씀에 순종해서 하나님께 구한 것이 지혜였다.

주님은 이 여인처럼 기도제목을 가지고 주 앞으로 나오라고 말씀하신다. 나오되 큰 믿음으로 나오라고 말씀하신다. 그리고 넘치게 은혜를 베풀어주시겠다고 약속하고 계신다.

은혜 위에 은혜가 넘치는 성도들이 되시기를 주님의 이름으로 축원을 드립니다.

♣계속 필요한 은혜 ♣

이런 소설이 있다.

예수님은 많은 기적을 베푸셨다. 그런데 예수님께 은혜를 입은 사람들이 그 후에 어떻게 사는지 궁금하여 그들을 방문을 했다고 한다.

첫 번째 방문자는 앉은뱅이 거지였는데 예수님이 고쳐주어서 일어서게 된 자였다. 그런데 찾아가보니 그는 술주정뱅이가 되어 있었다.

"이 사람아, 왜 이렇게 사는가?"

대답이 이러했다. "주님, 내가 주님께 큰 은혜를 입어 앉은뱅이에서 고침을 받고 새 사람으로 바로 살아보려고 했는데 막상 살아보니 마음대로 안됐습니다. 하는 일마다 잘 안 되고 먹고살기도 힘들었습니다. 내가 앉은뱅이로 구걸할 때는 가만히 앉아 있어도 먹는 것은 해결이 되었는데 성한 몸으로 살려니 더 고달파서 술을 한 잔씩 마시다 보니 이렇게 중독이 되었습니다."라고 대답하더라고...

그래서 이번에는 창녀로 있다가 예수님을 만나 창녀에서 벗어난 여인을 찾아가보았다. 그런데 그녀는 다시 창녀가 되어 살아가고 있었다.

"여자여, 너는 왜 이렇게 사느냐?"

"주님, 죄송합니다. 내가 주님을 만나서 새 사람이 되었는데 바로 살아보려고 했지만 세상 사람들이 창기 출신이라고 손가락질하며 상대도 해주지 않고 나를 계속 멸시하길래 내가 오히려 창기로 사는 것이 더 자유로워서 이렇게 다시 창녀로 살아가고 있습니다."라고 대답하더라고....

그래서 예수님은 이번에는 소경으로 있다가 눈을 뜨게 해준 청년을 찾아가보았다. 그런데 그 청년은 깡패가 되어 있었다.

"청년이여, 왜 이렇게 사는가?"

"주님, 죄송합니다. 제가 눈이 멀었을 때는 몰랐는데 눈을 떠서 세상을 살아보니 내 눈에 너무 더러운 세상만 보였습니다. 그래서 화를 내고 폭력을 휘두르다보니 깡패가 되고 말았습니다."

이 소설은 무엇을 가르쳐주나? 예수님께 한번 받은 은혜로는 우리가 바로 살아가기 힘들다는 것이다. 그래서 은혜는 한번으로는 안 되고 계속해서 받아야 우리가 바르게 살아갈 수 있다는 이야기이다.

하나님이 기뻐하시는 가정
(엡5:22~30)

성경은 가정의 중요성과 가족이 지켜야 할 삶의 원리를 언급하고 있다. 가정과 교회는 속성이 비슷한 공동체이다. 교회는 큰 가정이고 가정은 작은 교회다. 교회는 가정 같은 교회가 되고 가정은 교회 같은 가정이 되어야 한다.

성도는 가정생활과 교회생활의 2가지를 특히 잘해야 한다.

1. 아내의 의무
1) 남편에게 복종하라.
2) 범사에 복종하라.
3) 남편을 존경하라.

2. 남편의 사랑
1) 희생적인 사랑이다.
2) 정결한 사랑이다.
3) 지속적인 사랑이다.
4) 책임적인 사랑이다.

3. 삶에서 이뤄내는 성령충만
1) 행복의 최대 비결은 성령충만한 삶에 있다.
2) 성령충만하게 살면 자신이 변화된다.
3) 능력 있는 삶을 살려면 성령충만을 사모하라.

복종이 실천되는 가정이 하나님이 기뻐하시는 가정이 된다. 가정의 행복은 인생의 행복을 위한 가장 강력하고 위대한 기초다. 행복한 가정을 위해 어떤 희생도 감수하고, 행복한 가정은 저절로 만들어지지 않는다.

우연히 행복해지는 가정은 없다. 행복한 가정은 예술작품을 만들듯이 정성스럽고 지혜롭게 만들어가야 한다.

성령충만을 통해 행복한 가정을 만들어 세상에 생명수를 공급하는 성도들이 되시기를 주님의 이름으로 축원을 드립니다.

♣ 가정은 그릇이다 ♣

음식은 그릇 안에 담겨 있을 때 싱그럽다. 그릇 안에 있으면 지지고 볶은 뒤 섞인 비빔밥이라 할지라도 먹음직스럽다.

그러나 그릇 밖으로 튀어나온 밥알은 아무리 좋은 쌀로 만들어졌다 할지라도 의미가 없다.

피 또한 마찬가지다. 몸 안에 있을 때 생명의 흐름이 된다.

몸 밖으로 나오면 사람에게 위험하다.

있어야 할 자리에 있는 것이 행복이다. 사람은 하나님이라는 그릇, 가정이라는 그릇 안에 있을 때 가장 아름답고 행복하다.

그 안에서는 무슨 일이 벌어져도 곧 치유가 되고 회복된다.

밖에서 어려움을 당해도 행복한 가정 안에 있으면 쉽게 극복할 수 있다. 마음이 평온하기 때문이다. 그런데 그 그릇 안에서 벗어나면 제 아무리 아름답다 해도 곧 어그러지게 된다.

하나님은 창조의 하이라이트로 아담과 하와의 가정을 만드셨다. 하나님은 만물의 조화로움, 그리고 하나님과 가정 안에 있는 사람을 보시고 이렇게 기뻐하셨다.

"보시기에 심히 좋았더라!"

"하나님이 지으신 그 모든 것을 보시니 보시기에 심히 좋았더라.
저녁이 되고 아침이 되니 이는 여섯째 날이니라."(창1:31)

주님이 기뻐하시는 교회
(엡1:22~23)

우리 교회는 사람으로 치자면 청년기가 되었다.

그런 만큼 교회의 사명을 활발하게 감당해 나가야 할 것이다. 주님께서 소아시아의 일곱 교회에게 주신 "귀 있는 자는 성령이 교회들에게 하시는 말씀을 들을지어다"하신 말씀을 우리 교회에게 주신 사랑의 권면으로 받아야 한다. 우리 교회의 온 성도들이 성령의 음성을 듣고 순종할 때 교회다운 교회로서 주님께 인정을 받게 된다.

1. 교회는 지상이 아닌 하늘에 속한 공동체다.
   1) 교회는 그 소속이 이 땅이 아니라 하늘나라다.
   2) 성도들이 지상에서 살아가지만 그 소속은 천국이다.
   3) 주님이 기뻐하시는 교회는 사랑으로 결속된 교회다.

2. 그리스도는 교회의 머리시며 교회는 주님의 몸이다.
   1) 교회는 머리이신 그리스도의 명령과 지시에 온전히 순종해야 한다.
   2) 교회가 교회다우려면 예수 그리스도 안에 있어야 한다.
   3) 건강한 교회는 주님의 말씀을 순종하는 교회다.

3. 교회는 예수 그리스도의 충만한 은혜를 나누어 주어야 한다.
   1) 교회는 그리스도의 충만함을 담은 그릇과 같다.
   2) 세상 즐거움을 찾다보면 믿음에서 점점 멀어진다.
   3) 예수님은 복음 전파의 사명을 교회와 성도들에게 주셨다.

교회는 복음을 전하는 일을 최우선적으로 힘써야 한다.

선교사들을 후원함으로 선교사역에 동참해야 하며, 성도들은 각자 전도에 힘써야 한다. 타국에 가서 복음을 전하지 못할지라도 가까운 사람들에게 전할 수 있다. 우리가 예수님을 전해 주지 않아서 그들이 구원 받지 못한다면 장차 주님 앞에 설 때 그 책임을 추궁 당하게 됨을 알아야 한다.

하나님을 기쁘시게 하는 성산 교회와 성도들이 되시기를 주님의 이름으로 축원을 드립니다.

♣교회에 가야할 이유 ♣

기독교 유머집에 나오는 이야기다.

주일날 어떤 40대 아들이 자신의 70대 어머니 권사님에게 이렇게 솔직하게 말했다.

"어머니, 저는 오늘 교회 가기가 싫습니다."

그러자 어머니가 "왜 그러느냐?"고 물었다.

아들은 교회를 가기 싫은 세 가지 이유를 말했다.

첫째는, 주일날 늦게까지 잠을 자고 싶고,

둘째는 성가대가 불협화음으로 찬양할 때는 정말 싫고,

셋째는 장로님 기도가 너무 길어서 그렇다는 것이었다.

이 말을 들은 어머니는 아들에게 그래도 교회는 꼭 가야한다고 말씀하시며 교회를 가야할 3가지 이유를 말했다.

첫째는, 예배드리는 것은 선택이 아니라 필수니까 가야 되고,

둘째는, 교회는 사람보고 가는 것이 아니고 하나님 보고 가는 것이니까 가야 되고,

세 번째는, 네가 그 교회 담임 목사니까 꼭 가야 된다고 말씀하셨다.

물론 이 이야기는 유머지만 공감이 가는 부분이 있다.

신앙생활을 오래 한 성도들도 가끔씩 교회에 가기 싫을 때가 있다. 마음은 원이지만 육체가 약해서 교회 가기 싫을 때가 있고,

교회 다니다 시험이 들어서 교회를 멀리하고 싶을 때도 있다.

그리고 사람들 때문에 교회에 나오고 싶지 않을 때도 있을 것이다.

하나님의 길을 가는 사랑의 가정
(시128:1~6)

　가정은 자신의 뜻을 이루는 곳이 아니라 가정을 만드신 하나님의 뜻이 이루어지는 곳이고 그럴 때에 하나님의 복이 임하는 것이다.
　사랑의 가정을 원하지만 미움이 있고, 따뜻한 가정을 원하지만 냉랭한 가정의 모습을 보면서 관심을 가져야 할 것은 각자가 원하는 행복한 가정이 아니라 하나님께서 각 가정에 이루시고자 하는 복의 모습이 무엇인지에 관심을 가져야 한다. 왜냐하면 가정은 사람이 만든 것이 아니라, 하나님께서 만드셨기 때문입니다.
　가정 안에서 각자의 가진 뜻을 이루고자 할 때에 불행해지게 된다.

1. **하나님을 경외하고 하나님의 길을 걷는 자에게 복이 있다.**
　1)하나님의 길을 걷는 사람과 가정이 복이 있다.
　2)복이있는 가정은 하나님을 두려워하는 가정이다.
　3)하나님께서 제시하시는 길을 따라서 순종할 때 복이 있다.

2. **하나님의 복은 네 손이 수고한 대로 먹는 것에 있다.**
　1)하나님께서 제시하시는 길을 따라 살아가는 삶에 복이다.
　2)수고한대로 먹을 수 있는 삶은 하나님께서 보호하시는 삶이다.
　3)하나님의 길을 따라 사람이 열심이 사는 것이 복된 삶이다.

3. **복된 아내와 자식은 어떠한 사람인가?**
　1)복된 가정의 아내는 안방에 있는 결실한 포도나무 같다.
　2)복된 가정은 내가 다른 사람의 복이 되어 주기를 원하는 것이다.
　3)자녀들은 부모님께 감람나무와 같이 복된 존재로 잘 성장해야 한다.

　세상 사람들이 모두 가고 있는 길 그리고 내가 가고자 원하는 길을 포기하고 하나님께서 제시하시는 길을 갈 때 아버지는 수고한대로 가정을 먹일 수 있는 복을, 아내는 안방의 결실한 포도나무의 모습으로 열매맺는 복을, 자녀는 어린 감람나무의 모습으로 하나님의 사람으로 성장하는 복을 누리는 가정이 되어야 한다.
　하나님이 주시는 행복한 가정이 되시기를 주님의 이름으로 축원을 드립니다.

♣가정의 중요성 ♣

어떤 사업가를 붙잡고 이 세상에서 무엇을 가장 소중한 가치로 생각하느냐고 물었다. 그는 "믿음"이라고 대답했다.

한 고등학생을 붙잡고 이 세상에서 무엇을 가장 소중한 가치로 생각하느냐고 물었다. 그는 '희망'이라고 대답했다.

길을 지나가는 한 쌍의 여인에게 이 세상에서 무엇을 가장 소중한 가치로 생각하느냐고 물었다. 그들은 '사랑'이라고 대답했다.

하루 종일 일하고 집으로 돌아가는 노동자에게 이 세상에서 무엇을 가장 소중한 가치로 생각하느냐고 물었다. 그는 "안식"이라고 대답했다.

또 길을 가던 군인에게 다가가 당신은 이 세상에서 무엇을 가장 소중한 가치로 생각하느냐고 물었다. "평화"라고 대답했다.

교수님은 하루 종일 인터뷰하느라고 고단한 몸을 이끌고 집으로 향했다. 지친 몸을 이끌고 초인종을 누르는데 "아빠 이제 와요"하며 어린 딸이 아빠의 어깨에 매달렸다. 교수는 어린 딸이 달려와 안기는 것을 보면서 딸의 눈동자에게 "믿음"이라는 단어를 떠올렸다.

이어서 어린 아들이 "아빠 나 이번 시험에서 우리 반의 4등 했어요"라고 하면서 자랑스럽게 달려왔다. 그 아들의 눈에서 "희망"을 보았다.

"여보 어서 오세요"하고 다정하게 손을 잡아주는 아내에게서 "사랑"을 보았다. 피곤할 터인데 식사하자면서 나오시는 어머니를 보면서 "안식"이라는 단어를 떠올렸다.

사랑하는 식구들과 함께 식사하면서 "평화"가 보였다.

온 종일 인터뷰하면서 사람들이 가장 소중하다고 말하는 '가치관, 믿음, 희망, 사랑, 안식, 평화'라는 단어들이 다 집결된 곳이 가정이다.

가정을 살려야 한다. 가정이 하나님을 경외하는 가정이 되어야 한다.

나의 앞날이 주의 손에 있아오니
(시31:13~15)

신앙생활은 믿음으로 사는 생활을 말한다. 믿음은 믿고 맡기는 것이다. 맡긴다는 말의 원어를 보면 산에서 돌을 굴려버린다는 뜻이 있다.

높은 산에서 돌을 굴려버리고 난 다음 내려가서 아무리 찾으려고 해도 찾을 수가 없다. 철저히 맡기고 주님만 바라보고 나아갈 때 주님의 은혜가 임하게 된다.

1. 두려움에 둘러싸일 때
1) 우리를 고통 가운데 몰아넣는 것이 두려움이다.
2) 생명의 근원이 이 마음에서 나온다.
3) 절망의 때에 우리가 주님을 바라봐야 한다.

2. 주님만 의지하는 신앙
1) 주님만 의지하는 신앙은 불구하고의 신앙이다.
2) 믿음을 가진 사람이 모든 어려움을 이겨내는 것이다.
3) 우리의 마지막이 주님의 시작이다.

3. 절대 주권자 하나님
1) 나의 앞날이 주님의 손에 달려 있다.
2) 고난을 통과한 후 하나님의 축복이 예비되어 있다.
3) 가장 힘들고 어려울 때 주님이 곁에 계신다.

어떤 도전이 다가오고 어떤 문제가 다가와도 낙심하지 말고 주님만 바라보라. 악한 원수 마귀가 어떻게든 넘어뜨리려고 입 벌리고 달려와도 주님 앞에서 넉넉히 이길 것이다.

어떤 문제나 어려움이 다가와도 죽음 같은 고난의 자리를 통과한다고 할지라도 주님 주시는 평안함으로 넉넉히 이기고 승리하는 여러분 모두가 되기를 주님의 이름으로 축원합니다.

♣ 절대 신뢰 ♣

1968년 러시아가 체코슬로바키아를 강제로 점령하고 공산 정권을 세웠다. 그런데 그 얼마 전에 체코슬로바키아의 수도 프라하 교외에 있는 한 교회 안에 심각한 분열이 있었다. 다섯 분의 장로님이 있었는데, 서로 의견이 맞지 않아서 분열하는 것을 본 많은 교인들이 교회를 떠났다.

나중에 장로들은 자신들로 인해 교회 안에 엄청난 결과가 빚어졌음을 깨닫고 자기들의 행동에 대해 부끄럽게 생각을 했다.

한 장로님이 그 일로 인해서 마음 괴롭게 하나님께 기도하다가 그가 먼저 자기와 갈등을 빚었던 장로님들을 찾아갔다. 그리고 자신의 잘못을 고백하고 화해의 손을 내밀었다. 그 장로님으로 인해서 마음이 갈라졌던 장로님들 사이에 서로 통회하는 마음이 생겼고 그 교회의 다른 파벌들에게 전해져 하나님의 은혜로 마침내 하나 됨과 교제가 회복이 되었다.

교회 지도자들이 화해했다는 소식을 듣고 떠났던 교인들이 다시 교회로 돌아오게 됐는데, 이 일이 있은 몇 주 후에 러시아 군대가 체코슬로바키아를 침공해 왔다. 새로 들어선 공산 정부는 교회를 심하게 탄압을 했다. 종교의 자유는 별안간 종말을 고했다. 그때 다섯 장로가 다 비밀경찰에 체포되어 갔다. 공산당 정부가 종교에 관한 문제로 골머리를 앓게 되었을 때 이들을 공개적인 표본으로 삼기로 결정을 내렸다. 그래서 교회의 온갖 비리와 문제를 다 들추어내려고 다섯 장로를 나누어 심문하기 시작했는데, 서로 이간질하는 이야기를 했다.

"다른 장로들이 모든 죄를 너에게 다 뒤집어씌우더라." "네가 이런 일을 하고 저런 일을 했다고 다른 장로들이 말하더라"라고 하며 다섯 장로 모두에게 거짓말을 하면서 죄를 뒤집어씌우고 다른 사람들이 그들을 모함했으며 또 그들이 그 죄를 고백했다며 서로 신뢰를 무너뜨리는 작업을 시작했다. 그러나 놀랍게도 일은 그들이 의도하는 대로 되지 않았다. 매번 이들을 이간시키려고 과거에 대한 반쪽 진리와 비꼬는 말을 할 때마다 장로들은 "나는 내 형제가 내게 그런 말을 했으리라고는 전혀 믿지 않소. 그러나 만약에 그것이 사실이라고 하더라도 나는 그를 용서할 것이오." 그러고 전혀 다른 사람들을 비난하거나 허물을 말하지 않는 것입니다. 마침내 심문관은 다섯 장로들의 도무지 예기하지 않았던 반응 때문에 대단히 화가 나서 그들을 모두 한 자리로 불러 모았다. 어떻게 그렇게 끝까지 믿을 수 있는지. 어떻게 그렇게 끝까지 사랑할 수 있는지 알아보고 싶었다. 다섯 장로들과 같이 이야기를 나누다가 비밀경찰 간부가 그 장로님들 앞에 무릎을 꿇었다. 자기를 위해 기도해 달라고, 나도 당신들과 같은 사랑으로 정말 하나님을 믿을 수 있게 해달라고 기도를 했다고 한다. 어떤 일이 있어도 흔들리지 않고 주의 길을 걸어가야 부활 천국의 시민이다.

성령충만한 삶의 특징

(행4:13~20)

우리의 영은 성령으로 충만하여 성령의 지배를 받지 않으면 반드시 악한 영에게 지배를 당하게 된다.

악한 영은 하나님을 대적하는 사탄의 영이다. 죄를 짓도록 만드는 영이다. 지금 우리의 영은 누구의 지배를 받고 있는가? 교회에 나와 앉아 있다고 성령과 관계 맺고 있다고 단언하지 말아야 한다.

우리가 성령과 밀접한 관계를 맺게 될 때 몇 가지 특징들이 나타난다.

1. 성령 충만하면 세상을 이기는 담대함이 있다.
1)올바른 지식을 가질 때 담대해 진다.
2)주님과 동행할 때 담대해 진다.
3)믿음의 체험이 있을 때 담대해 진다.

2. 성령 충만하면 언제나 하나님 앞에서 살아간다.
1)신앙은 언제나 하나님 앞에서 살아가는 것이다.
2)성도는 사람의 눈치를 두려워해서는 안 된다.
3)하나님 앞에서 믿음의 선택을 하며 살아가야 한다.

3. 성령 충만하면 하나님이 주신 사명을 이루기 위해 산다.
1)쫓기는 삶을 사는 사람들은 늘 쫓기며 산다.
2)바쁜 사람들의 특징은 늘 바쁘게 산다.
3)부름 받아 사는 삶은 능동적인 삶을 살아간다.

하나님이 우리를 이 세상에 남겨둔 이유는 사명이 있기 때문이다. 성령과 밀접한 관계를 맺고 살게 하기 위함이다. 성령 받은 사람은 부름 받은 삶을 살아간다. 소명을 아는 사람은 해야 될 일과 하지 말아야 될 일을 분별한다.

오늘 말씀이 우리 지표가 되어 성령으로 충만하여 주님과 동행하며 세상을 이기며 하나님 앞에 살아가고 부름 받은 삶을 살아가는 성도들이 되시기를 주님의 이름으로 축원합니다.

♣ 성령 충만 ♣

존 하이드(John Hyde)가 선교를 위하여 배를 타고 인도로 항해할 때였다. 젊어서부터 위대한 선교사가 되는 것이 꿈이었지만 그것은 야망이었다. 겉으로는 신앙으로 잘 포장되었지만 밑바닥에는 자아 만족과 명예욕이 도사리고 있었다.

그가 이 사실을 깨닫게 된 것은 한 통의 편지 때문이었다.

아버지의 친구 목사가 그에게 보낸 편지에 짤막한 글이 적혀 있었다. "사랑하는 존, 네가 성령으로 충만해질 때까지 너를 위해 기도를 멈추지 않을 것이야!"

그는 편지를 보고 화가 치밀어 구겨서 바닥에 던졌다.

'성령으로 충만해질 때 까지'라는 말은 지금 성령으로 충만하지 못하다는 의미를 함축하고 있었기 때문이다.

"최고의 선교사가 되기 위해 인도에 가고 있는 나는 당연히 성령 충만한데, 성령 충만 받지 못했다는 것은 어처구니없는 말이다"고 생각했다.

한동안 분노가운데 있던 하이드는 다시 편지를 집어 들고 읽고 또 읽었습니다. 마음은 여전히 괴로웠으나 자신이 잘못되었다는 사실을 깨닫기 시작했다. 결국 기도하면서 자신이 품었던 꿈이 이기적인 야망이라는 것을 알게 되었다. 그는 성령 충만을 구하였다.

배가 항구에 도착하기 전에 성령으로 충만하고 말리라 간절히 기도했다. 아무도 알아주지 않는 곳에서 봉사하는 무명의 선교사가 되어도 좋으니 다만 성령으로 충만하게 해달라고 구했다.

그의 영적 몸부림은 항해가 끝날 무렵까지 계속됐으며 그 일을 통해 하이드는 진정으로 성령충만한 선교사로 거듭날 수 있었다.

우리가 지향하는 교회
(행13:1~5)

안디옥 교회는 평신도들에 의해 자발적으로 전도하여 자연스럽게 세워진 교회다.

안디옥 교회의 시그니쳐는 선교, 바나바, 바울, 그리스도인 등이다. 우리 교회가 안디옥 교회를 모델교회로 삼고 성장해 가며 세상 속에 강력한 영향을 끼칠 수 있는 교회가 되어야 한다.

1. 성령의 음성을 듣는 교회
   1)교회는 그리스도의 몸이다.
   2)지금은 선교할 때이다.
   3)예수님이 말씀하시는 음성을 들어야 한다.

2. 말씀에 순종하는 교회
   1)희생이 놀라운 복음의 진보를 가져왔다.
   2)안디옥교회는 선교의 본거지가 되었다.
   3)성경에 나오는 축복과 기적은 순종의 역사다.

3. 선교지향적인 교회
   1)선교는 은혜와 복이 임하는 사역이다.
   2)다음 세대를 믿음으로 키우는 일에 투자해야 한다.
   3)생각을 더 넓혀야 하나님께 더 아름답게 쓰임 받는다.

하나님의 음성에 귀를 기울여 하나님께 순종하고 하나님의 마음을 기쁘게 해 드리는 교회가 되어야 한다. 하나님이 시키는 일을 적극적으로 감당하는 교회가 되어야 한다.

성경 말씀을 통해 예수님께서 보여주신 건강한 교회, 성령님께서 말씀하시는 대로 순수하게 받아들이고 즉시 순종하는 교회로 세워나가기를 주님의 이름으로 축원합니다.

♣ 목숨을 걸어야 하는 선교 ♣

오늘날 선교지는 평안한 곳, 안전한 곳이 없다. 어떤 지역은 선교사에게는 목숨을 걸지 않으면 들어갈 수 없는 곳이 많다.

데이비드 바렛 선교사가 해외선교연구센터에서 발표한 자료에 의하면 2008년도 올해 기독교 순교자의 예상 숫자가 16만 6천여 명에 달할 것이라는 예상된다고 한다.

어디서 나온 수치냐 하면 2000년 당시 순교자 수는 조사해보니 약 16만 명이었다. 그런데 3년간 연평균 순교자의 숫자는 1.24%씩 매년 증가했다고 한다.

이러한 증가 추세라면 앞으로 2025년에 가서는 한해 21만 명까지 순교자가 나올 수 있다고 내다봤다고 한다.

"목사님 설마 그렇게 많겠습니까?" 할 지 모르지만 우리나라는 거의 순교자가 없다. 1년이면 한 두 사람 밖에 없다.

그러나 저 북한 땅에서는 한 해 몇 천 명씩 죽는다.

저 회교권 국가들,

거기서는 성경책을 갖고 있다는 이유 때문에 죽임을 당한다.

교회를 다닌다는 이유로 죽는다.

그 숫자를 헤아릴 수 없이 많다.

최근에 인도에서는 수많은 사람들이 죽고 있다.

기독교인이라는 이름 때문에 죽임을 당했다.

복음을 위해서라면 목숨을 걸어야 할 시대가 오늘의 시대다.

열두 제자의 파송과 사명
(마10:1~6)

예수님께서 12제자를 부르시고 사도의 직분을 주셨다.

사도는 '사명을 위하여 보냄을 받은 자'라는 뜻이다. 구원을 받은 그리스도인들은 이 세상에 또다시 빛과 소금으로 살도록 보냄을 받은 예수님의 제자들이요, 천국복음을 전파하고 가르치고 가난하고 병든 자들, 수고하고 무거운 짐을 지고 살아가는 사람들을 섬기고 구원하도록 파송을 받은 사명자들이다.

예수님의 제자로 보냄을 받은 우리 그리스도인들의 사명은 무엇일까?

1. 잃어버린 양을 찾아가라.

1) 잃어버린 양을 찾아 생명을 구원하라.
2) 너희는 온 천하에 가서 만민에게 복음을 전하라.
3) 점차 복음전도의 지경을 확장해 나가라.

2. 천국이 가까이 왔다 선포하라.

1) 천국은 벌써 시작되었으나 아직 완성되지 아니한 나라다.
2) 이 세상은 영적인 전투의 현장이다.
3) 전도는 최고의 선한 일이다.

3. 병든자들을 고쳐주라(8절)

1) 복음은 누구에게나 차별이 만민을 위한 것이다.
2) 복음은 육체의 연약함과 질병을 치유하는 능력이다.
3) 마귀는 인류에게 사망과 저주를 가져온다.

4. 가정마다 평안을 빌고 축복하라.

1) 가정마다 찾아가서 '평안할 지어다' 축복하라.
2) 제자된 사도들에게 영권과 축복권을 주셨다.
3) 가정과 직장과 세상에서 마음껏 활용하라.

그리스도인은 모두가 다 하나님의 소유된 백성이요, 왕과도 같은 제사장들이요, 예수님의 아름다운 구원의 복음을 전할 주님의 사자들이요, 주님의 종들이다.

우리 모두 하나님의 자녀가 된 영권과 축복권을 가지고 잃어버린 양들을 찾아가고 가난하고 병든 자들을 찾아가서 천국의 도래를 선포하고 복음을 전하여 그들을 구원하여 하나님의 백성이 되도록 하라.

♣똥을 먹으며 전도한 사람 ♣

북한지하교인 중에 '철갑이'라는 성도가 있었다.

비밀경찰(보위부)이 수상하여 잡아서 고문했다. 석방 후에 쓰레기 더미에서 자고 헛소리 하고 그랬다. 지하교인들이 불쌍해서 기도해주고 했는데... 보위부원이 동네 사람을 시켜서 이상한 짓을 시켰다.

거리에 똥을 작대기로 찍어서 '철갑아 이 작대기 끝에 꿀을 발랐어...너 먹으라' 그러니까 철갑이가 '맛있겠네' 하며 똥을 먹더라는 것이다.

다들 미친놈으로 여겼다. 철갑이 미쳤다고 소문이 퍼졌다.

그다음부터는 철갑이가 나타나면 모두 피했다.

냄새나고 이상한 짓을 하기 때문이다.

어느날 지하교인들이 몰래 예배하는데 철갑이가 나타났다.

그리고 하는 말이 '조선의 모든 사람이 나의 연기에 감쪽같이 속았다.

이제 모든 사람이 나를 미치광이로 여기고 있으니 이제부터 본격적으로 일해보세'.

그동안 철갑이가 똥 먹고 이상한 짓 한 것은 복음 전하기 위한 작전이었던 것이다. 이제 철갑이만 가면 사람들이 '똥먹은 놈'이라고 다 피한다.

냄새나고 이상한 행동하는 미친놈으로 소문났다. 그러니 검문당할 위험이 전혀 없다. 그래서 성경책 전하고 전도지 운반하고...

복음 전하기가 너무 쉽게 되었다. 그래서 철갑이는 1997-2000년까지 북한 전역을 다니면서 성경을 전했다.

그런데 길면 꼬리가 잡힌다고...

보위부에서 무언가 수상하여 철갑이를 잡아 조사해보니 성경책 전도지 전하는 것이 발각되어 결국 2000년 6월 순교했다.

북한의 성도는 전도하기 위해서 똥도 먹어가며 복음 전하는데.

우리는 너무 전도하기 좋은 환경 아닌가?

그러므로 우리는 전도하기 힘들다고 절대 불평하지 말아야 한다.

매사에 불평불만하는 사람은 전도할 수 없다.

그러나 매사에 감사하는 사람은 전도도 힘 있게 할 수 있다.

물가에 심겨진 사람들
(렘17:5~8)

인간은 의존적인 존재다.

인생에 위기가 닥쳐왔을 때, 무언가 힘든 일이 생기거나 중요한 일이 생겼을 때 결정적으로 나를 도와줄 대상이 필요하다. 튼튼한 동아줄인 줄 알고 꽉 잡았는데 썩은 동아줄이 될 수 있다. 믿는 도끼에 발등 찍히기도 한다.

1. 인간이 누구를 의지하느냐?

1) 예레미야 선지자는 눈물의 선지자다.
2) 예레미야서는 계속 심판, 심판, 심판을 말한다.
3) 우상과 강대국을 의지하려다 결국 망한다.

2. 광야의 떨기나무 같은 인생

1) 사람은 의존적인 존재다.
2) 광야의 떨기나무 같은 인생이다.
3) 복 주시는 분은 오직 여호와 하나님 한 분뿐이다.

3. 물가에 심어진 나무 같은 사람들

1) 어떤 걱정도 두려워하지도 않는 사람이다.
2) 늘 그 잎이 청청하여 푸르며 결실이 그치지 않는다.
3) 여호와를 의지하며 여호와를 의뢰하는 사람이다.

야곱은 아들 요셉이 비록 장자도 아니지만 하나님의 복을 받아 믿음의 계승자가 되고 언약의 계보를 이어갈 것이라고 확신하고 그를 축복한다.

그래서 요셉이 샘 곁에 심겨진 가지가 무성한 나무가 되어 담을 넘어 세상으로 쭉쭉 뻗어가는 나무처럼 놀라운 축복의 확장이 되었다.

여러분이 물가에 심어진 나무 되어 자신과 자녀손과 가문이 복을 받고, 그 복이 그 가문을 넘어서 주변 모든 사람에게까지 미치는 복의 근원되시길 주님의 이름으로 축복합니다.

♣아낌없이 주는 나무 ♣

내 자신의 삶의 자리에 사랑의 의미를 되새겨 주는 한권의 책이 있다. '쉘 실버스타인'의 「아낌없이 주는 나무」라는 책이다.

옛날에 한 그루의 나무가 있었다. 그리고 그 나무에게는 귀여운 한 작은 소년이 있었다. 그 소년은 매일같이 그 나무에게로 왔다. 그리고 소년은 바람에 날리는 나뭇잎을 열심히 주워 모아 왕관을 만들어 쓰고 숲 속의 왕 놀이를 즐겼고, 나뭇가지를 타고 그네를 타기도 하고, 열매를 따먹기도 하고, 숨바꼭질도 하고, 나무 그늘 아래서 낮잠도 자고, 그렇게 나무와 소년은 사랑하며 행복하게 지냈다.
그러나 세월은 자꾸 흘러 소년도 나이가 들어 나무를 찾는 시간이 줄어들고 나무는 때때로 고독하기도 했다.
나무는 소년과 함께 옛날처럼 놀고 싶었는데, 소년은 나이가 들면서 나무와 노는 것보다 돈이 필요했고 나무는 사과 열매를 주었다.
소년은 열매를 따 가지고 멀리 떠났지만 그래도 나무는 행복했다.
오랜만에 돌아온 소년과 옛날처럼 놀고 싶은 나무에게 소년은 보금자리의 필요를 요구하고 나무는 자기의 가지를 베어가라고 하여 소년은 나뭇가지를 베어갔지만 그래도 나무는 행복했다.
오랜 세월이 흘러 소년이 늙어 돌아왔을 때 나무는 아무것도 줄 것이 없다고 하자 소년은 필요한 것이 쉴 곳이라고 한다. 나무가 베어진 자신의 나무 밑둥에 앉으라고 하자 노인이 된 소년은 그 위에 걸터앉았다.
그러면서도 나무는 그저 행복했다. 나무는 자신의 모든 것을 아낌없이 주었다. 그러면서도 나무는 마냥 행복했다.

사랑은 무엇인가? 우리를 위하여 모든 것을 아낌없이 주신 예수님께서 주신 사랑을 다시 한 번 생각해본다.

모든 것에 감사하라
(신16:9~12)

맥추감사주일의 기원은 과거 이스라엘 백성들이 일 년에 3차례 예루살렘에 올라가 절기를 지켰다.

그 절기가 무교절, 맥추절, 수장절이다. 이를 이스라엘의 3대 절기라고 한다.

1. 맥추 감사절의 의미
1) 하나님이 베풀어주신 복에 대한 감사다.
2) 하나님으로부터 율법 받은 것을 기념하는 것이다.
3) 성령 받은 사건을 기념하는 것이다.

2. 성도는 왜 감사해야 하는가
1) 인간이라는 존재가 도무지 감사치 않는 존재이기 때문이다.
2) 하나님께 감사치 않는 것이 죄가 되기 때문이다.
3) 우리에게 더 큰 축복을 주시기 위함이다.

3. 무엇을 감사해야 하는가
1) 과거의 일에 감사하는 자가 되어야 한다.
2) 현재의 일에 감사하는 자가 되어야 한다.
3) 미래의 일에 대해 감사하는 자가 되어야 한다.

우리의 감사의 삶에 대한 각자의 평가는 어느 정도의 평점을 매길 수 있을까? 감사에 무감각해진 우리의 모습은 아닌가? 하나님보다 문제가 더 크게 느껴지고 있지는 않는가? 원망이 더 크게 느껴지지는 않는가?

무감각해져 버린 감사의 삶을 회복하고, 특별히 하나님이 나의 하나님이 되시고, 자기 아들을 십자가에 내어주신 하나님의 사랑을 기억하며 감사를 앞세우는 복된 하나님의 백성들이 되시기를 주님의 이름으로 간절히 축원합니다.

♣백만 번 감사 ♣

어느 사업가가 "백만 번 감사"라는 책을 썼습니다.
출판사로 찾아와서 출판을 부탁하였습니다.
사장님과 대화입니다.
"얼마나 감사하면 100만 가지나 감사할 것이 있나요?"
"예. 그렇습니다."
"50년 동안 감사하여도 일 년에 2만 번이고
그러면 하루에 60가지씩 감사하여야 100만 번 감사인 데요."
그리고 그 책을 들추었습니다.
"하나님! 감사합니다."
이런 말만 100만 번 쓰여져 있었습니다.
그리고 내용은 간단하였습니다.
술과 여자에 빠져서 완전 폐인이 되었습니다.
죽기 일보 전에 하나님께서 살려 주셨습니다.
살아있다는 것만도 감사입니다.
그런데 사업체를 주셨습니다.
그것만도 감사한 데 큰 사업가가 되었습니다.
더욱이 천국에 대한 구원에 확신이 넘쳤습니다.
그저 감사 밖에 할 것이 없습니다.
그래서 100만 번 감사라는 책을 썼습니다.
이것이 감사입니다.

에벤에셀의 하나님
(삼상7:12~14)

이스라엘은 유일하신 여호와 하나님을 섬기면 충분한데 가나안의 원주민이 섬기던 우상 신들을 섬겼다. 바알 신과 아스다롯 신이었다.

그러다 보니 이스라엘이 영적으로 도덕적으로 타락할 수밖에 없었다.

하나님이 불쌍해서 사사를 세워 구원해 주셨다. 사무엘은 미스바성회(회개하는 기도회)를 개최했다. 하나님이 그들의 기도를 들으시고 응답하셔서 블레셋에 대승을 거두게 하셨다. 그들은 겸손히 하나님 은혜를 인정하고 감사했다.

1. 에벤에셀의 기념비를 세웠다.
1)에벤에셀은 오직 하나님의 은혜라는 감사의 고백이다.
2)감사가 그 어떤 것보다 하나님을 기쁘시게 한다.
3)감사는 신앙생활에 있어서 감초와 같은 것이다.

2. 에벤에셀 이후 감사는 승리, 회복, 축복을 주셨다.
1)블레셋에 완전한 승리를 하게 하셨다.
2)과거에 손해 본 것들을 다 회복하게 되었다.
3)감사하는 사람을 기뻐하시고 더 큰 은혜를 베풀어주신다.

3. 에벤에셀 후 감사의 꽃, 축복과 영광의 열매를 주셨다.
1)감사의 선순환이 되면 반드시 멋진 후반전을 살게 된다.
2)감사로 살아가는 사람에게는 축복과 영광이 주어지게 된다.
3)감사가 없었다면 멋진 후반전은 없었을 것이다.

우리가 분주한 일상 속에서 정신없이 살았지만 오늘 맥추감사주일을 보내면서 지나온 삶을 회고해 보고 혹시라도 마음에 걸리는 것이 있다면 회개해야 한다. 그리고 무엇보다 하나님의 은혜를 생각하며 감사해야 한다. 잠시잠깐 감사하고 지나가지 말고 이제 감사의 습관을 들여야 한다.

그래서 남은 반년, 더 나아가 남은 반생을 멋진 후반전으로 만들어가는 저와 여러분 되시기 축원합니다.

♣ 토크 쇼의 여왕 ♣

'토크 쇼의 여왕'이란 별명이 붙은 오프라 윈프리의 이야기다.

그는 차기 대통령 후보로 거론되고 있고, 미국에서 가장 존경받는 여성으로 매년 힐러리 클린턴, 미셸 오바마와 나란히 꼽히는 인물이다.

얼마 전 보도를 보니까 흑인 여성 사업가로서는 세계 최초로 500대 부자 중 한 명(494위)에 들어갔다. 이런 이야기들을 들으면 정말 화려하고 모두가 선망하지만 그의 과거는 기가 막히다.

미시시피 주 시골에서 미혼모 가정부의 딸로 태어난 그는 가난과 성추행에 시달렸다. 14세에 자신도 미혼모가 되었다. 출산한 아기가 2주 만에 사망하게 되자 그 충격으로 가출해서 방황하다가 마약에 빠져 하루하루 지옥 같이 살아갔다.

그러던 중 다행히 친아버지를 만나게 됐는데 그는 신앙으로 완전히 새 사람이 되어 있었다. 딸에게 얼마나 미안했겠는가! 눈물로 호소하며 매주 책을 읽히고 성경 암송을 시키며 신앙을 심어주었다. 이것이 전환점이 됐다. 삶의 의욕을 되찾았고 19세에 방송국에 취직하게 된다.

얼마 후에는 흑인 여성 최초로 뉴스 앵커 자리에 발탁된다.

그런데 상사들이 모니터 하면서 뉴스 진행이 너무 감정적이라고 지적하며 아침 방송으로 좌천시킨다. 오히려 이게 전화위복이 되었다. 첫 방송을 하고 나서 너무 기뻤다.

정말 하고 싶었던 일이었다. 너무 감사했다. 토크 쇼의 여왕의 첫걸음을 시작된 것이다. 그는 그 후 매일 감사 일기를 쓰는 습관을 갖게 된다.

매일 쓰는 거라 별 내용이 없을 때도 있었지만 계속 실천했다.

예를 들면 "오늘도 거뜬히 잠자리에서 일어나서 감사합니다. 눈부신 푸른 하늘 보게 해 주셔서 감사합니다. 점심 때 맛있는 스파게티를 먹게 해 주셔서 감사합니다. 얄미운 동료에게 화내지 않게 해주셔서 감사합니다." 그러면서 놀라운 승리와 축복의 역사를 경험하게 된 것이다.

계명의 참된 의미
(마5:27~32)

인간은 기본적인 3가지 욕구(식욕, 성욕, 명예욕)를 가지고 있다.
성적 욕구는 매우 자극적이고 무서운 독을 품고 있으며 파괴적인 강력한 힘을 가지고 있다. 예수님의 말씀을 기준으로 삼는다면 간음죄를 저지르지 않은 사람은 거의 없을 것이다. 그것도 하루에도 수 없이 많은 계명을 어기고 간음죄를 저지른 자들이 되었을 것이다.
예수님이 7계명을 엄중하게 경고의 말씀을 하고 계시는 이유는?

1. 우리는 구원 받은 성도이기 때문이다.
1) 음행은 자기 몸에 죄를 범하는 것이기 때문이다.
2) 성령이 거하시는 전이기 때문이다.
3) 성도의 몸은 주님의 사신 바 된 존재이기 때문이다.
4) 하나님께 영광 돌려야하기 때문이다.

2. 간음의 결과는
1) 영적 도덕적으로 타락하게 된다.
2) 재물을 탕진하게 된다.
3) 가정이 파괴된다.
4) 하나님의 심판을 받게 된다.

3. 간음을 대처하는 방법은
1) 음란한의 자리에서 피하는 것이다.
2) 믿음의 친구들과 교제해야 한다.
3) 아내와 남편을 사랑해야 한다.
4) 경건생활에 힘써야 한다.

예수님은 사랑의 마음을 가지고 우리의 마음과 언어와 생활에서 자신과 이웃의 순결(정조)를 보존하고 존중하라고 하신다. 이것이 계명을 주신 참된 목적이다. 그리스도께서 피 값으로 우리를 사셨다.
우리의 연약함과 죄악된 것을 인정하고, 날마다 붙드시는 주의 은혜에 감사하면서 주님의 십자가를 단단히 붙잡고 승리하는 성도들이 되시기를 주님의 이름으로 축원을 드립니다.

♣십계명을 외우는 법 ♣

십계명을 외우십니까?

십계명을 쉽게 외우는 법이 있습니다.

(일) = '일절 나 외에는 다른 신을 두지 말라'

(이) = '이상한 우상을 섬기지 말라'

(삼) = '삼가 하나님의 이름을 망령되게 하지 말라'

(사) = '사업을 하더라도 안식일을 거룩하게 지키라'

(오) = '오마니와 아부지를 공경하라'

(육) = '육혈포로 살인하지 말라'

(칠) = '칠보단장한 여인과 간음하지 말라'

(팔) = '팔로 도적질하지 말라'

(구) = '구차한 변명으로 거짓증거 하지 말라'

(십) = '십 원이라도 남의 것을 탐내지 말라'

고난을 넉넉히 이기려면
(빌1:19~26)

건강한 인생관을 가지고 있으면 극한 고난이 다가와도 이길 수 있다.
어떤 인생관을 가지고 사느냐에 따라 고난이 다가오면 그 고난을 디딤돌로 삼고 일어날 수도 있고, 그 고난이 거침돌이 되어 넘어질 수도 있다.
우리가 어떤 고난이 다가와도 넉넉히 이기려면 어떤 인생관을 가지고 살아야 하는가?

1. 항상 희망적인 인생관을 가지고 살아야 한다.
1)절망의 인생관을 가지지 말아야 한다.
2)희망적 인생관을 가져야 한다.
3)기도하고 성령님께 은혜를 주구해야 한다.

2. 타인 중심의 인생관을 가지고 살아야 한다.
1)인생의 미래는 하나님의 손에 달려 있다.
2)다른 사람의 유익을 앞세우는 인생관을 가져야 한다.
3)베푸는 삶을 인생관으로 가진 살아야 한다.

3. 항상 그리스도 중심의 인생관을 가지고 살아야 한다.
1)오직 그리스도를 높이는 일에 관심을 가져야 한다.
2)그리스도가 주체이고 자신은 도구가 되어야 한다.
3)그리스도인의 삶은 부끄럼이 없는 담대한 삶이어야 한다.

우리의 최대의 관심은 그리스도가 되어야 한다. 나에게 주어진 시간, 건강, 물질, 자녀, 환경을 통하여 그리스도께 영광을 돌려야 한다.
내가 아닌 그리스도께서 영광을 받으시고 존경을 받으시고 사랑받으시면 되는 것이다. 내가 아닌 그리스도께서 보여 지고 알려지고 들려지는 성도들이 되시기를 주님의 이름으로 축원을 드립니다.

♣고난이 내게 복이라 ♣

'눈 감으면 보이는 것들'의 저자 신순규씨는 1967년 서울에서 태어났다. 그는 9세에 녹내장과 망막박리로 시력을 완전히 잃어버렸다.

안과 의사였던 아버지의 친구는 "아이에게 꼭 종교를 갖게 하라. 불교보다는 기독교가 낫다"고 권했다.

그래서 서울맹학교에 다니며 예수님을 믿게 되었다.

신순규는 13세 때 미국 순회공연 중 오버브룩맹학교의 초청을 받았다. 2년 뒤 미국 유학을 갔다.

고등학교 졸업 때는 전교 5등을 했고, 하버드대 프린스턴대 MIT 펜실베이니아대 등 명문대학에 합격했다.

하버드대에 진학해 심리학을 전공했고 MIT에서 경영학과 조직학 박사과정을 공부했다.

신앙의 힘으로 역경을 극복한 신순규는 세계 최초의 시각장애인 공인 재무분석사로 미국 뉴욕 월가의 세계적 투자은행 브라운 브라더스 해리먼의 수석애널리스트가 되었다.

지금도 새벽 3시에 기상해 기도로 하루를 시작하는 그는 자신이 받은 하나님의 사랑을 돌려주고자 시각장애와 난독증 학생들에게 음성으로 녹음된 교과서를 제공하는 러닝앨라이 이사, 한국보육원에서 자라는 아이들의 유학을 돕는 YANA(You Are Not Alone, 너는 혼자가 아니야) 선교회 이사장으로 활동하고 있다.

현실 앞에 당면한 문제는 커 보입니다. 하지만 하나님을 가까이하며 위기를 극복하면 그것은 복이 된다.

하나님을 떠난 착각 인생

(눅15:21-24)

눅15장에 잃은 양 비유, 잃은 드라크마 비유, 탕자의 비유가 있다. 이 세 가지 비유는 복음의 핵심을 잘 나타내어주는 비유이다. 탕자 비유는 오늘날의 사람들의 모습을 너무 잘 나타내 보여 준다. 하나님을 떠난 사람들은 심각한 착각 속에서 살아가기 때문에 그 인생은 실패한 인생이 될 수밖에 없다.

1. 아버지를 떠나는 것이 참 자유라고 착각했다.
    1)아들은 아버지 그늘에 있는 것이 불만이었다.
    2)자신의 젊음을 믿었고 자신의 재능을 믿었다.

2. 허랑방탕한 삶을 행복으로 착각했다.
    1)돈만 있으면 인생은 행복으로 꽉 찰 것이라고 믿었다.
    2)의미 없는 인생은 행복하지 않고 허무뿐이다.

3. 하나님이 자신을 버린 것으로 착각했다.
    1)착각에 빠져서 스스로 포기한 삶을 살아간다.
    2)하나님은 택한 백성을 결코 포기하지 않으신다.

4. 아들이 돌아왔을 때 벌어지는 일
    1)뛰어 나가서 목을 끌어안고 입을 맞추었다.
    2)최고의 품격으로 여는 최대의 잔치를 벌였다.

5. 착각 인생은 반드시 돌아와야 한다.
    1)스스로 깨닫고 돌아와야 한다.
    2)돌이키도록 도와주는 일이 중요하다.

전도는 먼저 믿은 사람들에게 맡겨두신 것이지 결코 하나님이 직접 하시지 않는다. 먼저 믿은 사람이 해야 한다. 전도는 우리에게 맡겨진 중요한 사명인 것이다. 주위에 하나님 품으로 돌아와야 할 사람을 찾아서 깨닫고 돌아오도록 최선을 다하여 도와야 한다.

사명을 착각하지 않는 성도가 되시기를 주님의 이름으로 축원합니다.

♣ 허랑방탕한 삶 ♣

<로켓맨>이란 영화를 보면 영국의 유명한 천재 록가수 엘튼 존의 생애를 보여주는 영화다. 엘튼 존은 현시대에 가장 인기 있고 성공한 가수였다. 그는 성공하여 돈과 인기를 마음껏 누렸다.

그러나 그의 삶은 결코 행복하지 않았다.

그는 알콜 중독, 마약중독, 쇼핑중독에 동성애자 였다. 엘튼 존은 이 영화에서 인기와 돈 이면의 진실한 삶을 보여준다고 한다.

칸영화제에서 엘튼 존은 기자들과 회견이 있었는데 그중에 일부를 소개한다.

"성공은 물론 대단한 일이지만 난 그것을 제대로 감당하지 못했다. 그런 사실을 감출 수는 없는 것이다. 이것이 내 삶의 진면목이라고 알리고 싶었다. 내 삶을 전부 밝고 화려하게만 표현하고 싶지는 않았다. 그런 (어두운) 과거를 본다는 것은 매우 어려운 일이다. 난 다시는 그 시절로 돌아가고 싶지 않다. 거기서 빠져나온 것에 대해 하나님에게 감사한다. 구원이 있는 것에 대해 하나님에게 감사한다."

엘튼 존 보다 더 유명했던 가수, 비틀즈 이야기이다.

그 비틀즈의 리더가 존 레논이라는 사람인데 비틀즈 멤버들은 인기와 돈을 누리면서 마음껏 살았다. 존 레논은 그렇게 말했다.

"우리 곁엔 늘 술과, 여자와, 마약이 넘쳐흘렀다. 퇴폐적인 고대 로마시대나 다름이 없었다."

그들은 마음껏 돈 벌고 마음껏 돈 써보는 삶을 살았다.

그러면 행복했을까? 아니다.

존 레논은 이렇게 고백하였다.

"천재로의 삶은 재미있지 않았으며, 고문이나 다름없었다."

허랑방탕한 삶은 결코 행복하지 않았다는 고백이다.

기도하고 감사하는 삶
(빌4:6~7)

　인생을 살다 보면 여러 가지 문제를 만나게 되는데 하나님을 믿는 사람은 걱정하고 염려할 것이 아니라 하나님께 기도하고 감사해야 한다.
　기도하고 감사하는 삶이 우리 예수 믿는 사람의 근본적인 생활이다.

1. 기도로 맡기는 삶
　1) 기도로 하나님께 맡겨야 한다.
　2) 기도해야 하나님이 역사하신다.
　3) 기도하면 승리하게 된다.

2. 감사로 맡기는 삶
　1) 감사하는 것이 우리 신앙생활의 문제다.
　2) 하나님은 우리의 아버지이시다.
　3) 감사는 입술의 말로 표현해야 한다.

3. 너희 마음과 생각을 지키시리라.
　1) 기도하고 감사하면 하나님의 평강이 임한다.
　2) 우리 마음의 생각을 지켜주시는 것입니다.
　3) 마음과 생각을 지키기 위해 기도해야 된다.

　기도하면 마귀가 우리의 마음과 생각을 틈타지 못하도록 하나님께서 지켜 주신다. 성령께서 우리의 생각에 꿈과 믿음과 말을 통해서 역사하신다. 우리가 말을 해야 성령께서 그 말 안에 꿈, 믿음을 통해서 말이 이루어지게 하여 주시는 것이다.
　이 땅에서 살면서 언제나 긍정적이고 꿈을 갖고 믿음을 갖고 입술로 시인하며 나아가며 하나님께 열매를 맺는 성도들이 되시기를 주님의 이름으로 축원합니다.

♣기쁨과 기도와 감사 ♣

블랙홀이 태양만한 별을 집어삼키며 강력한 빛을 분출하는 장면이 보문산 천문대에서 포착됐다.

빛이 39억 년을 달려서 이제야 지구에서 포착된 것이니 과연 우주의 나이와 크기가 어떠하단 말인가.

창조주 하나님의 위대하심은 측량할 길이 없다.

이 위대하신 하나님과 미약한 나를 결속시키는 것은 믿음이다.

그런데 믿음은 기쁨, 기도, 감사로 표현된다.

"항상 기뻐하라"(살전5:16)

"하나님이 함께 하신다. 길이 있다. 답이 있다. 된다. 잘 된다. 모든 것이 합력해서 좋은 것이 된다."

긍정하고 믿기에 기쁘고 행복하다.

기쁨, 행복, 긍정은 하나님과 나를 결속시키는 믿음이다.

"쉬지 말고 기도하라"(살전5:17).

기도한다는 것은 긍정이고 믿음이며 위대하신 하나님과 미약한 나를 결속시킨다.

"범사에 감사하라. 이는 그리스도 예수 안에서 너희를 향하신 하나님의 뜻이니라"(살전5:18).

감사는 긍정이고 믿음이며 위대하신 하나님과 미약한 나를 결속시킨다.

여호와 이레의 하나님

(행16:6~10)

지혜로운 사람은 하나님을 인정하고 하나님의 생각과 뜻을 구하며 사는 사람이다. 나는 나 자신을 몰라도 하나님은 나를 잘 아신다.

하나님은 내 인생의 미래를 책임져 주시고도 남을 만큼 능력이 많으시다.

하나님은 우리와 함께하시는 분이다. 사람이라면 절대 불가능하지만 하나님은 무한하시고 편재하시는 영이시기에 얼마든지 가능하다.

1. 아브라함이 경험한 여호와 이레

1) 여호와 이레는 앞서 준비해 주시는 하나님이란 뜻이다.
2) 하나님의 말씀 속에 뜻이 있겠지 하고 순종했다.
3) 나보다 앞서 가시며 내 인생을 인도해 주신다.

2. 바울이 경험한 여호와 이레

1) 다메섹 도상에서 부활하신 예수를 만났다.
2) 환상을 통해 주님의 뜻을 알려주셨다.
3) 기도하고 찬송할 때 옥문이 열렸다.

3. 우리가 경험할 여호와 이레

1) 하나님을 신뢰해야 한다.
2) 하나님의 말씀에 무조건 순종해야 한다.
3) 하나님의 놀라운 역사를 기대하며 기도해야 한다.

누구도 인생의 미래를 알고 사는 사람은 한 명도 없다. 하지만 우리에게는 여호와 이레의 하나님이 계시기에 두렵지 않다. 여호와 이레의 역사를 기대하며 오직 믿음으로 살아가야 한다.

우리의 상상을 뛰어넘는 멋진 미래를 맞이하는 성도들이 되시기 주님의 이름으로 축원을 드립니다.

♣여호와 이레의 하나님 ♣

재미교포 고 강영우 박사 이야기다.

그는 중3 때 축구를 하다 실명했다. 그 후 홀어머니가 충격으로 돌아가시고, 누나가 세 동생들을 위해 공장에 다니다 과로로 죽게 되었다. 졸지에 고아가 된 그는 시각장애인으로 어린 두 동생을 돌볼 수 없어서 결국 뿔뿔이 흩어졌다. 그런 그에게 무슨 미래가 있었겠는가? 암담했을 것이다.

그런데 그가 예수님을 만난 후 하나님이 그의 앞에 놀라운 일들을 하나하나 펼쳐주셨다. 맹아학교에 자원봉사자로 왔던 여대생과 결혼하고 연세대 교육학과에 입학했다.

그 당시는 장애인의 입학이 어려워 천신만고 끝에 이뤄졌다. 대학 졸업 후에는 국제로터리 장학금을 받아 미국 유학을 갔다. 시각장애인으로서는 한국인 최초로 박사가 되고 교수가 되었다.

부시 행정부 시절에는 국가장애인권위원회 차관보를 지냈다.

무엇보다 신실한 그리스도인으로 많은 일들을 감당했다.

말년에 췌장암 진단을 받자 그는 담담하게 인생을 정리했다. 장학기금으로 25만불을 기부하고, 임종하기 얼마 전 아내와 두 아들에게 그리고 지인들에게 3통의 편지를 남겼다.

그 중에 두 아들에게 남긴 편지에 이런 대목이 있었다. "눈 먼 고아로 어린 동생 둘과 세상에 남겨졌던 그 시절에 누군가 나에게 와서 지금과 같은 미래가 기다리고 있을 것이라고 말했다면 나는 거짓말도 정도껏 하라고 화를 냈을 것이다. 그러나 하나님만 믿고 살다보니까 그 모든 게 이루어졌다. 그러니 하나님만 의지하고 잘 살아라."

여호와 이레의 역사를 간증한 것이다.

은혜를 앞세워 살자
(창38:1~8)

인류의 시조가 타락하게 된 동기는 교만과 탐욕과 사단의 유혹이다. 절대 불가한 일을 성취하려는 것은 피조물의 본성을 파괴하는 타락이 된다. 탐욕은 창조주의 명령을 어김은 물론 죽음의 선악과를 먹는 데까지 미쳤다. 우리는 겸손히, 욕심 없이 하나님의 말씀만 믿고 살아가야 한다.

1. 성경의 진실성
1) 성경은 영적인 영웅의 치부와 허물도 그대로 노출시킨다.
2) 성도는 세상욕심을 극복하고 하나님의 뜻을 이루는 사람이다.
3) 선교의 최대 목표는 말씀을 나눠주는 것이다.

2. 은혜의 탁월성
1) 외모를 보고 결혼한 후 후회하는 사람이 많다.
2) 돈이나 성공이나 합격보다 중요한 것이 은혜다.
3) 하나님이 은혜 주시면 인생 반전의 역사를 이뤄낼 수 있다.

3. 회개의 중요성
1) 하나님의 은혜는 우선적으로 필요한 것이 회개다.
2) 회개는 막힌 은혜를 뚫어주는 최대의 소통 도구다.
3) 회개를 잘하는 장점 한 가지가 열 가지 단점을 덮는다.

사람은 한치 앞도 보지 못하기에 때로 힘든 일을 당하면 어둠 속에서 울지만 그때 믿음으로 하나님을 진심으로 찾으면 그 어려운 자리는 나의 불행이 죽고 나의 행복이 새롭게 탄생하는 소중한 자리가 될 것이다.

늘 회개하는 마음을 가지고 하나님께 철저히 돌아섬으로 살아계신 하나님의 크신 은혜를 체험하는 복된 심령이 되시기를 주님의 이름으로 축원을 드립니다.

♣ 은혜를 은혜로 받는 행복 ♣

20세기를 빛낸 흑인 성악가 중에 마리아 앤더슨이란 사람이 있다.

그녀는 어릴 적 성가대에서 음악을 접한 뒤 교회의 후원으로 성악을 공부했다. 마침내 꿈에 그리던 성악가가 돼 뉴욕 맨해튼 홀에서 독창회를 가질 정도로 유명해졌다. 하지만 인종차별이 심하던 때라 백인들의 숱한 모함과 악평을 받아야 했다.

결국 그녀는 실의에 빠졌고 다시는 노래를 부르지 않겠다며 좌절했다.

그때 그녀의 어머니가 조용히 다가와 위로한다.

"애야, 먼저 은혜를 알아야 한다. 오늘 네가 여기까지 온 것도 다 은혜 때문이 아니겠니."

이 말에 그녀는 하나님의 은혜를 떠올리며 평안과 감사를 회복하고 다시 새롭게 일어설 수 있었다.

성공, 성취보다 언제나 은혜가 먼저다.

먼저 하나님의 은혜를 알고, 은혜를 믿고, 그 은혜 안에 살면 세상이 어떠할지라도 평안할 수 있고, 당당히 자신만의 길을 갈 수 있다.

그러나 은혜는 아무나 받는 것이 아니다.

햇빛처럼 모든 사람에게 두루 내리지만 그 은혜를 입는 사람은 따로 있다. 바로 겸손한 자이다.

은혜를 입으려면 무엇보다 '겸손한 믿음의 마음'이 있어야 한다.

예수님의 십자가 은혜를 기억하며 스스로를 낮추는 겸손함이 있을 때 은혜를 은혜로 받는 행복을 누릴 수 있다.

변화된 우리의 신분
(갈3:13~14)

　이 세상을 사는 사람들이 모두가 무언가의 노예가 되어 살고 있다.
　가장 많은 사람들이 노예가 되어 있는 것은 물질이 문제다. 인간의 힘으로는 죄 성을 벗어날 수가 없다. 이 문제를 해결해주실 분은 오직 예수님 한 분밖에 없다. 예수 믿고 나서 우리는 새사람이 되었다. 옛 사람의 모습으로 돌아가지 말고 새사람의 모습으로, 변화된 신분으로, 승리자로 살아가는 우리가 되어야 한다.

1. 저주에서 자유함을 받으라.
　1)새사람이 되면 저주에서 자유함을 받게 된다.
　2)죄의 노예에서 자유함을 받기 위해 예수를 믿어야 한다.
　3)긍정적인 마음의 자세가 우리를 축복으로 인도한다.

2. 아브라함의 복을 누리라.
　1)믿음이 긍정적인 모습으로 무장되어 있어야 된다.
　2)믿음으로 무장하면 하나님께서 아브라함의 복을 주신다.
　3)믿음의 사람이 되면 복덩어리가 될 수가 있다.

3.성령의 약속을 받으라.
　1)우리는 축복을 받기 위해 성령의 약속을 받아야 된다.
　2)성령님이 임하면 우리에게 권능이 임한다.
　3)성령을 받으면 미래 지향적인 사람이 된다.

　성령 충만을 받으면 우리는 믿음의 사람으로 살 수 있고, 복덩어리로 살 수 있고, 저주를 물리치고, 질병을 물리치고, 문제를 해결하고, 승리의 삶을 살아갈 수 있게 되는 것이다.
　우리 모두가 성령 충만 받아서 절대 긍정, 절대 감사로 무장하여 믿음으로 전진, 또 전진, 또 전진하여 위대한 승리자로 살아가시기를 주님의 이름으로 축원합니다.

♣빛을 발하며 살아야 한다. ♣

어떤 사람은 식당에서 앉으면 불평부터 한다.
"뭐 이거 반찬이 이래."
먹어보지도 않았는데 모양만 보고, 음식을 한 숟갈 떠놓고
"에이 이거 음식 맛이 형편없네. 짜네. 싱겁네."
그러면서 먹기는 다 먹는다.
짜면 물 부어 먹으면 되고, 싱거우면 소금 치면 되는 것인데….
긍정적인 마음의 자세가 우리를 축복으로 인도한다.
은혜로 인도한다.
예수 믿는 사람은 아주 그 DNA를 절대 긍정으로 싹 바꾸어 버려야 한다. 어떠한 경우에도 그 생각 속에 부정적인 생각이 뿌리내리게 하면 안된다. 절대 긍정, 절대 감사로 살아야 된다.
왜 그런가? 세상 사람들이 다 우리를 보고 있기 때문이다.
세상 사람들은 어두움 속에 있는 사람들이기 때문에 빛으로 오신 예수님을 모시고 살아가는 우리만 보고 있다.
우리도 그 빛을 발해야 한다. 사랑의 빛, 치료의 빛, 용서의 빛, 기쁨의 빛, 감사의 빛을 발해서 저들을 어둠에서 건져내야 된다.

사60:1절은 "일어나라 빛을 발하라 이는 네 빛이 이르렀고 여호와의 영광이 네 위에 임하였음이니라"

성도가 마땅히 지켜야 할 3가지
(신16:13~17)

우리 민족은 대대로 추수를 하고 감사하는 추석을 지켜왔다.

예수님을 믿지 않는 사람은 추수의 은공을 조상들에게 돌리며 제사한다. 그러나 성도는 세상 사람과는 다른 자세가 있어야 한다. 추수의 결실은 하나님이 주셨음을 믿고 하나님께 감사해야 한다.

성도는 어떻게 추석명절을 지켜야 하나?

1. 감사의 예배를 드려야 한다.
  1)성도들은 감사함으로 예배해야 한다.
  2)감사를 던지면 다시 내게로 돌아온다.
  3)감사는 영혼과 육체의 건강에 도움을 준다.

2. 믿고 즐거워해야 한다.
  1)하나님이 베풀어줄 은혜를 믿고 즐거워해야 한다.
  2)예배 자리로 나와 예배드릴 수 있는 것도 은혜다.
  3)최고의 은혜는 하나님의 자녀가 되는 은혜다.

3. 받은 은혜를 나눌 줄 알아야 한다.
  1)기쁨을 혼자 누리지 말고 함께 즐거워하라.
  2)마음을 담고 믿음을 담으면 마음 문이 열린다.
  3)최고의 나눔은 복음인 예수님이다.

믿음 생활은 예수 그리스도를 나의 구주로 믿는 단계, 은혜 받는 단계, 은혜 받은 다음에는 주는 단계로 발전해야 한다. 우리는 항상 은혜를 받으려고만 하면 안 된다. 예수님을 믿었으면, 교회봉사를 하고, 이웃사랑을 하고, 가진 것을 주기도 하고, 봉사하면서 살아야 한다.

추석명절에 하나님께 감사하고 받은바 은혜를 헤아리고 주변 사람들과 함께 기뻐하며 하나님께 영광 돌리는 명절이 되시기를 주님의 이름으로 축원을 드립니다.

♣영화와 같은 추석 ♣

미국 뉴욕 엠파이어스테이트 빌딩의 꼭대기에 오를 때마다 난 영화 주인공이 된 느낌이다. 영화 '시애틀의 잠 못 이루는 밤'이나 '킹콩'의 주인공들은 102층 건물의 꼭대기에서 사랑하는 여인과 재회한다.

102층짜리 이 건물은 신앙의 자유를 찾아 미지의 땅을 밟은 102명의 청교도 신자를 상징한다.

청교도들이 유럽에서 가져온 씨앗이 싹을 내지 못하자 보다 못한 원주민들이 옥수수 씨앗을 나눠줬다. 그들은 그 씨앗으로 신대륙에서 첫 수확을 얻는다. 그리고 단에 옥수수를 올려놓고 추수감사예배를 드렸다.

"하나님 드릴 것이 옥수수밖에 없어 죄송합니다."

이렇게 기도할 때 칠면조가 지나갔다.

청교도들은 칠면조를 잡아 배부르게 먹었다.

청교도들의 후손인 미국인들은 하나님의 은혜를
계속 기억하기 위해 추수감사절마다 칠면조를 먹는다.

몇 일 후에 추석이다.

자녀의 성적이 잘 나오고 돈을 많이 벌어서, 바라던 일이 잘돼서 감사하다 보면 그런 일이 없는 날엔 감사할 이유가 없게 된다.

하나님께서 우리가 바라는 것들이 실재가 되도록
응답해주실 것을 믿고 미리 감사하자.
엠파이어스테이트 빌딩에 올라가는 영화 속 주인공처럼….

참 좋은 나의 친구
(요15:13~15)

인생을 살다가 답답한 일을 만날 때나 고통에 처했을 때 나를 붙들어 줄 친구가 있다면 나는 행운아다.

주변에 많은 사람들이 있어도 그런 친구가 없다면 안타까운 일이 아닐 수 없다. 성경은 우리에게 그런 진실한 친구, 참 좋은 친구인 예수 그리스도을 소개하고 있다. 고독하고 힘든 세상을 사는 동안 그분과 동행함으로 승리하시고, 장차 천국에 들어가 그분과 함께 영생복락을 누리는 성도가 되어야 한다.

1. 참 좋은 나의 친구 예수 그리스도
1) 목숨을 내줄 수 있는 친구가 진짜 친구다.
2) 예수님은 참 좋은 나의 친구가 되어 주신다.
3) 가장 큰 사랑은 목숨을 내어주는 것이다.

2. 예수 그리스도의 친구로 내가 누리는 축복
1) 예수님은 믿고 따르는 자에게 늘 동행해 주신다.
2) 예수님은 우리의 짐을 져 주시고 위로해 주신다.
3) 우리를 사랑하시되 세상 끝까지 사랑해 주신다.

3. 예수 그리스도의 친구로서 내가 감당할 책임
1) 예수님과 친밀함을 유지해야 한다.
2) 친구이신 예수님의 말씀에 순종해야 한다.
3) 맡긴 사명에 충성을 다해야 한다.

예수님은 유일무이한 참 좋은 친구다. 인간 친구도 사귀어야 하겠지만 예수님을 친구로 사귀는 것이 가장 좋은 것이다. 예수님을 참 좋은 나의 친구로 삼아 평생 예수님과 동행하며 위로와 승리로 가득한 인생을 살아가야 한다. 주위 사람들에게 참 좋은 친구 예수님을 소개해 주어야 한다.

이 세상 떠나는 날 예수님의 손에 이끌려 저 천국에 평안히 들어가는 저와 여러분 되시기 축원을 드립니다.

♣ 군중 속의 고독 ♣

이솝 우화에 곰과 두 친구라는 이야기가 있다.
평소에 친하게 지내던 두 사람이 산길을 걷고 있었다.
그런데 갑자기 큰 곰이 나타났다.
한 사람이 날쌔게 나무 위로 올라갔는데 다른 한 사람은 미처 도망가지 못하고 땅에 엎드렸다.
곰은 죽은 동물을 먹지 않는다는 말이 생각나서 숨을 죽인 채 엎드려 있었다.
곰이 가까이 오더니 여기저기 살피더니 그대로 가버렸다.
그제야 나무에서 내려온 사람이 땅에 엎드렸던 사람에 물었다.
"아까 그 곰이 자네 귀에 대고 무슨 말을 하는 것 같던데 뭐라고 하던가?"
그러자 그 사람이 이렇게 대답했다.
"곰이 말하는데 위험을 당했을 때 혼자 살겠다고 도망치는 사람은 친구가 아니라고 하더군."

이 우화처럼 친구라는 이름을 가진 고향 친구, 학교 친구, 동네 친구, 직장 친구 등등 친구들은 많지만 진실한 친구는 드문 것이 현실이다.
평소에 그렇게 가까운 것 같았는데 상황이 바뀌거나 이해관계가 달라지면 멀어지는 경우가 비일비재하다.
그나마 가족이 좋은 친구 역할을 해 주니까 다행이지만 때로는 가족조차 멀게 느끼기는 경우도 많이 있다.
그래서 많은 사람들이 '군중 속의 고독'을 느끼며 힘겨운 인생을 살아간다.
당신은 고독 속에 진실한 친구가 있는가?
예수님만이 나의 진실한 친구가 되어 주신다.

위대한 결단
(느10:28~31)

초막절은 이스라엘이 애굽을 나온 후 광야에서 40년 동안의 생활을 기억하며 기념하기 위해 가나안에 입성한 후부터 지켜온 절기다.

이스라엘 백성의 신앙 부흥운동은 백성들이 언약을 갱신하고 하나님과의 언약을 견고히 세워 새로운 삶을 살기로 한 다짐이다. 이스라엘 백성들이 무엇을 다짐하며 결단했는지를 살펴보며 우리의 진보하는 믿음과 신앙에 도전을 받기 원한다.

1. 하나님의 말씀을 따르겠다는 결단
1) 이방신을 섬기는 자들과 결혼하지 말라.
2) 하나님의 말씀을 따르는 삶이 인생을 좌우한다.
3) 성경적인 삶은 진정 내일을 품는 비전의 삶이다.

2. 안식일을 거룩하게 준수 하겠다는 결단
1) 안식일 계명을 자발적으로 준수하기로 결단했다.
2) 안식일은 하나님과의 관계를 회복이다.
3) 예배는 하나님과의 만남이고 그 분과의 교제이다.

3. 하나님의 것을 구별하여 드리겠다는 결단
1) 성전은 삶의 중심이고 신앙의 중심이다.
2) 성전운영의 재정적인 부분을 책임지겠다고 결단했다.
3) 처음 난 것과 물산의 십일조를 드리겠다고 결단했다.

이스라엘 백성들이 하나님의 말씀에 순종하여 안식일을 거룩하게 준수 하겠다고 결단하고 하나님의 것을 구별하여 하나님께 드리겠다고 결단했듯이 우리도 하나님의 말씀에 따라 주일성수에 대한 결단과 믿음의 백성의 헌금 임무에 대한 결단이 있어야 한다.

우리는 거룩함으로 결단하여 믿음과 신앙이 진보하는 신앙이 되어 영적으로의 변화를 체험하고, 능력있는 생활을 하며 주님 안에 있는 새 생명의 역사를 매일 매일 체험하시기를 주님의 이름으로 축원을 드립니다.

♣선택과 결단을 통해 오는 축복 ♣

사람들은 누구나 행복하고 만족스러운 삶을 살고 싶어 한다.
행복을 추구할 권리는 우리나라 헌법 제10조에도 보장돼 있다.
학문 영역에서도 '행복학'은 세계적인 관심사가 되었다.
2002년 미국 하버드대에서 탈 벤 샤하르 교수에 의해 개설된 행복학 강의는 명 강좌로 자리 잡아 강의 내용이 책으로 출판됐다.

그렇다면 그리스도인들은 행복을 어디에서 찾아야 할까?
행복은 불행이 없는 것이 아니라 불행을 잘 취급하는 능력에 달려 있다. 우리가 행복을 누리려면 좀 더 소박하게 자신에게 주어진 작은 것들부터 사랑하며 자신의 내면의 소리에 충실해야 한다. 또 오직 하나님께 마음을 드리며 말씀과 기도로 사는 삶을 선택해야 한다.
여호수아 24장 15절에는 "오직 나와 내 집은 여호와를 섬기겠노라"는 말로 잘 알려진 여호수아의 고별 설교와 함께 이스라엘 열두 지파가 세겜에서 언약을 세우고 동맹을 맺은 역사적인 사건이 기록돼 있다.
이런 일이 가능하게 된 것은 그들이 하나님의 인도하심으로 가나안 땅에 정착하게 됐다는 신앙고백이 있었기 때문이고, 가나안 땅에서 할 일은 오직 하나님만 섬기는 것이라고 결단했기 때문이다.
믿음은 선택이고 결단이다.
우리는 하나님의 영광이 충만한 행복한 삶을 살 것인지, 아니면 고통과 슬픔이 가득한 불행한 삶을 살 것인지 늘 선택하고 결단하며 살아야 한다.

믿음의 달리기
(빌3:12~16)

인생은 달리기와 같다. 언젠가 죽음이라는 결승점에 도달하게 될 것이다. 성도들은 인생의 달리기를 열심히 하고 있는데 왜 달려가고 있는가? 무엇을 위해 그렇게 열심히 달려가고 있는가?

어떻게 하면 인생 경주를 잘하고 어떻게 하면 믿음의 달리기를 잘 할 수 있을까?

1. 분명한 목표를 향해 달려야 한다.

　1)천국의 상급이 있기 때문이다.
　2)선한 행위에 대한 상급의 약속이 있다.
　3)물질의 충성에 대한 상급도 약속 하셨다.

2. 안주하지 않고 열정으로 전진하여야 한다.

　1)쉼 없이 지속해서 달려가야 한다.
　2)복음의 완성화를 위해 달려가야 한다.
　3)한 번 실패했다고 포기하고 좌절해서는 안 된다.

3. 전진하는데 불필요한 과거를 잊어버려야 한다.

　1)지난 세월은 다시는 우리에게 오지 않는다.
　2)과거에 집착하는 자는 신앙의 경주를 제대로 할 수 없다.
　3)전진하는데 방해되는 걸림돌은 다 잊어버려야 한다.

온전히 이룬 자들은 완전한 자이기보다는 완전을 향하여 부단히 정진하는 사람들이다. 성도들이 신앙의 정진 문제에 있어서 바울과 다른 의견이 있다면 하나님께서 그 오류를 깨닫게 해 주실 것이다. 어떻게 인생의 달리기, 신앙의 달리기를 잘 할 것인가? 인생은 언젠가 끝이 온다.

　신앙의 달리기에서 승리하는 성도들이 되시기를 주님의 이름으로 축원을 드립니다.

♣한 번만 살려 주세요 ♣

대구 서현 교회를 세우는데 헌신했던 정규만 장로님의 간증이 전해지고 있다. 그 분은 1944년 1월 10일 33세의 나이에 장로장립을 기념하여 대구 서현교회 성전부지 1842평을 헌납하여 1957년 8월 19일 성전 기공예배를 드리게 되었다. 건축 규모는 연건평 1960평 당시 동양 최대의 석조 예배당이었다. 성전 건축이 시작되자마자 죽을병에 걸렸다. 장로님은 하나님께 서원 기도드렸다.

"하나님 정규만의 생명을 한 번만 살려 주옵소서. 이 생명을 한 번만 살려주시면 이 한 목숨 다하여 또한 종의 전 재산을 다 바쳐 성전 건축에 헌신을 다하겠습니다."

온 교인도 기도했다. 그 결과 기적적으로 병에서 살아나시게 되었다. 그런데 그때 대구 경북지역에 악질전염병이 만연했다.

병원에서 치료되지 않는데 유독 정규만 장로님의 한약방만 와서 약을 지어서 먹으면 깨끗이 나았다. 그래서 환자들이 아침부터 마당에 줄을 섰다. 장로님은 건축비를 모두 감당하게 되었다.

그 엄청난 공사비를 다 빚 한 번 지지 않고 감당했다. 교회가 건축되자 1000명이 넘는 교인들은 빨리 헌당하기를 원했다. 그러자 정장로님은 자기가 죽으면 헌당식을 해달라고 부탁했다.

혹이나 정장로님을 칭찬하여 천국 상급이 삭감될까봐서 그랬다.

성도들이 헌당식을 하려고 하니까 어서 빨리 천국에 데려가 달라고 하나님께 기도했다고 한다.

1969년 정장로님은 하나님의 부르심을 받았고 그때서야 교회는 헌당식을 했다. 결국 그는 고인이 되어서야 고인의 이름으로 표창장과 공로패를 받았고 온 교회는 눈물바다가 되었다.

그의 장례식은 대구가 생긴 이래 가장 긴 승용차 행렬이 이어졌고 가장 많은 조문객이 모였다고 한다.

기도 응답의 은혜
(렘33:1~3)

말씀이 레마(하나님)의 말씀으로 들려올 때가 있는데 바로 그 말씀이 오늘 기도하라고 하는 말씀이다.

우리는 수없이 그동안 기도 응답을 받았고 은혜 가운데 살고 있다. 하나님께서는 하나님의 자녀되는 권세(특권) 가운데 구원의 은혜, 사죄의 은혜, 기도응답의 은혜를 주셨다. 우리는 신앙생활 가운데 우리가 많은 은혜를 체험해야 하는데 특별히 기도응답의 은혜를 체험해야 한다.

1. 약속의 말씀을 붙잡고 기도해야 한다.
1) 하나님의 말씀이 레마의 말씀으로 들려야 한다.
2) 언약의 말씀을 늘 붙잡아야 한다.
3) 말씀 붙잡고 기도하다 보면 열려지고 찾아진다.

2. 기도 응답을 위해서는 간절히 기도해야 한다.
1) 하나님의 축복이 언약으로 이미 약속되어 있다.
2) 새벽에 도우시는 하나님의 은혜가 아주 놀랍다.
3) 하나님은 우리에게 기도의 날개를 선물해 주셨다.

3. 우리가 기도하면 기도응답의 축복을 주신다.
1) 크고 은밀한 일을 보이시고 치료해 주신다.
2) 포로에서 돌아오게 하시고 죄악을 사하신다.
3) 존귀한 자가 되게 하신다.

세계 열방 앞에서 영광이 되고 세계 열방 사람들이 보고 두려워하며 떨게 될 것이다. 하나님은 기도하는 사람들을 그 이름을 존귀하게 하고 하나님의 영광을 들어내는 하나님의 존귀한 사람으로 만들어 주신다.

우리 교회의 성도님들이 깨어서 기도해서 놀라운 응답의 축복들을 날마다 누리시기를 주의 이름으로 축복합니다.

♣기도의 날개를 펴라 ♣

새 가운데 독수리라는 새는 위기의 상황이 되면 날개를 쫙 펴서 창공을 향해서 날아오른다.

그런 기도의 날개가 중요하다.

꿩도 날개가 있다. 꿩은 잘 날 수 있는 그런 새인데 꿩은 어떤 위기의 상황이 되면 날개를 펴지 않는다.

그래서 사냥개가 온다던지 하면 꿩은 날지 못하고 두 발로 "타다다다닥!"하고 도망을 친다.

그리고 더 가까이 오면 고개를 땅속에 쳐 박아 버리는 것이다.

그러다가 잡혀 죽는다. 특별한 방법이 없다.

날개를 펴고 하늘 위로 날아야지 자기의 고개를 땅 속에 쳐 박아 버린다고 사냥개가 모르겠는가?

꿩처럼 위기를 만나는 사람이 있고 독수리처럼 위기를 만나는 사람이 있다.

위기를 만나면 그냥 기도의 날개를 펴고 하늘을 바라보고 하나님 바라보고 아주 비상 해 버리는 사람이 있는가 하면 그냥 자기 머리만 숨겨 버리면 되는 줄 알고,

그것이 문제 해결이 아니다.

문제에 잡혀 먹히고 마는 것이다.

주님은 말씀하신다.

기도하라.

부르짖어 기도하라.

좋은 말 할 때 기도하라.

감사하며 삽시다
(살전5:18)

우리가 가장 많이 잃어버리고 사는 것이 감사인 것 같다.

당신이 내 곁에 있어줘서 감사해요. 그 동안 살아오면서 감사대신 불평을 더 많이 하며 살아온 것 같다. 병실에서 하루 종일 외롭게 지낸 본 사람은 알 수 있다. 내가 병원에 입원해 있을 때 치료를 위해 나에게 도움을 주는 모든 사람들에게 감사가 절로 나오는 것을 체험하였다.

1. **먹고 마시는 것에 감사합시다.**

    1)먹고 싶은 것이 많아도 먹지 못한다.(주님이 배고프다.)
    2)마시고 싶은 것이 많아도 마시지 못한다.(목 마르다)
    3)먹을 수 있는 것에 감사하라.

2. **일 할 수 있는 것에 감사합시다.**

    1)걷고 싶어도 걷지 못한다.
    2)일하고 싶어도 일할 수 없다.
    3)일 할 수 있음에 감사하라.

3. **구원의 은혜에 감사합시다.**

    1)부자가 지옥에 갔다.
    2)거지가 천국에 갔다.
    3)나도 천국 갈 수 있음에 감사하라.

우리가 꼭 잊어서는 안 되는 감사가 있으니 그것은 구원 받은 은혜이다. 자나 깨나 어떤 상황에서도 구원의 은혜를 깨달으면 불평이 나오지 않고 감사가 나온다.

날마다 감사가 넘치시는 성도들이 되시기를 주님의 이름으로 축원드립니다.

♣ 절대 감사 ♣

석창우 화백의 이야기다.

1955년 경북 상주에서 태어난 그는 1984년 전기안전 점검 중 2만2900볼트의 전기에 감전되어 양쪽 팔과 발가락 두 개를 잃었다.

열흘 만에 사경에서 깨어난 그는 말로 표현할 수 없는 절망감에 빠졌다. 걷는 것 외에는 할 수 있는 것이 아무 것도 없었다.

다행히 1년 6개월 동안의 입원 생활 중에 그는 잃어버렸던 신앙을 다시 찾게 되었다. 부활하신 주님을 만난 후 '나도 뭔가를 할 수 있다'는 자신감을 얻은 그는 의수로 서예와 미술을 배워 많은 상을 받은 서예가가 되었으며 화백이 되었다.

그는 요즘 성경필사를 하면서 시력이 좋아지고, 통증이 사라졌으며, 말씀이 깨달아지는 기쁨 등 놀라운 경험을 한다면서 이렇게 고백했다.

"두 개의 발가락은 없어도 두 다리를 남겨 주신 것에 감사하고, 의수 끼우기에 적합할 만큼 팔을 남겨 주신 것이 감사합니다.

이것은 세밀한 하나님의 섭리였습니다. 제 인생을 가장 잘 아시는 분이 설계하신 겁니다. 팔이 있어 내 마음대로 살아온 30년보다 하나님과 함께 살아온 팔 없는 30년이 더 즐겁고 행복합니다." 아멘!

이렇게 기도하라
(마6:9~13)

사람은 관계 속에서 살아간다.
그래서 많은 부딪힘이 있다. 특별히 가까운 사이일수록 다툼이 많이 있다. 살면서 머릿속에서 지워지지 않는 미운 사람들이 있을 것이다. 예수님께서 가르쳐주신 기도의 의미를 잘 이해함으로 원망과 분노가 변하여 사랑과 화목의 관계로 회복되어져야 한다.

1. 주기도에서 언급하고 있는 죄는 어떤 죄를 말하는가?
1) 아담의 범죄로 인해 승계되는 죄, 곧 원죄를 말한다.
2) 일상생활 속에서 날마다 일어날 수 있는 범죄다.
3) 우리들끼리 짓는 죄, 일상적인 죄를 가리킨다.

2. 하나님 앞에 용서를 구하기 전에 먼저 해야 할 일
1) 형제의 죄를 용서하는 것이 선행되어야 한다.
2) 마음에 분노를 품고 드리는 예배를 받지 않으신다.
3) 하나님의 자녀들은 서로 용서해야 한다.

3. 용서해야 할 이유가 무엇인가?
1) 그리스도께서 우리를 먼저 용서하셨기 때문이다.
2) 용서할 때 하나님의 사랑을 더욱 깊이 느낄 수 있다.
3) 용서는 주님의 명령이다.

4. 어떻게 용서할 수 있는가?
1) 서로 이해하기를 배워야 한다.
2) 잊어버리기를 배워야 한다.
3) 용서를 위해 기도해야 한다.

용서 안 되는 사람이 있는가? 먼저 용서 받을 자격이 없는 나 같은 죄인을 위하여 십자가의 고난을 당하신 주님을 기억하라. 그리고 그를 불쌍히 여기고 기도하라. 용서하는 자는 용기 있는 사람이다.
순종하는 마음으로 먼저 손을 내밀고 용서할 때 세상 것으로는 맛볼 수 없는 하늘의 놀라운 은혜와 평화, 기쁨을 맛볼 수 있는 성도들이 되기를 주님의 이름으로 축원을 드립니다.

♣ 기도의 힘 ♣

　런던 테임즈 강변에 영국 국회의사당이 있다.
　그곳에 빅 벤(Big Ben)이라는 시계탑이 있다. 2차 세계대전 당시 독일 나치의 공습이 임박한 상황에 일어났던 이야기다.
　독일군은 전투기를 대량으로 제작하여 막강한 공군력을 갖추고 있었다. 2백 대나 넘는 전투기들이 런던을 향해 날아왔다.
　영국 공군기는 겨우 몇 대만 발진하였다. 그런데 웬일인지 독일군 비행기들이 퇴각하며 줄줄이 연기를 뿜고 추락을 하였다.
　무려 185대의 전투기가 추락하여 영국이 대승을 거두었다.
　정작 영국군은 승리한 이유를 몰랐다.
　포로로 잡힌 독일군 조종사들을 심문하며 물었다.
　"우리 전투기는 고작 몇 대 밖에 안 되는데, 당신들은 왜 퇴각을 했소?"
　그러자 독일군이 놀라며 반문했다.
　"뭐라고요? 분명히 비행기가 수백 대가 있었는데요."
　영국에는 보이지 않는 무기가 있었다.
　국회의사당 시계탑의 빅 벤이 울릴 때마다 영국 국민들은 하던 일을 멈추고 하나님 앞에 간절히 간구했다.
　그 기도의 힘이 독일군을 교란시켜 자멸하게 만들었던 것이다.
　하나님 앞에 간구하는 기도는 강력하다.

하나님의 마음에 드는 기도
(왕상3:4~15)

오늘 말씀은 솔로몬 왕의 유명한 일천번제 예배와 유명한 기도이다.
하나님의 마음에 드는 예배와 하나님의 마음에 드는 기도다. 하나님의 마음에 드는 예배와 기도를 하면 하나님은 우리에게 무슨 일을 하실까?

1. 하나님의 마음에 드는 예배
1) 번제는 온전한 헌신과 충성을 다짐하여 드리는 예배다.
2) 일천번제는 하나님을 사랑하는 표시다.
3) 하나님의 마음에 드는 예배자가 되어야 한다.

2. 하나님의 마음에 드는 기도
1) 은혜를 주신 것을 감사하는 기도다.
2) 자기 부족함을 인식하고 인정하는 기도다.
3) 하나님을 사랑하고, 백성도 사랑하는 기도다.

3. 하나님의 마음에 드는 기도를 하면
1) 하나님은 칭찬해 주신다.
2) 구한 지혜를 주시되 넘치게 부어 주신다.
3) 하나님은 미래도 약속해 주신다.

먼저 하나님의 마음에 드는 예배를 드리자. 일천번제를 드리는 마음으로 예배를 드리자. 하나님의 마음에 드는 기도를 하자.
예수님은 "너희는 먼저 그의 나라와 그의 의를 구하라 그리하면 이 모든 것을 너희에게 더하시리라."
먼저 해야 할 기도는 무엇일까? 우리가 하나님의 마음에 드는 기도를 하면 하나님은 우리 마음에 드는 일들을 해 주신다.
하나님의 마음에 드는 기도의 사람들이 되시기를 주님의 이름으로 축원을 드립니다.

♣대머리를 고치신 하나님 ♣

어느 어머니의 간증이다.

아이를 낳았는데 아이가 대머리로 태어났다. 나이가 들어 대머리가 되면 괜찮다. 지성미가 있어 보이고, 우스개 소리이지만 '머리털보다 더 많은 내 죄'라는 찬송 가사에 따르면 머리털이 적으니 죄도 적을 것이다.

그리고 어느 목사님께서 말씀하시기를 하나님께서 하도 사랑스러워 머리를 쓰다듬어 주셔서 대머리가 된다고 하셨다.

그러니 대머리도 좋다.

그러나 태어나면서부터 대머리는 걱정이 된다.

그래서 그 아이의 어머니가 새벽마다 아이를 데리고 교회에 나와 목사님께 기도를 받았다. 그러나 머리카락 한 올 나지 않았다.

초등학교를 졸업해도 머리카락이 하나도 나지 않았다.

그런데도 아이의 어머니는 기도를 포기하지 않고 매일 아이를 데리고 새벽기도회에 나와서 목사님께 안수 기도를 받았다.

그 목사님께서 아마 스트레스를 무척 받았을 것이다.

그 아이가 중학교 2학년이 될 때까지도 머리카락 하나 나지 않더니 중학교 3학년이 되니 머리카락이 다 나서 머리가 시커멓게 되었다. 그 어머니도 끈질기고 목사님도 끈질기다.

하나님은 우리의 기도를 들으신다. 그리고 기도의 응답으로 악한 영들의 역사를 물리쳐주시고 우리에게 아름다운 것을 주신다.

감사가 있는 신앙

(골3:15~17)

우리가 신앙생활의 형태도 여러 가지가 있지만 그중에 가장 귀한 것은 감사가 있는 신앙이다.

아무리 예수님을 믿고 신앙생활을 잘한다고 하나 감사가 없는 신앙은 아무 의미가 없다. 우리는 항상 모든 생활에 있어 선하고 착한 행실과 더불어 감사의 생활이 있어야 한다. 감사는 성도의 인격이고 본질이기 때문이다.

1. 예배의 신앙에서 감사가 있어야 한다.
1) 우리가 예배를 드릴 때 감사로 드리라.
2) 지금까지 우리와 함께하신 주님께 감사드려야 한다.
3) 미래의 삶에도 은혜가 있음을 믿고 감사드려야 한다.

2. 사명의 신앙에서 감사가 있어야 한다.
1) 우리는 믿음의 자녀로 거듭난 선교사다.
2) 부르심을 받은 것에 대해서 감사해야 한다.
3) 우리는 하나님의 복음 사역에 함께하는 동역자다.

3. 공동체의 신앙에서 감사가 있어야 한다.
1) 교회는 신앙의 공동체이며 성도는 신앙공동체의 지체들이다.
2) 서로가 감사한 마음을 가지고 축복하고 높여주어야 한다.
3) 아름답고 선한 열매를 맺어야 한다.

우리가 신앙생활을 하면서 하나님께 좋은 것을 받았을 때 좋은 일이 있을 때 감사를 드리는 것은 매우 자연스럽고 당연한 일이다. 그런데 이때에도 적당히 하나님께 감사하는 것이 아니라 진심과 정성을 담아서 감사를 드리는 것이 중요하다. 우리는 감사가 있는 신앙생활을 해야 한다. 그러기 위해서 예배의 신앙에서 감사가 있어야 하고 사명의 신앙에서 감사가 있어야 하며 공동체의 신앙에서 감사가 있어야 한다.

감사가 넘치는 성도들이 되시기를 주의 이름으로 축원합니다.

♣ 첫 번째 추수감사절 ♣

　1620년 신앙의 자유를 찾아 청교도들은 메이플라워호를 타고 신대륙을 찾았다. 그러나 미국 땅에서의 생활은 쉽지 않아 도착한 지 얼마 지나지 않아 그들 중 반 이상이 굶거나 병들어 죽었다.
　남아있는 사람들마저 해마다 겹치는 흉년으로 큰고통을 당했다.
　전국적으로 금식기도를 선포하고 하나님께 기도하며 매달렸다.
　어느 땐가 또 한 번 대단히 어려운 형편에 놓이게 되었는데, 그들은 다시 금식기도를 해야 한다고 생각했다.

　금식기도를 놓고 의논하는 자리에서 한 농부가 제안했다.
　"지금까지 우리는 금식하면서 하나님께서 도와주시기를 간절히 기도했습니다. 그러나 이제 달리 생각하기를 원합니다. 비록 농사가 흉년이 들고 형제자매들이 병으로 쓰러지는 어려움을 겪고 있지만 이 가운데서도 우리가 감사할 것이 있다고 생각합니다. 식량이 풍족하지 않고 여건이 유럽보다 편안하지는 않지만 지금 우리에게는 신앙과 정치의 자유가 있습니다. 우리 앞에는 광활한 대지가 열려 있습니다. 금식 대신에 감사기간을 정하고 하나님께 감사를 드리는 것이 어떻습니까."

　농부의 말은 참석한 사람들에게 깊은 감화를 주었습니다.
　그래서 금식기도 주간을 선포하는 대신에 감사주간을 선포하고 하나님 앞에 감사를 하기 시작한 것이 바로 추수감사주일의 기원이 되었다.

　받은 복을 세어 보고 범사에 감사합시다.

세겜에서 벧엘로

(창35:1~7)

예로부터 사람들이 아주 가치 있게 여기는 것이 있다.

그 중 하나는 황금이고, 또 하나는 소금이고, 또 다른 하나는 현금이다. 황금과 소금과 현금보다 더 중요한 것이 바로 지금이다. 야곱은 즉시 일어나 세겜에서 벧엘로 올라갔다. 이제라도 세겜에서 벧엘로 올라가야 할 기회다.

1. 배은망덕을 버리고 감사의 제단을 쌓으라.
1) 벧엘은 하나님께서 야곱에게 나타나셨던 곳이다.
2) 배은망덕을 버리고 감사의 제단을 쌓으라.
3) 하나님의 은혜를 기억하는 사람이 되어야 한다.

2. 우상숭배를 버리고 신앙의 초심을 가지라.
1) 우상숭배를 버리고 신앙의 초심을 가지라.
2) 벧엘은 하나님께 제단을 쌓는 곳이다.
3) 신앙의 초심을 가지라.

3. 패가망신을 버리고 가문의 명예를 세우라.
1) 세겜은 땅이 비옥하고 살기 좋은 곳이다.
2) 야곱은 하나님의 명령에 순종했다.
3) 패가망신 하지 말고 가문의 명예를 세우라.

하나님께서 야곱에게 돌아가라고 하신 곳은 고향 땅 아버지의 집이었다. 야곱이 고향을 떠날 때에 하나님께 돌아오기를 소원했던 땅은 벧엘이었다. 일어나 벧엘로 올라가라. 세겜에서 벧엘로, 배은망덕을 버리고 감사의 제단을 쌓으며, 우상숭배를 버리고 신앙의 초심을 갖으라.

패가망신을 버리고 가문의 명예를 세우시기를 우리 주님 예수 그리스도의 이름으로 간절히 축원합니다.

♣예수를 입는 시간 ♣

1597년 2월 5일, 일본 나가사키에서 신앙을 지키다가 십자가에 처형된 순교자 26명에 관한 이야기다.

도요토미 히데요시는 그리스도인들이 천황에게 복종하지 않기 때문에 나라에 큰 위협이라고 판단했다. 그래서 그는 누구든지 천황 외에 다른 신 앞에 절하면 처형하라는 칙령을 선포했다.

기독교인 체포에 결정적인 정보를 제공한 사람들은 큰 상금을 받았다. 당시 천황을 '주'로 고백하지 않은 기독교인 24명은 교토에서 나가사키까지 약1,000km, 2천5백리나 되는 먼 길을 맨발로 걸어야 했다. 도중에라도 예수님을 부인하면 죽음을 면할 수 있었지만, 이들은 끝까지 믿음을 지켰다.

그 24명이 나가사키까지 걸어가는 모습을 지켜보던 두 명의 이름 모를 사람들이 깊은 감동을 받고 그들의 순교 길에 동참했다.
그래서 24명의 순교자가 26명이 되었다.
거의 한달이 걸린 멀고도 험한 순교 길에 이들은 서로를 격려하며 믿음의 길을 포기하지 않았다.
그래서 죽음 앞에서도 끝까지 신앙을 지켰다고 한다.
(겐 시게마츠, 예수를 입는 시간)

하나님의 마음에 합한 사람

(삼상13:13~15)

신앙은 "하나님의 마음에 맞는 삶이 무엇인가?"를 깊이 생각하여 "하나님의 마음에 합한 삶"을 살아가는 것이다.
하나님은 각 시대마다 당신의 마음에 합한 사람을 불러서 써 주셨다.
하나님은 다윗이 하나님의 마음과 합했기 때문에 왕으로 세우실 계획을 세우셨다.

1. 다윗의 믿음이 하나님과 합했다.

1) 믿음이 없이는 하나님을 기쁘시게 할 수 없다.
2) 신앙인은 오직 믿음으로 승부하는 사람이다.
3) 믿음의 부자가 참 부자다.

2. 다윗의 찬양이 하나님과 합했다.

1) 다윗은 하나님을 찬양하는 일에 힘썼던 왕이다.
2) 다윗은 성전에서 찬양소리가 멈춰지지 않도록 했다.
3) 찬양은 황소를 제물로 드리는 일보다 더 귀한 것이다.

3. 다윗의 사랑이 하나님과 합했다.

1) 다윗은 사울을 미워하지 않았다.
2) 사울 왕을 끝까지 사랑하고 용서했다.
3) 다윗은 예수의 사랑을 실천하는 자였다.

4. 다윗의 성전 사랑이 하나님과 합했다.

1) 다윗은 유난히도 성전을 사랑했다.
2) 다윗 자신은 성전을 건축할 수 없었다.
3) 성전은 만민이 기도하는 하나님의 집이다.

하나님의 집을 사랑하는 것은 곧 하나님을 사랑하는 것이다. 하나님의 마음에 합하기를 원하면 믿음으로 무장해야 한다. 그리고 감사의 고백과 찬양으로 충만한 삶을 살아야 한다.
하나님의 마음에 합하기만 하면 하나님께서 무엇을 아끼시겠는가?
오랜 세월 신앙생활을 한 것을 자랑하지 말고 하나님의 마음에 딱 드는 신앙, 하나님의 마음과 합한 신앙으로 무장함으로 하나님의 은혜를 날마다 덧입고 승리하는 삶을 살아가는 성도들이 되시기를 주님의 이름으로 간절히 축원합니다.

♣원수를 사랑하라 ♣

　터키 군인이 아르메니아 군인의 집에 와서 군인을 살해했는데 다행히 군인만 죽고 젊은 여동생은 간신히 도망쳐 나왔다.
　훗날 여동생은 간호원이 되었는데 몇 년 뒤에 간호원이 근무하는 병원에 부상을 당한 군인이 들어왔다. 간호원이 군인의 얼굴을 보니 이전에 자기 오빠를 죽였던 터키 군인이었다.
　간호원은 순간 갈등을 했으나 "원수를 사랑하라"는 예수님의 말씀이 생각나서 정성껏 치료를 해 주었다.
　마침내 회복이 된 터키 군인은 자신을 치료해 주고 있는 간호원이 이전에 자신이 죽인 군인의 여동생이라는 사실을 알았다.
　그 여인에게 물었다. "혹시 당신 오빠가 몇 년 전에 죽었는가? 누가 죽였는지 아는가?"라고 물었다.
　이 여인은 "알지요, 바로 당신이 죽였잖아요?"라고 말하자
　"그런데 당신은 왜 나를 이렇게 정성껏 치료해 주는 거요?"
　여인은 "예수님의 사랑으로 당신을 용서했다"고 말했다.
　그 때 이 터키 군인은 예수님의 사랑이 도대체 어떤 것인가를 알려고 예수를 믿었다고 한다.

응답하시는 하나님
(마7:7~11)

물이 무진장한 유익과 위력을 가지고 있으면서도 사람들에게 푸대접 받는 것처럼 기도도 초자연적 능력과 유익을 캐내는 도구이지만 그리스도인들에 의해 철저하게 무시당하고 있다.

예수님께서 바른 기도를 위해 '주기도문'을 가르쳐 주셨다.

오늘 말씀을 통해 하나님의 능력과 기도의 응답을 경험하는 기회가 될 수 있기를 바란다.

1. 주님께서 가르쳐 주신 방법
1) 구하라 – 주실 것이요.
2) 찾으라 – 찾을 것이요.
3) 두드리라 – 열릴 것이니

2. 기도하는 자가 받을 복
1) 하나님의 뜻대로 긴급한 것에 대하여는 즉시 응답하신다.
2) 하나님의 뜻에 합당하지 않은 기도는 거절로 응답하신다.
3) 기다려라! 아직 때가 안됐다는 뜻이다.

3. 기도하는 성도들이 가져야 할 자세
1) 하나님 아버지를 늘 인식하는 것이다.
2) 삼중 기도법을 사용하는 것이다.
3) 응답하실 것을 믿는 것이다.

기도는 성도들에게 주신 하나님의 선물이자 특권이다. 기도는 하나님의 능력으로 접속하는 코드와 같다. 기도는 하나님의 능력을 공급받는 통로다. 많은 그리스도인들은 기도 없이 세상을 살아가려고 몸부림 치고 애쓰고 있다가 무기력한 삶과 실패를 한다.

기도의 응답이 없다고 낙심하지 말고 주님께서 가르쳐주신 방법대로 기도하여 응답 받는 성도들이 되시기를 주님의 이름으로 축원을 드립니다.

♣ 기도의 힘 ♣

런던 테임즈 강변에 영국 국회의사당이 있다.

그곳에 빅 벤(Big Ben)이라는 시계탑이 있다.

2차 세계대전 당시 독일 나치의 공습이 임박한 상황에 일어났던 이야기다. 독일군은 전투기를 대량으로 제작하여 막강한 공군력을 갖추고 있었다.

2백 대나 넘는 전투기들이 런던을 향해 날아왔다.

영국 공군기는 겨우 몇 대만 발진하였다. 그런데 웬일인지 독일군 비행기들이 퇴각하며 줄줄이 연기를 뿜고 추락을 하였다.

무려 185대의 전투기가 추락하여 영국이 대승을 거두었다.

정작 영국군은 승리한 이유를 몰랐다.

포로로 잡힌 독일군 조종사들을 심문하며 물었다. "우리 전투기는 고작 몇 대밖에 안 되는데, 당신들은 왜 퇴각을 했소?"

그러자 독일군이 놀라며 반문한다. "뭐라고요? 분명히 비행기가 수백 대가 있었는데요"

영국에는 보이지 않는 무기가 있었다.

국회의사당 시계탑의 빅 벤이 울릴 때마다 영국 국민들은 하던 일을 멈추고 하나님 앞에 간절히 간구했다.

그 기도의 힘이 독일군을 교란시켜 자멸하게 만들었던 것이다.

하나님 앞에 간구하는 기도는 강력한 힘이 있다.

믿음으로 결단한 선한 열매
(에4:13~17)

하나님께서 우리에게 허락하신 자유의지의 축복은 가장 값진 축복이다. 동물은 결단이라는 것은 없고 단지 본능에 따라 행동할 뿐이다.

인간은 자유의지와 이성을 바탕으로 결단하는 능력을 하나님으로부터 허락 받았다. 인간은 학습을 통해 결단력을 배우면서 성장해 가는 존재다. 삶은 결단이다.

1. 우리의 결단
1)구체적 결단, 지속적인 결단을 해야 한다.
2)결단이란 한 가지만 생각하는 것이다.
3)믿음은 선택이고 결단이다.

2. 모르드개의 결단
1)결단을 위한 시간은 언제나 촉박하다.
2)때를 잘 분별해서 결단했다.
3)바른 판단은 믿음의 판단, 영적인 판단이다.

3. 에스더의 결단
1)죽으면 죽으리라고 결단 했다.
2)금식하면서 하나님의 뜻을 기다렸다.
3)기도의 방법으로 문제를 해결했다.

결단은 내리기가 힘들지 과감하게 내리기만 하면 하나님께서 가장 선한 길로 이끄시며, 특히 하나님의 뜻에 합당한 결단이라면 하나님께서 책임져 주신다. 우리의 삶과 신앙이 힘이 없는 것은 믿음이 없어서가 아니라 결단이 없어서다.

인간적인 결단이 아닌 신앙적인 결단으로 우리의 결단 안에 하나님이 역사하실 수 있기를 주님의 이름으로 간절히 축원합니다.

♣ 사명자의 결단 ♣

이익이나 의무나 책임을 뛰어 넘는 사명은 힘이 있다.

신앙인은 사명으로 사는 사람들이다.

사업도, 자녀 양육도, 사회봉사도, 보모 섬김도, 교회 선택과 봉사도, 사명으로 하는 사람들이다.

일평생 이루어야 할 사명을 가지고 사는 사람들은 아름다운 사람들이다. 좀 더 의미 있고 가치 있는 삶을 살기 위해서는 평생 사명을 가지고 그것이 자신의 삶을 이끌어 가게 하는 것이다.

플로렌스 나이팅게일은 30세 때 "이제 나는 주님께서 공생애를 시작하신 나이였던 30살이다. 더 이상은 어린애 같은 짓과 헛된 일을 하지 말자. 주여, 오직 당신의 뜻만을 생각하게 하소서!" 라고 일기에 기록하고 그녀의 삶을 불태웠다.

세계적으로 유명한 외과 의사이자 부인과 의사인 하워드 A. 켈리 박사는 의과대학을 졸업한 날 밤 "나는 나 자신과 시간과 재능과 야망, 그리고 모든 것을 주님께 드립니다. 복되신 주님, 주께서 쓰시도록 나를 성결케 하소서. 주님께로 나를 가까이 이끌지 못할 것이라면, 세상적인 어떤 성공도 내게 허락하지 마옵소서." 라고 일기에 기록하고 자신의 평생 목표를 세웠다고 한다.

조나단 애드워즈는 평생을 다해 이루어야할 사명을 "이제부터 나는 나 자신을 내 것으로 알고 행하지 않는다. 만일 내 능력을 하나님의 영광을 위하는 일이 아닌 데에 사용하거나, 전심전력을 기울여 그분을 영화롭게 하지 않으면 나 자신을 위해 일하는 것이 될 것이다."라고 말했다.

너 하나님의 사람아

(딤전6:11~12)

성경은 우리를 가리켜 말씀하기를 "너, 하나님의 사람아"라고 우리를 부르고 있다.

하나님이 택하고 부르셔서 하나님의 자녀 삼아주시고 하나님의 사람으로 세워주셨으니, 우리는 이 놀라운 은혜에 감사하며 살아야 한다.

하나님의 사람에게 이 세 가지를 우리에게 말씀해주고 있다.

1. 피해야 할 것
1) 주님을 기쁘시게 하지 않는 모습에서 떠나라.
2) 거짓된 교훈과 교만과 분열, 악한 모습을 떠나라.
3) 탐욕을 버려야 한다.

2. 따라야 할 것
1) 작은 예수로 변화되어야 한다.
2) 믿음의 사람으로 살아야 한다.
3) 인내하며 온유하게 살아야 한다.

3. 싸워서 이겨야 할 것
1) 믿음의 선한 싸움을 싸우라.
2) 절대 긍정, 절대 감사로 살아야 한다.
3) 속사람이 강해져야 한다.

자신과 싸워서 절대로 지면 안 된다. 분노하고 소리 지르고 다투는 것은 지는 것이다. 용서하고 또 용서하고 또 용서하고 또 용서하고 주님의 사랑과 용서를 본받아서 그와 같은 삶을 살아가야 한다.

올해가 지나가기 전에 여러분에게 상처 입혔던 사람을 다 용서하고 이제 새해, 새로운 모습으로 작은 예수의 모습으로 주님을 섬기는 우리 성도님들 되시기를 주님의 이름으로 축원합니다.

♣세계 최고의 부자 ♣

최근 100년 동안 돈을 많이 번 재벌은 **록펠러**다.

록펠러가 이렇게 큰 거부가 된 것은 너무 가난하고 어려운 생활을 했는데 어릴 때, 6살 때 어머니가 교회를 갔다 오라고 하면서 20센트 용돈을 주었다. 그리고 말했다.

"잘 들어라. 내가 이것을 다 너에게 주는 것이지만 이것의 십 분지 일은 하나님 것이야. 하나님의 것은 철저하게 하나님께 드려야 된다." 하고 봉투를 만들어서 2센트를 떼어서 그 봉투에 넣어서 교회에 갖다 바치게 했다. 요즘으로 말하면 2천 원을 주었는데 200원을 떼어서 십일조를 하도록 한 것이다.

어릴 때부터 이것이 그의 삶 속에 뿌리를 내려서 한평생 그는 주님 앞에 기쁨으로 십일조를 드리면서 살았는데, 하나님이 얼마나 그를 축복해 주셨느냐 어릴 때 먹을 것이 없어서 굶주리던 그가 40대에 미국 최대의 재벌이 되고, 50대에 세계 최대의 재벌이 되었다. 그런데 그 모든 회계 장부 표지에 '수입의 십 분의 일은 하나님의 것'이라고 표시해놓았다. 나중에 회사가 많아지고 수입이 많아지니까 십일조만 계산하는 직원이 40명이 넘었다.

십일조 외에도 많은 기부를 했는데 **록펠러**가 살던 시절에 뉴욕에서는 아무도 수도세를 내지 않았다.

그가 세운 록펠러 의학연구소, 록펠러 재단을 비롯해서 12개 종합대학, 12개 단과대학 그리고 교회를 4,928개를 지었다. 누구든지 편지 보내서 교회를 지어 달라하면 교회를 다 지어주었다.

그가 세운 **록펠러** 대학에서는 25명의 노벨상 수상자가 나왔고, 시키고 대학은 91명의 노벨상 수상자가 나왔다.

그가 평생 기부한 금액을 오늘날 화폐가치로 따져볼 때 1,280억 달러, 약 145조에 이른다고 한다.